La Bibliothèque graphologique se compose des volumes suivants :

Pour recevoir ces différents ouvrages FRANCO *par la poste, aux prix ci-dessous indiqués, écrire à M.* MICHON, 5, *rue de Martignac, Paris.*

SYSTÈME DE GRAPHOLOGIE, par J.-H. Michon, 6e édition, 1 vol. in-18 jésus. Prix 3 fr.

MÉTHODE PRATIQUE DE GRAPHOLOGIE, pour faire suite au *Système de Graphologie*, par le même, même format. 2e édition. Prix 3 fr.

HISTOIRE DE LA GRAPHOLOGIE, suivie d'un abrégé du *Système de Graphologie*, par Émilie de Vars, 1 vol. in-18 jésus, 2e édition. Prix 1 fr. 50 c.

HISTOIRE DE L'ÉCRITURE dans ses rapports avec les civilisations, le caractère et les mœurs des peuples, avec de curieux *fac-simile* de l'écriture de tous les peuples du monde, 1 vol. grand in-4º, sur deux colonnes, richement relié. Prix 16 fr.

DICTIONNAIRE DES NOTABILITÉS DE LA FRANCE JUGÉES SUR LEUR ÉCRITURE. — *Biographie intellectuelle et morale des contemporains vivants*, 2 forts volumes, format des grands dictionnaires, 120 liv. à 50 centimes (12 fr. par an, pendant cinq ans). On s'abonne sans rien payer d'avance. On peut aussi souscrire pour recevoir l'ouvrage en volumes, 20 fr. le volume, payables 20 fr. en souscrivant et 20 fr. après réception du 1er volume. C'est l'application en grand du système graphologique. Le 1er volume est précédé d'une *Etude sur l'écriture des Français depuis l'époque mérovingienne*, travail complètement nouveau.

HISTOIRE DE NAPOLÉON Ier, d'après son écriture avec des autographes rares, 1 vol. in-18, Prix 3 fr.

LA GRAPHOLOGIE, riche collection comprenant huit volumes, 1872-1879, à 10 fr. le volume, — un très-petit nombre d'exemplaires restent encore : on peut demander des volumes séparés, — contenant des autographes d'un grand nombre de célébrités de toutes les époques, analysées par la méthode graphologique.

LA GRAPHOLOGIE, journal des autographes, paraissant le 1er et le 15 de chaque mois (10 fr. pour l'Europe), contenant l'application en grand de la science graphologique. Tout abonné a droit à un portrait *graphologique* intellectuel et moral de 4 pages in-8º. Envoyer l'écriture bien naturelle, non appliquée.

Portraits graphologiques. — Double grandeur (in-4º à 8 colonnes), étude de l'âme avec indication des signes graphiques sur lesquels le jugement du graphologiste s'est appuyé. Prix 20 fr. — Portrait simple, sans indication des signes, 10 fr.

A ÉMILIE DE VARS

MA COLLABORATRICE.

Mon excellente amie,

Vous m'avez dédié l'un de vos derniers ouvrages, celui où vous vous êtes jetée, avec un véritable talent de polémiste, dans les luttes religieuses qui passionnent notre époque.

Je ne fais qu'acquitter une dette de justice et de reconnaissance en mettant à la tête de mon Système de graphologie, *le nom de l'auteur de* l'Histoire de la graphologie. Vous avez élevé le vestibule; j'ai construit l'édifice. Le monument et l'œuvre gracieuse qui lui sert d'entrée doivent aller ensemble.

Si notre pays, un jour que nous ne serons plus, se souvient un peu de ces hardis investigateurs qui se sont dévoués à la recherche d'un nouveau et puissant secours apporté à la civilisation, votre nom sera à côté du mien, pour la part que vous avez prise à la publication de « la Graphologie », œuvre sérieuse, lue avec intérêt aujourd'hui dans toutes les grandes villes de l'Europe, et qui vulgarise notre chère science.

De tous les disciples que j'ai formés, nul mieux que vous n'a saisi la science graphologique dans ses nuances les plus fines; et vous avez écrit des portraits graphologiques qui ont été reconnus d'une justesse et

BIBLIOTHÈQUE GRAPHOLOGIQUE

SYSTÈME
DE
GRAPHOLOGIE

L'ART DE CONNAITRE LES HOMMES
D'APRÈS LEUR ÉCRITURE

PAR

JEAN-HIPPOLYTE-MICHON

FONDATEUR ET PRÉSIDENT DE LA SOCIÉTÉ DE GRAPHOLOGIE
MEMBRE DE LA SOCIÉTÉ FRANÇAISE DE NUMISMATIQUE ET D'ARCHÉOLOGIE
DE LA SOCIÉTÉ D'ETNOGRAPHIE
DE L'ACADÉMIE DES SCIENCES ET BELLES-LETTRES DE BORDEAUX
ET DE PLUSIEURS AUTRES SOCIÉTÉS SAVANTES

ΓΝΩΤΙ ΣΕΑΥΤΟΝ

« Juger les hommes à distance, quelle puissance gouvernementale ! »
ALEXANDRE DUMAS fils.

« Du moment que, par les lignes graphiques, on peut atteindre ce qu'il y a de plus intime dans l'âme humaine, une révolution pacifique et morale est imminente dans le monde. »
M.**

« La Graphologie est une préservation sociale. »
Mgr BARBIER DE MONTAULT.

« La Graphologie peut devenir d'un grand secours aux magistrats, aux hommes d'affaires. »
Un conseiller à la Cour d'appel de Bordeaux.

SIXIÈME ÉDITION
Avec additions, corrections et éclaircissements

PARIS
AU BUREAU DU JOURNAL DE *LA GRAPHOLOGIE*
5, Rue de Martignac, 5

A. LACROIX, faubourg Montmartre, 13.
J. LECUIR, boulevard Montmartre, 17.

E. DENTU, Palais-Royal.
MARPON, Galerie de l'Odéon.

1880
Droits de traduction et de reproduction réservés.

Librairie du MAGNÉTISME
6, Rue DE L'ÉCHIQUIER, PARIS

BIBLIOTHÈQUE GRAPHOLOGIQUE

SYSTÈME

DE

GRAPHOLOGIE

d'une exactitude à égaler ceux que j'ai faits moi-même.

Notre œuvre, modeste encore, est appelée à un grand avenir. Vous voyez que les pays les plus lettrés, les grands centres intellectuels accueillent la science nouvelle avec les plus chaudes sympathies. Vous avez votre part à l'intérêt que des hommes éminents portent à la grande découverte; et je suis ici l'interprète du sentiment général que j'ai recueilli de leur bouche, pour vous, dans mes courses à travers l'Europe.

Je suis heureux de rendre cet hommage à la femme modeste, qui a toujours trop redouté une publicité que d'autres recherchent avec tant d'ardeur. Vous n'en aurez pas moins votre belle place parmi les femmes distinguées, qui ont honoré le XIXe siècle par un talent élevé et pur, et par un noble caractère.

J.-H. MICHON.

Paris, 6 février 1875.

Émilie de Vars participe légitimement à la gloire de la découverte de la Graphologie. Elle a trouvé des signes graphologiques dont je n'ai eu qu'à constater l'exactitude.

PRÉFACE DE LA SIXIÈME ÉDITION

J'ai raconté, dans la préface des éditions précédentes, l'histoire presque comique, mais douloureuse et humiliante pour moi, du premier essai de Graphologie que j'ai composé. Il avait pour titre : *Mystères de l'écriture*, titre stupide, rappelant plutôt la magie et la cabale qu'une science quelque peu sérieuse. Il était publié avec la collaboration apparente d'un homme de très-médiocre valeur, mais d'une grande habileté à faire vanter ses publications dans la presse, et d'un nom qui courait le monde. Bien entendu, comme il arrive fréquemment dans les collaborations, mon homme n'avait pas écrit une seule ligne de l'ouvrage, sinon un très-médiocre *Avant-propos* où j'avais exigé qu'il mettrait son nom. C'était une petite précaution que j'avais prise pour indiquer au public que j'étais le vrai auteur du livre, quoique je n'eusse mis sur le titre que mon prénom de *Jean-Hippolyte*, prénom encore qui se trouvait en seconde ligne, après celui de mon collaborateur (1). Le gaillard, tout fier de lui, n'avait pas manqué de se faire graver, sur le frontispice

---

(1) Quelques révélations sur le personnage, au point de vue intime, faites par l'un de ses amis de très-haute situation littéraire, m'avaient déterminé à ne pas accoler mon nom au sien. Mon prénom suffisait pour assurer ma propriété d'auteur.

du livre, disant la bonne aventure à une petite dame. J'avais eu la faiblesse de consentir à cette facétie. La belle annonce pour un livre de science !

Pourquoi avais-je fait tant de fautes ? Pourquoi n'avais-je pas réfléchi que le nom seul de cet homme devait, aux yeux des savants si légitimement chatouilleux sur ce qu'on doit appeler science véritable, frapper immédiatement d'un discrédit profond une découverte à laquelle ce nom serait attaché ? Les pauvres inventeurs seront toujours des enfants. Défiants d'eux-mêmes, ils tombent dans le piége du premier faiseur qui les exploite.

Mon illustre collaborateur m'avait fait les offres les plus séduisantes. Ayant, disait-il, une réputation européenne, disposant de la presse parisienne, richissime, avec pignon sur rue, il se chargeait de tout. Le livre demandait six mille francs de gravures, trois mille francs d'impression. Il en devenait l'éditeur. Il prenait toute la responsabilité de cette publication coûteuse. Il n'exigeait qu'un dédommagement : paraître dans la collaboration de l'ouvrage, surtout donner au livre ce titre détestable et auquel je répugnais souverainement, de *Mystères de l'écriture*, mais auquel il attachait une importance capitale. Or, voici l'histoire.

Mon faiseur, très-hardi avec le public, avait commis la maladresse insigne d'annoncer, à grand bruit, qu'il allait publier un livre sous le titre de *Mystères de l'écriture*, où il exposerait toute une science sur l'art de connaître les hommes par l'écriture, art que le célèbre Lavater avait déjà essayé, mais sans laisser, dans ses ouvrages, de méthode que l'on pût appliquer. Il vendait donc au public parisien la peau de l'ours; mais comment tuer l'ours ?

Il a raconté, dans l'*avant-propos* du livre, qu'il crut avoir trouvé cet ours. Un Allemand, Adolf Henze, sur quelques mots qu'on lui envoyait à Leipsig, et moyennant un florin, adressait en retour, par l'intermédiaire d'un journal, un portrait de quelques lignes, quelquefois en vers, et souvent de forme assez piquante.

Mon vendeur de peau d'ours savait l'allemand. Il file sur Leipsig. Il rencontre l'homme de la divination par les écritures. Il l'interroge, le tourne et retourne, le prend par tous les biais, pour lui arracher quelque chose de ses secrets. L'Allemand impassible lui répond : « Achetez mon livre » ; et le congédie.

Il arrive tout honteux à Paris, muni du beau volume. Gravures, caractère, papier, tout était splendide. Édition magnifique, mais système, rien. L'Allemand vendait son livre, gagnait de l'argent, mais ne livrait pas une bribe de son procédé, si réellement il avait une méthode, et ne jugeait pas sur de vagues conjectures les gens qui lui envoyaient leur prose et leur florin. Je me trouvai son sauveur. Il me rencontra, à un déjeuner, chez l'un de mes amis les plus intimes, membre de l'Institut, savant de premier ordre.

Dès qu'il sut que j'avais un système de graphologie non encore publié, il ne se sentit pas de joie ; il me cajola de toutes les façons, et me pria de l'initier à cette science qu'il avait cherché vainement à deviner, et dont il avait eu la folie d'annoncer l'apparition prochaine dans un livre, avant de savoir le premier mot qu'il devait écrire dans ce livre. Je lui donnai pendant deux mois des leçons, étalant devant lui, avec une complaisance qui tenait de la naïveté, mes immenses cartons divisés par compartiments, où chaque casier contenait les écritures types correspondant à chaque faculté, à chaque instinct, etc.

Mon homme était ébahi ; mais je n'en fis jamais qu'un élève très-médiocre. Il ne me laissa pas de paix que je n'eusse signé avec lui un traité littéraire, par lequel je m'engageais à écrire le livre de la science graphologique, lui s'engageant à tous les frais de la publication. Il m'écrivait, pendant que je rédigeais mon œuvre, sous les frais ombrages de Montausier : « Chauffez « surtout le livre des *Écritures*. Chose capitale : Pactole ! Songez-« y bien. » (24 avril 1870.) Les éditions devaient se succéder. Avec son nom et la gloire de ce nom, les Deux Mondes devaient faire fureur sur les *Mystères de l'écriture*.

Mon triste collaborateur ne tint aucun de ses engagements. Après 1870, il se prétendit ruiné par la guerre et par la Commune ; les loyers du pignon sur rue n'avaient pas été payés ; et il ne put faire les frais de l'édition. Il fallut vendre le livre, à vil prix, à des éditeurs. Toute ma part du Pactole se réduisit à quelques centaines de francs ; et, avec l'illustration du nom de ce grand homme, c'est à peine si aujourd'hui même la première édition est vendue. Il m'avait pourtant écrit : « Je dore tout ce que je touche, quitte à laisser un peu de ma poussière d'or. » Et dans une autre lettre : « Quand je touche quelque chose, l'or ne me reste pas aux mains. Je donne un éclat. » Il ne m'est rien revenu de cet éclat ni de cet or.

Le plus honteux de l'aventure ce fut son vilain *avant-propos*. Mon livre était fait ; le manuscrit était entre ses mains : « Je « lis votre livre avec dégustation, » m'écrivait-il le 21 février 1870. Il le trouvait admirable ; et cet *avant-propos* n'était jamais prêt. Il parut enfin ; mais c'était loin d'être une merveille. Je lui fis ôter quelques inconvenances, la mention de « la femme adorée » avec laquelle, galant septuagénaire, il avait fait son odyssée auprès du devin de Leipsig, « l'écriture de la Vénus Astarté, » qu'il changea pour la « Vénus hystérique », ce qui valait moins encore. Il attribuait à ces Vénus la forme graphique de la floriture, familière précisément aux jeunes filles innocentes dans leurs premières coquetteries. Mieux encore, il insultait un parti politique puissant en France, en faisant une catégorie de « l'orgueil républicain, le plus violent, le plus implacable de tous les orgueils. »

Il me fallut subir toutes ces sottises, toutes ces ignorances. J'avais insisté pour expurger son fatras. Il me répondit qu'il ne recevait de leçons de style de personne; et, au nom de notre traité, il me menaça d'un procès. Je courbai la tête, moi le naïf !

L'on pense bien que je n'ai pas attendu jusqu'à ce jour pour faire, au fond de mon âme, mon plus gros *meâ culpâ*. La franchise avec laquelle j'ai exposé ma grande faute et mon grand repentir, m'a valu un pardon complet, au moins une indulgence amicale et sérieuse des hommes de la science, qui ont bien vu que j'étais tombé dans une espèce de forêt de Bondy littéraire, et qui m'ont innocenté de mes sottises comme publication de librairie, en faveur de la découverte féconde que beaucoup d'eux veulent bien mettre au rang des plus belles de celles qui font honneur à notre grand XIXe siècle.

Cela m'a largement consolé de ma mésaventure et de mes déboires, avec le personnage qui m'a si tristement tyrannisé. L'éclatant succès de la Graphologie, les progrès que j'ai fait faire à la science nouvelle depuis l'ébauche de 1872, dans le *Système* et la *Méthode*, me permettent aujourd'hui de taire même le nom de ce frelon octogénaire, dont le cerveau me semblait, il y a déjà dix ans, un peu ramolli, et de ne lui imposer, pour expiation de son outrecuidance et de ses mensonges sur la part prise à mon œuvre (1), que la vue d'un triomphe évidemment obtenu sans ses élucubrations sur l'orgueil républicain et sur la Vénus hystérique. Je ne suis que trop vengé.

Château de Montausier, 4 février 1880.

(1) Voir aux *Additons, Corrections* et *Éclaircissements*, à la fin du volume, la lettre A sur le rôle que cet homme a joué pour faire croire au public qu'il était pour quelque chose dans la création de la science graphologique.

NOTE IMPORTANTE

Les lettres majuscules italiques que l'on trouvera dans le texte de cette sixième édition, *A, B, C, D, E, F, G, H, I, J, K, L, M,* correspondent à autant d'articles qui sont imprimés à la fin du volume, sous ce titre : *Additions, Corrections* et *Éclaircissements.* Il est important de consulter ces articles.

INTRODUCTION

> « La Graphologie est une science éminemment politique, puisqu'elle n'a pas besoin du sujet même pour le connaître. Voyez donc ! quelle force gouvernementale, pouvoir juger les hommes à distance ! »
> Alexandre Dumas fils.

La science pratique par excellence est celle de la *connaissance des hommes*. Ceux-là sont forts dans la vie, surtout dans le monde des affaires, qui savent pénétrer les instincts, juger le caractère, découvrir les passions des autres.

De tout temps, l'homme s'est appliqué à cette étude, qui est indispensable si l'on ne veut pas être trompé à chaque instant. Mais, pour y réussir un peu, nous n'avons eu, jusqu'à ce jour, d'autre moyen que d'étudier la physionomie, les actions et les paroles des hommes. Malheureusement, autant nous nous appliquons à atteindre nos semblables à l'aide des manifestations extérieures, autant ils travaillent de leur côté à se contraindre, à se composer, et à ne se montrer jamais ce qu'ils sont avec leurs mauvais instincts. L'homme le plus dangereux est souvent celui qui se rend le plus impénétrable.

Dans cette lutte, quel est le plus habile, celui qui se déguise parce qu'il a intérêt à se dissimuler aux regards, ou celui qui étudie et qui examine ? Généralement, c'est celui qui se cache. Il va même jusqu'à se donner les dehors des qualités qu'il n'a pas ; et il en prend si bien le masque qu'il est très-facile de s'y tromper.

Une science qui trouverait un moyen simple, sûr et pratique de saisir dans le vif l'âme de tout homme, même de ceux qui se déguisent avec le plus de soin, serait une science d'une importance capitale ; et celui qui en enseignerait la méthode, après en avoir découvert les lois, rendrait un service immense à l'humanité.

Les anciens s'étaient beaucoup occupés de ce problème. Connaître l'homme, se connaître soi-même leur paraissait l'œuvre capitale de la vie. Ils en étaient venus jusqu'à croire à ces *sciences occultes* qui ont pour but de deviner l'homme, et qu'on repousse aujourd'hui comme des pseudo-sciences, parce qu'elles manquent de base sérieuse qui puisse satisfaire la raison.

Les modernes ont essayé la physiognomonie et la phrénologie, difficiles l'une et l'autre dans l'application, surtout la dernière. La physiognomonie, à laquelle le célèbre Lavater a attaché son nom, est certainement très-intéressante ; mais elle suppose une faculté précieuse, que possèdent peu d'hommes, celle de saisir finement et minutieusement les formes diverses de la physionomie.

Il restait donc à découvrir une science plus positive, plus pratique, d'une plus facile application. Cette science, récemment formulée, s'appelle la *Graphologie*.

Depuis Suétone qui a fait une remarque graphologique sur l'écriture d'Auguste, jusqu'à l'observateur qui avait remarqué que les hommes attentifs, minutieux, aimant les détails, *mettaient les points sur les i*, l'esprit humain a pressenti que l'écriture n'était pas seulement l'art ingénieux de peindre la parole, mais que la manière de tracer cette écriture devait révéler quelque chose des instincts, des aptitudes, des passions humaines. Shakespeare avait dit : « Donnez-moi l'écriture d'une femme, je vous dirai son caractère. » Un contemporain de Louis XIV ayant examiné son écriture, sans se douter que ce fût celle du grand roi, porta sur lui un jugement trop sévère, mais que la dame qui lui avait procuré cette écriture trouva d'une grande justesse.

De nos jours, plusieurs personnes se sont essayées à cette graphologie d'instinct. L'illustre Georges Sand possédait ce talent a un degré merveilleux ; et le journal de *la Graphologie*, du 6 janvier 1872, a publié d'elle un travail de ce genre tout à fait remarquable.

Ceci établit, sans aucune contestation possible, qu'il y

a une graphologie naturelle, c'est-à-dire une puissance d'instinct à déduire le caractère d'un individu de l'impression produite par son écriture. Mais évidemment cette faculté ne peut pas se communiquer : c'est un don particulier que peu possèdent, et qui, en définitive, repose souvent sur des conjectures.

Lavater et le célèbre Gœthe, son ami, avaient compris qu'il fallait faire sortir cette science de cet état purement empirique, et l'élever, par des principes, par des règles précises, par une méthode, à l'état de vraie science. Ni l'un ni l'autre de ces deux hommes illustres n'y put réussir.

Ce que le génie allemand si patient, si intuitif, n'avait su produire, a été découvert par le génie français, plus investigateur. J'ai eu la gloire de formuler un système complet de révélations de l'âme humaine par les traits graphiques rapidement tracés dans l'écriture naturelle, spontanée, habituelle.

Arrachant la graphologie à la conjecture, je l'ai amenée à son état de science raisonnée, ayant ses principes, ses lois, sa classification. Depuis cinq ans, dans des conférences publiques, et au moyen d'une correspondance avec tous les grands centres intellectuels de l'Europe, je donne la preuve permanente de la vérité de ma méthode. J'expérimente sur des écritures de personnes qui sont à plusieurs centaines de lieues de moi, dont souvent même je n'ai pas le nom. On peut m'écrire dans une langue qui m'est inconnue ; et le portrait intellectuel et moral, détaillé jusque dans les nuances, que je fais de la nature intime de la personne qui a écrit la lettre, est d'une exactitude si rigoureuse, qu'elle est une véritable photographie de l'âme, ayant, pour le caractère de la personne jugée, la même justesse que la photographie physique qui rend les traits du visage comme pourrait le faire un miroir.

Les faits sont là, avec leur démonstration écrasante. C'est par centaines que m'arrivent de toute l'Europe, des lettres où il est nettement établi que le jugement porté sur les caractères, d'après les écritures qui m'ont été adressées, est d'une justesse rigoureuse.

M. A de R., fils de l'un des premiers écrivains de la Suisse, m'écrit de Neuchâtel :

« Le portrait que vous avez fait de mon caractère est
« tracé *de main de maître*. Il n'y a qu'une voix à cet
« égard parmi ceux à qui je l'ai lu. J'ai admiré le cou-
« rage avec lequel vous avanciez des choses qui, si elles
« n'avaient pas été fondées, auraient étrangement com-
« promis votre système. Ce fut un vrai triomphe grapho-
« logique que la photographie si exacte, *jusque dans les
« moindres détails,* que vous faites de mon caractère. —
« A. de R. »

On m'écrit de Paris : « Merci de votre envoi du por-
« trait graphologique. Il est fort bien fait ; et le carac-
« tère du sujet est profondément fouillé, et décrit avec
« une grande vérité. — F. »

On m'écrit de Secheim, près de Constance (Grand-Du-
ché de Bade) : « Je suis vraiment étonné du travail que
« vous m'avez envoyé. Le portrait graphologique est
« d'une exactitude, d'une pénétration, d'un complet qui
« me frappent. C'est pour moi une preuve convaincante
« de la vérité de la graphologie. Ce qui m'étonne sur-
« tout, c'est la sûreté admirable avec laquelle vous avez
« su démêler, dans un caractère plein d'oppositions, le
« fond naturel, et l'accentuer d'une main ferme, à tra-
« vers tout ce que l'éducation, l'entourage, les circons-
« tances, la vie enfin ont entassé dessus. — F. B. »

On m'écrit de Valentigney (Doubs) : « Je ne vous ai pas
« dit la moitié de ce que je pense sur votre merveilleuse
« science. Vous avez en main un instrument psycholo-
« gique qui atteint son objet plus sûrement que ne le
« font les systèmes photographiques, qui ne peuvent
« opérer que sur les manifestations plus ou moins spon-
« tanées, plus ou moins sincères de l'âme, tandis que
« vous atteignez *la source* même de ces manifestations.
« Le portrait *** est admirable en vérité. Je l'ai lu à plu-
« sieurs personnes, et il a été trouvé entièrement frap-
« pant. Je n'y découvre pas un trait qui ne soit rigou-
« reusement vrai. Ce qui me frappe le plus dans vos por-
« traits, ce ne sont pas tant les indications, les lignes

« générales que les détails, *les nuances des nuances*, si je
« puis dire ainsi. — A. B. »

On m'écrit de Gènes :

« Je dois vous accuser réception de votre lettre dont je vous remercie bien.

« Je suis fortement étonné de votre talent vraiment admirable, et de la faculté extraordinaire manifestée par vos lignes qui tracent mon caractère, tant dans les généralités comme dans les détails.

« Selon moi, vous avez parfaitement réussi à peindre mon portrait avec une précision rigoureuse ; et j'ai montré votre lettre à mes amis qui croient me connaître bien, et qui, peut-être, devraient être encore plus sûrs dans leur jugement que moi-même. Quoique incrédules au commencement, ils se sont facilement convaincus de la vérité et de la profondeur de la science que vous avez étudiée évidemment avec tant de succès.

« J'avoue qu'il me coûtait de la peine à me persuader que cette science intéressante pût être développée jusqu'à un tel degré de parvenir à sonder les traces les plus profondes et intimes des caractères. Mais il me faut ajouter que vos lignes m'en ont donné une haute preuve qui doit détruire toutes les objections possibles.

« Je vous remercie donc de votre lettre, et je vous félicite, de tout mon cœur, des heureux résultats de vos études profondes sur cette science qui commence à m'intéresser beaucoup.

« Agréez mes nouveaux remerciements et mes salutations cordiales. « A. L. »

J'ai laissé à cette intéressante lettre tous ses italianismes qui lui donnent son cachet spécial. Elle vient d'un homme haut placé, que sa conviction seule a pu conduire à nous exprimer, d'une manière si explicite, l'admiration que lui causent la justesse et la précision de mes portraits graphologiques.

La lettre suivante me vient des environs de Neuchâtel Suisse), à la date du 12 janvier 1875.

« Monsieur,

« Vous dirai-je, pour commencer, que votre science si

intéressante et si remarquable, fait le sujet de maintes conversations, et l'admiration de toutes les personnes qui, comme moi, ont eu l'occasion de constater sa grande *justesse* d'application ?

« J'avoue cependant qu'avant d'avoir été jugée par votre méthode, j'hésitais à me laisser convaincre entièrement. Le miroir devant lequel vous m'avez fait passer, vous a révélé de parfaites vérités et une connaissance peut-être plus exacte de mon être intellectuel et moral, que celle acquise par moi-même jusqu'à aujourd'hui. Quel mystère ! — X. X. »

Un esprit fort distingué, à la fois intuitif et déductif, nature très-simple, très-loyale et très-franche, nous écrit de Montpellier, à la date du 27 décembre 1874, encore sous l'impression qu'il a reçue de l'exposition du système graphologique faite dans mes conférences :

« Monsieur,

« Votre système graphologique m'a vivement impressionné. J'en suis vraiment enthousiasmé. C'est beau et simple à la fois, comme les grandes découvertes. Votre méthode est sûre, claire, facile. L'écriture est, pour vous, le miroir de l'âme : elle s'y révèle tout entière avec ses qualités et ses défauts. C'est un véritable examen de conscience : c'est l'affirmation de la vérité et la preuve de l'existence de l'âme. C'est la solution du problème si difficile à résoudre des anciens : Connais-toi toi-même.

« C'est toute une révélation que Gœthe et Lavater avaient été impuissants à produire. C'est une grande révolution dans la science, avec des horizons nouveaux, vastes, étendus.

« Cela paraît si prodigieux, de prime abord, qu'on n'y croit généralement pas. Mais, lorsqu'on a entendu l'explication que vous donnez avec tant de clarté et de charme, les plus difficiles deviennent les adeptes les plus ardents.

« Mais si la science graphologique est réellement belle, si elle attire, si elle plaît tant, elle est aussi d'une générale et incontestable utilité. Au père de famille, elle permet de former le caractère et de diriger l'éducao de ses enfants, selon leurs facultés, leurs instincts et leurs aptitudes; aux chefs d'institution, de connaître le caractère des élèves confiés à leurs soins; en un mot, elle est utile à la religion, à la magistrature, au commerce, à l'industrie, etc. Aussi est-il vrai de dire que la Graphologie est la plus belle et la plus grande découverte du XIX⁰ siècle.

« Cette science nouvelle est appelée à rendre d'immenses services à la société, et surtout à la régénérer; car, lorsqu'elle sera répandue partout, qu'elle sera connue de tous, elle rendra les hommes évidemment meilleurs, par la connaissance d'eux-mêmes et de leurs semblables; ce sera comme un âge d'or, puisque ce sera le règne de l'âme sur la matière, le triomphe du bien sur le mal, et ce règne de Dieu qu'appellent toutes les grandes âmes. A vous reviennent la gloire et l'honneur d'une si merveilleuse et si intéressante découverte.

« Voilà, Monsieur, les idées et les sentiments que m'a inspirés votre grande œuvre, et que j'avais à cœur de vous communiquer.

« Veuillez agréer, Monsieur, etc.

« X. A. D. »

Un grand collectionneur d'autographes nous écrit de Lyon, en mettant gracieusement ses trésors à notre disposition :

« Monsieur,

« J'ai reçu votre lettre. Comme, en pareil cas, on n'est pas bon juge dans sa propre cause, je l'ai montrée à ma famille et à des gens qui me connaissent très-bien; et ils l'ont complétement approuvée.

« Ils sont comme moi dans l'admiration; et ils ne peuvent comprendre que, sur des traits de plume, on puisse lire le caractère de l'homme. Cependant cela est vrai en ce qui me concerne. Le plus incrédule sera obligé de se rendre et de reconnaître ce qu'a de sérieux la Graphologie.

« Vous avez trouvé, dans ma lettre, le sujet de onze explications sur mon caractère, ma manière d'être, et mes penchants; et tout cela, je le reconnais, a été trouvé vrai.

« J'ai l'honneur d'être....

« D. F. »

On nous écrit de Liége le 20 janvier 1875 :

« Cher monsieur,

« Vous me surprenez ! Le portrait que vous avez bien voulu m'envoyer est d'une exactitude mathématique Aussi j'attends, avec la plus grande impatience, mon propre portrait intellectuel et moral.

« Je vous serre respectueusement la main. Votre,

« A. B. »

Les plus incrédules s'avouent vaincus.

On m'écrit de Lyon :

« J'ai assisté à l'une de vos conférences au palais Saint-
« Pierre. Adieu mon incrédulité ! Je suis forcé d'avouer
« votre sagacité à mon égard. »

On m'écrit de Lonjumeau :

« J'ai reçu mon portrait graphologique. J'ai cherché
« si je n'y trouverais pas quelques assertions erronées.
« J'ai été vaincu. Votre travail est de la plus rigoureuse
« exactitude. — E. B. »

La lettre suivante d'un instituteur a une valeur toute particulière, parce qu'elle rend avec une grande netteté et une parfaite exactitude, ma propre pensée sur l'utilité pour les instituteurs et les chefs de famille, de la science nouvelle, comme puissant moyen d'éducation :

« Soubran (Charente-Inférieure), le 24 décembre 1874.

« Monsieur,

« Abonné à votre journal depuis bientôt un an, je suis heureux de pouvoir vous témoigner ma vive reconnaissance pour les plaisirs que je dois à la Graphologie. Je n'ai pas l'intention de faire les éloges de la science dont vous êtes le vulgarisateur. Tout ce que j'en pourrais dire serait trop au-dessous de la vérité ; mais je tiens à vous dire que, plus j'observe l'écriture de mes élèves et des personnes dont le caractère m'est à peu près connu, plus je trouve que vos principes sont d'une rigoureuse exactitude. Il me semble donc évident que, si la graphologie a l'avantage de charmer parfois les loisirs des personnes qui ont l'esprit observateur, elle a surtout celui de pouvoir devenir, entre les mains des instituteurs et des chefs de famille, un puissant moyen d'éducation, puisqu'elle révèle, avec une étonnante précision, les facultés intellectuelles et morales de ces jeunes enfants que l'on élève si souvent sans tenir le moindre compte de leurs diverses aptitudes. C'est sous ce dernier point de vue que je considère l'œuvre que vous avez entreprise et que vous conduisez si bien, comme une œuvre éminemment utile.

« Puisse-t-elle avoir tout le succès qu'elle mérite !

« Si ma lettre peut vous être utile à quelque chose, je vous autorise à en disposer de la façon qu'il vous plaira.

« Veuillez agréer, Monsieur, etc.

« Votre élève,
« FERRAND. »

Le docteur L...., homme d'une position considérable dans son département, écrit à un ami :

« Mon portrait graphologique est bien ressemblant. M. Michon est un rude anatomiste de l'âme humaine. Quelle puissance d'observation et d'analyse on observe chez lui ! Savez-vous bien qu'avec un observateur de ce mérite, il ne fait pas bon de laisser traîner ses chiffons de papier ? Heureusement que, pour le graphologiste comme pour le médecin, la discrétion est le plus sacré des devoirs.

« Après la session du Conseil général au plus tard, avant, si mes occupations me le permettent, j'écrirai à M. Michon et je le prierai de faire le portrait graphologique d'une personne qui m'est chère, qui, comme moi, sera très-contente de laisser à nos enfants la reproduction de sa personne morale, afin que, lisant les portraits, ils imitent plus tard les quelques qualités de leurs parents et le corrigent de leurs défauts. »

L'un des membres les plus distingués de la haute magistrature française, conseiller de Cour d'appel, écrivait, le 8 décembre 1874, à M. le premier président de la cour de Montpellier.

« M. Michon est le créateur d'une science nouvelle,
« appelée, je crois, en France, dans un avenir prochain,
« à un succès égal à celui qu'elle a déjà obtenu à l'é-
« tranger. Cette science qui dévoile les instincts, les pas-
« sions, les facultés de l'âme humaine par l'inspection
« de l'écriture, *entrée dans les études judiciaires*, pourra
« devenir d'un *grand secours aux magistrats*, aux hom-
« mes d'affaires de l'avenir. »

Ce jugement d'un esprit très-pénétrant, qui a non-seulement sa valeur comme émané d'un magistrat, mais encore comme venant d'une intelligence accoutumée aux investigations de la science, exprime bien, dans sa concision, le rôle que la Graphologie est appelée à jouer dans un prochain avenir, du moment que les juges d'instruction, les procureurs près des cours de justice, les avocats, les juges, les jurés voudront recourir à elle pour connaître préalablement la nature, le caractère, les instincts des inculpés de crimes, assis devant eux sur la sellette.

Je n'ai pas besoin de dire que ce n'est pas pour le futile plaisir de reproduire ici des éloges, que j'ai cité quelques-unes des lettres dont se compose ma volumineuse correspondance, mais pour établir un fait capital, l'expérimentation faite au grand jour et sur une vaste échelle, du procédé graphologique. Je dois ajouter ceci.

Le cachet spécial de toutes ces lettres est leur grande spontanéité. Ce ne sont pas des certificats de complaisance, des lettres sollicitées pour faire illusion au public; c'est l'expression, quelquefois naïve dans son enthousiasme, d'hommes qui ont le vif pressentiment des bienfaits d'une découverte qui peut être, réellement, quand elle aura son application générale, un procédé de renouvellement moral dans le monde. (C).

Ces lettres achèvent de démontrer aux plus sceptiques que l'application faite maintenant dans tous les grands centres intelligents de l'Europe, de la science graphologique, établit, par voie expérimentale, sa rigoureuse exactitude (1). Tant de témoignages, venus de personnes

---

(1) On appelle *expérimentation* la mise à l'épreuve d'un sys

de situations d'esprit et de fortune si différentes, ne laissent plus subsister un doute.

Je savais, en me livrant à la vulgarisation de cette belle science, que j'arriverais à ce résultat, que je puis appeler magnifique, puisque déjà, après cinq ans, il embrasse la partie de l'Europe qui se livre avec le plus d'ardeur à la science et à l'étude.

Ce serait une lacune dans ce livre, si je ne disais pas quelques mots à mes lecteurs sur cette question, selon moi, de fort médiocre intérêt, mais qui a été posée : quel est l'inventeur de la science graphologique ?

Pour ma part, je suis parfaitement l'inventeur et le seul inventeur de mon système graphologique. Je le perfectionne chaque jour ; et depuis la publication de mon premier livre, j'ai eu le bonheur d'arriver à la découverte des *cinq grands groupes intellectuels*, dans lesquels, psychologiquement, se renferme toute manifestation de la pensée humaine. — C'est le point capital de mon système. — Mon premier traité a été composé en 1869, et ma théorie des *groupes intellectuels* ne date que de 1872. Je n'ai pu l'emprunter à personne ; et je ne

tème, d'une théorie. Rien n'est reçu, comme principe vrai et indéniable, rien n'est *acquis à la science*, — c'est l'expression consacrée, — que ce qui a subi l'épreuve rigoureuse de l'expérimentation. La graphologie a triomphé de cette épreuve. On la trouve fondée en observation, puisqu'elle est démontrée par l'application du système sur toutes sortes d'écritures Peu importe, que les lettres soient formées par la plume, ou par le roseau (calame) chez les Orientaux, ou par le pinceau dans l'extrême Orient, que ce soit l'autographe du Pen-ta-our dont l'auteur est contemporain de Moyse, qui se voit au musée du Louvre, que ce soit une page de sanscrit écrite par un indien, que ce soit une missive en hébreu, en grec, etc., ou une lettre écrite de la veille par un européen, du moment que c'est une écriture cursive, rapide, servant à exprimer une pensée, et non pas une écriture de pure calligraphie tenant place du travail de l'imprimerie, l'âme humaine s'est manifesté là ce qu'elle est, jusque dans ses nuances intimes, par ce travail personnel, naturel, instinctif. L'écriture personnelle, œuvre des premières et fortes impressions de l'adolescence, successi-

sache personne en Europe, dont les connaissances graphiques aient pu m'ouvrir sur cela le plus vague aperçu. La découverte est donc mienne et rigoureusement personnelle.

Ceci tranche la question contre un homme de lettres, homme d'esprit d'ailleurs, mais mal renseigné, qui, dans un rapport, a pu dire que je n'étais pas le seul inventeur de la science graphologique.

D'autres y ayant travaillé avant moi, je leur rapporte bien volontiers la gloire de ce qu'ils peuvent avoir découvert. (*D*)

J'ai mentionné Lavater et l'abbé Flandrin. Je n'ai absolument rien trouvé dans la *Chirogrammatomancie* de l'allemand Adolf Henze, par la bonne raison que, s'il a une méthode, il la garde comme un secret qu'il ne veut communiquer à personne, malgré le volumineux volume qu'il a publié. (*E*).

J'ai eu la chance de découvrir, à la bibliothèque de l'Ecole de médecine de Montpellier, où j'ai été accueilli avec tant de bienveillance par le vénéré conservateur, un livre que j'avais cherché vainement à Paris dans toutes nos bibliothèques. C'est le livre de Camille Baldo,

vement modifiée selon les changements apportés dans la vie, devant se modifier encore si les situations de l'existence venaient à se changer de nouveau, cette écriture devient un miroir photographique dans lequel l'âme s'est fixée, comme le visage se fixe sur une plaque préparée par le photographe. Il n'y a plus qu'à connaître les signes graphologiques pour lire dans cette âme, et la dévoiler ce qu'elle est dans ses replis les plus intimes.

Dans mes conférences nombreuses en France et à l'étranger, qui ont eu le résultat de vulgariser si rapidement la science nouvelle, j'ai pu dire que j'ai apporté au monde un bienfait supérieur à celui de la découverte de la photographie, puisque celle-ci ne rend que les objets du monde physique, pendant que le procédé graphologique, selon l'expression d'un homme distingué, devenu l'un de mes plus dévoués disciples, « arrive à atteindre la source des manifestations les plus in- « times de l'âme, à en rendre les nuances, *les nuances des* « *nuances.* »

publié à Bologne en 1629 intitulé : *Du moyen de connaître les mœurs et les qualités de l'écrivain, d'après une épître missive de lui*. Ce livre que j'ai traduit dans sa partie graphologique, dont j'ai même reproduit le texte latin, donne bien quelques signes graphiques, dont quelques-uns manquent évidemment de justesse. Mais il s'appuie surtout sur le style et il semble avoir devancé le mot de Buffon : « Le style c'est l'homme. » C'est cependant très-curieux à lire (voyez la *Graphologie* de 1876, nᵒˢ 1—5) ; mais il n'y a là aucune base sérieuse pour un système. (*F*).

Je suis donc forcé, dans l'intérêt rigoureux de la vérité, de dire que, si quelques petits recoins du voile ont été soulevés avant moi, il ne m'a été donné que des renseignements si incomplets qu'il m'eût été bien difficile de produire, avec eux, tout un système qui a ses principes, ses règles, sa classification.

Cette réponse clôt définitivement le débat. Je n'ai qu'une seule prétention, bien légitime, on en conviendra, et qui ne froisse les prétentions de personne, de dire en toute vérité que nulle inspiration ne m'est venue dans la découverte de mon système graphologique.

D'autres peuvent avoir leurs systèmes, qu'ils les produisent! S'ils disent du nouveau et du vrai, tant mieux. Je suis prêt à applaudir.

S'ils compilent les leçons publiques que je donne et les huit volumes de la *Graphologie* que j'ai publiés depuis 1872, je dirai et l'on saura qu'ils sont tout simplement des plagiaires (1). (*G*).

Maintenant se pose devant nous cette question : Devais-je publier mon système ?

Dans un siècle de découvertes, mettre la mienne sous le boisseau, en faire un arcane transmissible à quelques intelligences supérieures, qui ne dévoileraient jamais aux

---

(1) La loi me donne le droit de poursuivre comme plagiat et comme contrefaçon, tout livre qui reproduirait les miens à moins que ce ne soit comme citations.

masses comment on lirait toute âme à l'aide de quelques lignes tracées, voilà une idée qui ne me vint pas, et qui cependant germa dans la tête de l'un des hommes les plus distingués de notre temps, que j'avais l'honneur de compter parmi mes trois ou quatre premiers disciples.

Alexandre Dumas fils qui m'avait mis à l'épreuve, et qui, dans une soirée chez lui, en présence de quelques intimes, m'avait entendu photographier avec une sûreté d'analyse, dont la précision l'étonna, plus de quarante célébrités contemporaines dont il me montrait successivement l'écriture, eut la pensée qu'une si merveilleuse découverte ne devait pas être jetée dans la publicité.

Voici la lettre qu'il m'écrivit :

« Mon cher maître,

« Vous me demandez mon avis sur votre journal, et vous me conviez à vos conférences. Le journal, j'ai le temps de le lire ; les conférences, je n'ai pas le temps d'y aller. Je le regrette, d'abord parce que je voudrais vous entendre parler, et ensuite parce que je voudrais voir comment le public prend ce que vous lui dites.

« Moi, je ne crois pas qu'il puisse être initié aux mystères que vous lui révélez-là. Selon moi, il ne faut l'aborder qu'avec l'émotion d'une action théâtrale, ou avec les ruses d'une prestidigitation quelconque. Il ne faut pas lui expliquer les choses : il faut les lui imposer, en gardant pour soi le secret du mécanisme. Si vous l'initiez, il veut en savoir tout de suite aussi long que vous; et, comme c'est impossible, il se décourage, vous quitte, vous nie et quelquefois vous insulte pour se venger. Votre science, dont je suis un des adeptes les plus convaincus, que j'étudie et que j'utilise tous les jours, est trop délicate et trop fine pour être livrée aux foules qui veulent avant tout être passionnées et amusées, qui tiennent peu à être instruites. Je crois qu'il eût été profitable, esthétiquement parlant, de ne livrer votre secret qu'à quelques personnes, *dans l'intérieur du temple*. Au lieu d'auditeurs distraits ou ennemis, vous n'auriez eu que des disciples attentifs et convaincus ; et vous ne vous seriez pas fatigué à vouloir donner aux masses ce qu'elles sont le moins capables d'acquérir, ce qui n'est que le très-rare privilége de quelques-uns, la faculté d'observer. En attendant, les trois premiers numéros de votre journal sont excellents. Il y a là des portraits de main de maître ; et moi, qui sais bien que c'est sur l'écriture seule que vous avez rendu votre jugement, j'applaudis des deux mains. Tout à vous,

« A. Dumas, fils.

« Monsieur Michon, Paris. »

Ma réponse était facile, et elle se devine. Mon écriture si spontanée, si vive, si impressionnable, dit à l'avance qu'à une nature communicative, passionnée comme la mienne, ne pouvait pas convenir l'idée étrange de ne dévoiler qu'à des adeptes privilégiés le système que je venais de produire. Nous étions au mois de janvier 1872, au moment où je développais mes théories dans le journal de la *Graphologie*.

Voici ce que je répondis à l'homme intelligent, qui voyait de si haut la grande découverte de la Graphologie :

« Cher et aimable disciple,

« J'ai à vous faire une réponse officielle, si je puis employer ce mot ambitieux. Vous m'avez écrit une lettre comme vous savez en écrire ; et vous, l'idéalisateur, vous élevant facilement aux théories, vous m'en avez donné une fort ingénieuse sur l'importance de cacher aux foules cette science graphologique que vous avez jugée, le premier en France, d'une application si heureuse qu'à vos yeux, elle peut devenir, entre des mains habiles, une force gouvernementale.

« Déjà, sur les bords de l'Océan, du haut de l'une de ces deux grandes falaises se dressant comme des murs gigantesques où viennent se briser les flots, vous m'aviez éloquemment établi cette thèse spécieuse, et vous ne m'aviez pas convaincu. Votre écriture dit la grande tenacité de l'idée, et vous avez répondu à votre puissant instinct, en me donnant avec plus de charme encore votre première argumentation. On aime à se battre avec les forts. Aussi me suis-je peu gêné, dans ma conférence du 18 décembre, à la salle du boulevard des Capucines, pour vous discuter bel et bien.

« Je vous ai regretté là : car j'aurais voulu écouter votre réponse à l'objection avec laquelle j'ai combattu votre brillante théorie ; et cette objection, la voici :

« La science, et nulle science, aux temps modernes, ne peut plus être occulte. C'était bon en Egypte et en Grèce, où quelques hommes seuls formaient le monde intellectuel, au temps surtout où le livre, lentement produit par les copistes n'arrivait qu'à des privilégiés d'intelligence et de fortune. Mais, depuis l'imprimerie, depuis le livre et le journal qui vont jusqu'aux échoppes, le procédé de réserver à quelques adeptes, dans les profondeurs du temple, les grands secrets de la connaissance de l'âme n'est plus possible. Ces masses encore barbares mais qui aspirent à la lumière, y ont droit, puisqu'elles en ont le sentiment, qu'elles en éprouvent la faim et la soif. Elles lisent aujourd'hui les accidents, les crimes, les drames que révèlent régulièrement les cours d'assises, ces grands théâtres à sensations qui ont remplacé le théatre antique; elles vont chercher là des émotions. Mais, demain, elles étendront à des connaissances plus utiles, plus moralisatrices, ce besoin nouveau qui se révèle en elles.

« Or, de toutes les sciences pratiques, l'une des premières qui peut leur sourire est la graphologie. L'inscription du fronton du temple de Delphes contenait tout le problème humain : *Connais toi toi-même.*

« Cette profonde énigme jetée comme un défi à la faiblesse du regard de l'homme, va recevoir sa perpétuelle explication par les révélations graphologiques. L'homme se connaitra mieux par l'étude qu'il fera des autres hommes. Il serait donc cruel de priver notre époque d'une science qui, divulguée au moins dans les classes lettrées, peut rendre des services immenses, et aider ce mouvement civilisateur que nous ne devons pas interrompre.

« Vous voilà, rapidement, la raison grave qui me porte à vouloir vulgariser, dans la limite de mes forces, la science nouvelle que j'ai eu le bonheur d'inaugurer avec un succès dont je dois être fier, puisqu'elle me donne, pour disciples passionnés et convaincus, des hommes de première valeur tels que vous.

« Maintenant, je le reconnais, j'aurai tous les déboires des vulgarisateurs. Les petits niais ne me comprendront pas et ne cesseront de faire des objections saugrenues; les superbes traiteront la graphologie comme un personnage très-célèbre dans l'histoire traita l'invention de la vapeur; les plagiaires dépèceront la pauvre graphologie et la défigureront pour se donner l'air de l'avoir inventée. Je ne convaincrai ni l'Académie des sciences, ni l'Académie de médecine, ni l'Académie de Brives-la-Gaillarde, ni aucune académie. Seulement j'indiquerai aux académies les hommes de génie qu'elles n'ont pas eu l'esprit d'appeler dans leur sein, et les grandes incapacités auxquelles elles ont ouvert largement leur porte.

« Si elles m'écoutent, vous serez bientôt membre de l'Académie française. Et, un beau jour, vous lui ferez comprendre que la Graphologie est sœur de la Psychologie ; que la première traduit la seconde ; qu'il les faut apprendre l'une comme l'autre, si l'on veut avoir un peu de cette chose si précieuse, mais si rare, qui s'appelle la connaissance des hommes, sans laquelle on s'expose à tant de déceptions dans la vie.

« Veuillez agréer l'expression de mon affection la plus vive.
Tout vôtre,

« MICHON. »

Des hommes sérieux, des critiques sévères qui ont voulu se rendre rigoureusement compte de la valeur de la Graphologie, après avoir suivi pendant deux ans mes conférences, et lu tout ce que j'ai publié, n'ont pas hésité à proclamer la supériorité de la méthode graphologique sur celles de Lavater et de Gall. J'ai cité, dans la *Graphologie* de 1873, n° 13, une lettre qui a été fort remarquée, d'un écrivain distingué, M. Le Noir, très-compétent sur ces questions.

Il part de ce principe que, pour qu'il puisse y avoir révélation d'une chose intérieure et invisible par un signe extérieur et visible, il faut qu'il y ait une liaison convenable et susceptible d'être raisonnée entre le signe et la chose signifiée. Et il ajoute : « Or, je ne vois dans l'homme de signes rationnellement révélateurs que ceux qui sont mobiles et dont les variantes ne peuvent provenir que de la personnalité en exercice, et de l'usage qu'elle fait de ces facultés. » Il conclut rigoureusement que les signes fixes qui ne tiennent qu'à la conformation invariable de l'organisme ne peuvent révéler grand'chose, parce qu'ils ne répondent pas à la condition imposée tout à l'heure par la raison, pour être de vraies manifestations de l'âme.

Il parcourt alors la donnée de Lavater, celle de Gall ; il repousse nettement les sciences occultes « n'ayant pour appui que le charlatanisme. »

Il reconnaît que le lavatérisme, quand il s'appuie sur les signes mobiles, tels que le regard, le genre de rire, certains mouvements des lèvres, certains plis de la face contractée, etc., est fondé en raison et aussi en observation, qu'il est même une science dont tout le monde fait usage plus ou moins.

Il repousse, d'après son principe, la craniologie qui n'a que des signes fixes. « La science sérieuse, dit-il, a renoncé à la craniologie. »

Arrivé à la Graphologie, « cette science, dit-il, ne s'appuie que sur des signes mobiles, d'humaine production, tant raisonnée que spontanée. Dans l'écriture, la personnalité verse réellement de son âme, de sa double vie corporelle et spirituelle, de sa vie douée à la fois d'intelligence, de liberté et de passion. »

Selon lui, la Graphologie est fondée en raison et en observation. « Elle est la clarté du bon sens autant que la craniologie est l'impénétrable obscurité du problème et du paradoxe ; elle est la logique de la liaison naturelle entre le signe et la chose signifiée, autant que le lavatérisme, pris dans sa mauvaise moitié (les signes immobiles) est l'incompréhensible et l'insoutenable. Elle étudie le geste stéréotypé, *le geste de l'intelligence et de la passion en travail*, qui est le mouvement lui-même ; elle étudie vraiment l'homme, car l'homme, quand il écrit, est *tout entier* dans sa main et dans sa plume. »

Le dernier mot de cette remarquable lettre est celui-ci : « Vous avez raison, votre science est solide. »

Une science qui a subi, pendant deux années, l'épreuve de cette critique acérée et presque impitoyable, a le droit de se montrer au grand jour et de prendre sa place auprès des autres sciences dont notre siècle a vu la création glorieuse ou le complet développement, après les longs âges de l'empirisme.

Je ne devais pas priver mes lecteurs de ce travail consciencieux et sévère qui procède d'après les lois rigoureuses de la critique scientifique. C'est la page la plus nette et la plus concluante que mes contemporains aient consacrée à la découverte de la science nouvelle. J'ai raison d'en être fier, parce que c'est un hommage ayant d'autant plus de poids et de valeur, que l'écrivain qui me l'adresse ne s'est déterminé, dit-il, à me l'écrire,

« qu'après deux hivers d'une assistance régulière à mes explications. »

Ce sont là des lettres de naturalisation données dans la science sérieuse à la graphologie. J'en remercie l'homme grave et réfléchi qui les a formulées avec cette précision. Il est douteux que, dans le monde savant, il se trouve personne qui contredise la donnée rationnelle sur laquelle il s'appuie pour faire de la graphologie une science fondée en raison et en observation.

Ce qui paraissait, au savant Flourens, un problème qui ne devait jamais être résolu, quand il constatait l'insuccès de la physiognomonie de Lavater et de la craniologie de Gall, n'en est plus maintenant. Flourens avait écrit :

« Les hommes chercheront toujours des signes extérieurs pour découvrir les pensées secrètes et les penchants cachés. Sur ce point, leur curiosité a beau être confondue ; après Lavater est venu Gall ; après Gall, il en viendra d'autres (1). »

D'autres sont venus en effet ; et ce n'est plus avec le vague et la conjecture de théories souvent hasardées, comme chez Gall, qu'ils ont procédé. La Graphologie a répondu à cet instinct de l'esprit humain qui ne trompe jamais, quoi qu'il puisse être déçu pendant des siècles. Cette curiosité ne pouvait avoir été mise en nous, que parce qu'il y avait sentiment intime qu'un jour devait venir où elle serait pleinement satisfaite. L'âme humaine ne s'obstine pas à espérer le faux.

La gloire éternelle de la Graphologie sera d'avoir découvert que toute écriture est un véritable *psychomètre*, instrument merveilleux pour juger de l'état intime de l'âme, comme l'hygromètre nous donne l'état de siccité et d'humidité de l'atmosphère.

---

(1) P. Flourens, *De la Phrénologie et des études vraies sur le cerveau*, page 82.

CONFÉRENCES DE GRAPHOLOGIE

ET

CONSULTATIONS SUR LES ÉCRITURES.

Pour vulgariser la science nouvelle, j'ai dû recourir aux moyens de publicité dont on peut disposer de nos jours, en dehors des réclames industrielles qui répugnent à la science, parce qu'elles sentent toujours le charlatanisme. Mes conférences, pendant cinq ans, dans la salle du boulevard des Capucines, n° 39, à Paris, m'ont attiré de nombreux disciples, mieux que cela, des amis dévoués. Paris, le grand centre intellectuel du monde, devait naturellement inaugurer la science graphologiphe ; et c'est encore la ville d'Europe où elle a trouvé, parmi les hommes de la science et de la littérature, les plus chaudes sympathies. Les grandes villes du Midi, celles du commerce, comme Lyon, Marseille et Bordeaux, celles de la science, comme Toulouse et Montpellier, ont acclamé la brillante découverte. Après les conférences si bien applaudies de Bordeaux, j'ai terminé l'année 1874 par celles de Toulouse et de Montpellier. Je n'oublierai jamais l'accueil que j'ai reçu de ces deux villes, dans le monde intelligent et lettré. J'ai eu les mêmes joies, en 1876, à Nîmes, à Marseille et à Avignon.

En Belgique et en Suisse, la Graphologie n'a pas eu moins de succès. Des villes entières, comme Neuchâtel, se sont déclarées pour elle (1).

(1). La presse des villes où se sont données les conférences de graphologie a constaté unanimement le succès de la science nouvelle devant le public de ces villes. Je prends pour exemple cet article du *Journal de Gand* du 10 février 1874.

« Samedi dernier, le Cercle littéraire de Gand assistait à une très-curieuse conférence. Une découverte d'une haute portée était expliquée simplement, loyalement, sans aucun charlatanisme, par celui qui en est l'heureux inventeur. M. Michon, partant des premiers essais de Lavater, et des données

Les villes commerçantes, comme Anvers, en ont compris l'importance capitale au point de vue des affaires.

Je ne pouvais négliger le puissant secours du journalisme. J'ai fondé, à Paris, la *Graphologie*, journal qui paraît le 1ᵉʳ et le 15 de chaque mois, et qui est à sa sixième année de publicité. J'ai pu appliquer là, en grand, sur toute écriture, spécialement sur celle des célébrités contemporaines, les principes développés dans mes conférences.

transmises par un ami qui connaissait quelques signes graphologiques, est parvenu, en appliquant aux écritures le système des familles naturelles, aujourd'hui universellement admis dans la science, à créer des groupes de signes qui donnent, à première inspection, toutes les facultés de l'âme, sa nature, ses instincts, son caractère, ses aptitudes, ses passions.

« A chacune de ses conférences, de petits papiers écrits rapidement au crayon par les auditeurs, lui sont présentés ; et il les juge instantanément, d'après sa méthode, avec un admirable précision.

« Nous constatons avec plaisir que M. Michon a éveillé autour de lui d'unanimes sympathies et obtenu le succès le plus complet, le plus légitime. Non-seulement il a vivement intéressé son auditoire par les aperçus nouveaux qu'il a exposés, mais encore il l'a amusé par des traits piquants et gaulois qui provoquent l'attention et imposent le succès.

« Nous ne disons pas adieu à M. Michon, mais au revoir. »

Un journal de province rendait aussi compte d'une conférence :

« M. Michon, le premier qui ait fait de la graphologie positive, c'est-à-dire au moyen d'une méthode qui est sa découverte, donnait une conférence à l'Hôtel-de-Ville.

« L'auditoire, composé de curieux attirés par l'étrangeté de la chose, n'était pas favorable. Ils voulaient s'assurer par eux-mêmes de l'exactitude de la méthode. Chacun écrivit quelques lignes à cet effet, les signa, et après les avoir déposées dans une boîte *ad hoc*, attendit la parole de l'Œdipe.

« M. Michon plongea la main dans ces centaines d'écritures, rendant des centaines de caractères différents ; et, lisant à haute voix les lignes du billet qu'il en avait retiré, il demanda si l'on en connaissait le signataire.

En outre, comme il n'y a pas de démonstration plus définitivement convaincante que celle qui est faite sur notre propre écriture, je me suis imposé la fatigue des portraits graphologiques écrits de ma main, d'après les écritures qui me sont adressées.

Tout esprit sérieux qui veut se rendre compte par lui-même de la valeur de cette belle découverte, peut m'envoyez son écriture à Paris (5, rue de Martignac). Le portrait intellectuel et moral que je fais d'une personne, dans quatre pages d'analyse fouillée et consciencieuse,

« Evidemment dans une petite ville, il n'y a d'inconnus pour personne. Tout le monde connaissait M. A.

« Le graphologiste fit alors le portrait de notre homme, qui demeura de longs instants sur la sellette. M. A. est un entêté ; il a des goûts artistiques ; il est généreux, franc et point poseur, etc.

« Voici venir M. B. Celui-là ne jette pas son argent par les fenêtres ; il remplit son escarcelle avant de songer à celle des autres. C'est un esprit logicien ne donnant point dans les théories et les systèmes ; un fin, un rusé, n'ayant d'autre ambition que de conserver, de longs ans, les écus qu'il entasse.

« Quant à Madame C., sous l'enveloppe féminine, elle possède un tempéramment viril. C'est une femme qui porte chapeau au logis. Chez elle, la tête domine le cœur. Avec cela, Madame C. est d'une grande générosité et d'une grande franchise ; elle n'a point à maîtriser les conseils d'une folle imagination, etc.

« Bref, on était ébahi. On eut dit que le conférencier avait vécu de longues années avec ceux dont il entretenait l'auditoire.

« Chacun croyait à la graphologie. »

Ceci est extrait, au hasard, des journaux, qui, depuis cinq ans, ont loyalement applaudi à la découverte de la Graphologie.

La presse de Bordeaux, de Toulouse, de Marseille, de Lyon, d'Orléans, et à l'étranger, de Genève, de Bruxelles, de Liége, d'Anvers, etc., a été unanime pour reproduire l'impression faite sur le public par les démonstrations de mes conférences, au point que j'ai pu dire publiquement que « j'étais l'enfant gâté de la presse. »

est une véritable photographie de l'âme, qui a toute la netteté et toute la précision d'une bonne photographie (prix pour l'Europe, 10 fr. avec droit à une année d'abonnement au journal de la *Graphologie*).

Je puis affirmer que, parmi cent réponses qui me sont faites, il y a à peine quatre à cinq lettres où il me soit dit que, sur quelque point isolé et très-accessoire, mon diagnostic n'a pas été complétement exact, tellement sont précis les signes graphologiques indicateurs des facultés, des instincts, etc.

Souvent même, il est démontré ensuite qu'on a pris dans un sens différent de celui que j'avais donné à ma pensée certaines expressions de mon travail.

C'est une merveille, dans un temps aussi troublé, aussi préoccupé que le nôtre, avec les angoisses de la politique et les incertitudes de l'avenir, qu'une doctrine nouvelle ait pu, en si peu de temps, s'imposer aux esprits élevés, et prendre sa belle place parmi les heureuses découvertes qui honoreront le xixe siècle.

J'ai dû donner, avec la simplicité si connue de mon caractère, toutes ces explications qui eussent été déplacées sous la plume d'un écrivain, s'il se fût agi de tout autre travail que celui d'une nouvelle découverte sur laquelle le public n'a absolument aucun renseignement. Il fallait ces détails sur le côté matériel, en quelque sorte, de la vulgarisation de la science nouvelle. On n'aurait pu les trouver ailleurs. Il importait que ce livre devînt le guide de tous, pour arriver à se donner toute lumière sur une découverte dont l'application, en se généralisant, peut être un des grands bienfaits de la civilisation.

ADDITION DE LA SIXIÈME ÉDITION.

Depuis 1878, nous avons fait une application du plus haut intérêt de la Graphologie. Nous venons de mettre en vente l'*Histoire de Napoléon Ier, d'après son écriture*, 1 beau vol. in-18 jésus. (Franco, par la poste, 3 francs. — Écrire à M. Michon, 5, rue de Martignac, Paris.)

Ce livre complétement nouveau saisit toute la grande personnalité de Napoléon, depuis 1792, où il est simple capitaine d'artillerie, jusqu'à l'exil douloureux de Sainte-Hélène, et tout le mouvement intellectuel et moral qui s'est produit dans cette âme de feu, toute l'ambition folle et désordonnée qui s'est développée en elle, toutes les passions qui l'ont rongée, le côté excentrique, bizarre, un trouble cérébral partiel. Napoléon a écrit de lui-même : « Quand on a couché dans le lit des rois, on devient fou. » Trouble qui seul explique les expéditions extravagantes de l'empereur, tout cela est révélé, mis à jour et expliqué par toutes les étrangetés de son graphisme.

Le volume contient un très-grand nombre d'autographes de Napoléon Ier, correspondant aux phases de son étonnante fortune.

Ce livre a sa place marquée dans les bibliothèques. Il démontre comment l'écriture met à nu, d'une manière saillante, une foule d'aspects historiques qu'on déduisait seulement de certains faits et de certains passages des mémoires contemporains; ici c'est l'âme qui se montre tout entière et sans voiles.

SYSTÈME DE GRAPHOLOGIE

PREMIÈRE PARTIE

GRAPHOLOGIE PHILOSOPHIQUE.

Rien ne se produit de sérieux dans le monde sans avoir avec soi et en soi sa philosophie, c'est-à-dire sa cause logique, tenant à cette grande loi de l'harmonie qui préside à toute manifestation intellectuelle et physique.

Plus nous avancerons dans les sciences, plus nous serons des simplificateurs, parce que nous arriverons à grouper la multiplicité des phénomènes autour d'une série très-peu nombreuse de causes qui les produisent C'est la tendance de l'esprit moderne s'appliquant à la science.

On conçoit donc qu'après l'heureuse découverte de la méthode graphologique, j'aie voulu faire la philosophie de cette science. De même, les grammairiens ne se contentent pas du résultat pratique de la syntaxe et de la méthode, mais s'élèvent plus haut et font la philosophie du langage.

Cette philosophie de la manifestation de l'âme par les signes graphiques, repose sur le grand fait de la liaison intime qui existe entre tout signe, quel qu'il soit, émanant de la personnalité humaine, et l'âme elle-même qui est la substance de cette personnalité. Qui doute que toute parole ne soit la traduction subite et immédiate de la pensée ?

Mais qui doute encore que toute écriture ne soit une traduction aussi subite, aussi immédiate de la pensée que la parole elle-même ?

Les faits sont là. Cette âme amie qui, à cent lieues de distance, reçoit ces chères pattes de mouches qui lui disent tant de bonnes choses parties du cœur, les entend par le regard, exactement comme si, toute distance étant brusquement franchie, la personne qui vient d'écrire apparaissait tout à coup, et disait, des lèvres, ce que diront les caractères graphiques.

Ce sont là des notions simples, premières, d'une indiscutable vérité. On a appelé l'écriture « l'art de parler aux yeux ; » et cette expression a sa justesse rigoureuse.

Mais, s'il y a une liaison si intime entre la pensée et l'écriture, au point que cette dernière disparaisse en réalité, et ne soit plus qu'un signe sous lequel la pensée vibrante arrive instantanément à une autre pensée qui la perçoit, comment n'y aurait-il pas une liaison également intime entre la forme que reçoit cette écriture et les dispositions intellectuelles et morales de l'âme dont elle est le truchement inconscient et subit ?

Quand nous écrivons dix lignes très-spontanées, très-rapides, dans l'épanchement d'une profonde douleur ou d'un violent amour, peut-il nous venir à l'esprit que nous nous soyons occupés, même pour la plus insignifiante des lettres, de la forme que nous leur avons donnée ?

Le calculateur qui, avec une rapidité effrayante, groupe des chiffres, songe-t-il au procédé matériel que ses études d'arithmétique lui ont fourni ? La main qui écrit, comme la plume qui calcule, fait une œuvre purement intellectuelle.

Tant que l'enfant a appris matériellement l'écriture, tant que l'apprenti arithméticien a étudié les règles du calcul, oui, alors ils ont fait œuvre matérielle, ils se sont donné un art. Mais, quand la longue pratique est venue, quand ils ont écrit ou calculé avec une rapidité qu'explique seule la rapidité de la conception impatiente du retard de la plume qui écrit ou qui calcule, le procédé matériel cesse d'être quelque chose, l'âme écrit, l'esprit calcule. L'enfant a balbutié, pendant de longues années, ses voyelles ; il les a liées préalablement à des consonnes. Il a bégayé tout cela. Mais ce serait revenir à la leçon de philosophie donnée par le bourgeois gentilhomme à sa servante, sur la prononciation de l'*u* pour laquelle

« on fait la moue, » que de prétendre qu'en parlant, un homme quelconque songe à la formation matérielle des expressions qu'il emploie, expressions qui, par la très-longue habitude, finissent par n'être qu'une répétition inconsciente de sons ayant le privilége de transmettre instantanément la pensée

Il en est de même de la forme donnée au mot dans une langue quelconque. Elle finit par devenir inconsciente, au point que notre plume fait perpétuellement certaines lettres pour d'autres sans que jamais notre œil s'en aperçoive. Par exemple on écrit *votre*, pour *votre,* mais en réalité on a écrit *votue* employant un *u* pour un *r*. On écrit *bonbon* pour *bonbon,* les *u* remplaçant les *n*. On emploie l'*y* pour le *g*. Dans *agacement* qu'il faut lire *agacement,* le *g* est un *y*, le *c* est un *e*, le *m* est composé de trois jambes de l'*u* et le *n* est un *u*. De telle sorte que ce mot d'*agacement* a été écrit en réalité *ayaeueut*, mot impossible, qui n'appartient à aucune langue, mais qui rend à merveille, pour celui qui l'a tracé, l'idée qui est sous le mot, l'idée d'agacement.

Nous arrivons donc à cette formule, que, par la longue habitude d'écrire, comme par la longue habitude de parler, *c'est l'âme qui directement écrit et parle*, le son dans la parole, la lettre dans l'écriture n'étant plus qu'un signe employé inconsciemment pour rendre la pensée.

II. Un autre fait d'une importance majeure se constate aussi par l'observation, c'est qu'il y a autant d'écritures que d'individualités. Parcourez le monde occidental, en y comprenant l'Amérique peuplée par les Européens, vous serez frappé de la constance de ce phénomène, même dans les langues dont l'alphabet est immobile, et se compose de lettres presque juxtaposées comme des lettres d'imprimerie, l'arabe et l'hébreu. Les mêmes différences se rencontrent : la personnalité se fait jour. L'écriture haute, espacée, magistrale attribuée à Mahomet, l'écriture délicate, aérienne d'Abd-el-Kader, l'écriture tassée, rude, pâteuse du farouche Ali, pacha de Janina, ne se ressemblent en rien. Et je citerai dans ce livre quelques lignes d'un savant juif de Trieste, sur lesquelles j'ai pu faire un portrait intellectuel et moral si complet que les amis et la famille de ce savant n'ont jamais voulu croire qu'une lettre complaisante, partie de Trieste en même temps que l'autographe en hébreu, n'était pas venue me révéler des détails minutieux sur le caractère de celui qui l'avait tracé.

Or, ce fait incontestable a une immense valeur, surtout si on le rapproche de celui-ci : que nous avons tous commencé à écrire selon des modèles parfaitement semblables. Ce que les maîtres d'écriture appellent des exemples, a été le type général sur lequel chaque génération d'enfants s'est formé la main. Les maîtres ont veillé avec le plus grand soin à l'uniformité de toutes les écritures. Ils nous ont appris à tenir la plume de la même façon ; ils ont dirigé notre main dans le même sens ; ils nous ont enseigné l'égalité des lettres, leur hauteur régulière, leur disposition, leur harmonie ; et, au sortir de leur école, tant que nous avons docilement suivi leurs principes, nous avons possédé un art particulier qui s'appelle la calligraphie.

En examinant le travail calligraphique, il nous est facile de voir qu'il est purement mécanique. Le but du maître n'est pas de vous faire rendre des idées, mais de simples formes applicables plus tard à toutes sortes d'idées. Ce sont des alphabets réguliers, des séries de voyelles et de consonnes artistement arrangées, rien de plus. Aussi, il y a dans la langue, un mot très-expressif, pour rendre l'idée d'une belle écriture. On dit : Il peint bien. L'écriture considérée comme art est en effet une peinture.

Mais, si j'ai pu, sur quelques lignes tracées par la main

d'un juif ou d'un arabe, me rendre un compte rigoureux de sa nature, de son caractère intime, il m'est impossible de rien déduire d'une page écrite selon les règles d'une calligraphie parfaite. Le graphologiste est muet devant un tel travail, pour y découvrir la personnalité humaine, comme il le serait devant une page imprimée. La raison en est évidente, c'est que cette calligraphie n'a rendu que des formes fixes, régulières, immuables, et que le cerveau de l'homme qui l'a tracée n'a eu qu'une pensée unique, celle de la produire aussi belle que possible.

Tels sont les faits ; ils sont d'expérience.

Mais il se produit bien un autre phénomène. C'est que, du jour où l'enfant, l'adolescent, l'homme même qui a reçu des leçons de calligraphie, entre dans sa vie spontanée et libre, qu'il veut rendre rapidement, sans application, sans étude, sans se soucier le moins du monde de former bien ou mal ses lettres, des pensées, des affections qu'il veut communiquer à d'autres, il abandonne par instinct le métier de calligraphe, et le voilà qui se fait une écriture particulière, écriture ayant des formes quelquefois étranges, tantôt où les angles dominent, tantôt où dominent les courbes, tantôt où courbes et angles se succèdent dans les mêmes mots, tantôt où l'écriture garde une verticalité compassée et froide, tantôt où elle prend une inclinaison délicate et molle, tantôt où elle s'épanche en longs traits d'une finesse extrême, tantôt où elle s'accentue en traits durs et carrés.

Que s'est-il passé alors ?

Le voici.

La main a cessé le travail de calligraphie, les lettres lui sont devenues aussi familières au bout de la plume, que les sons dans le langage, quand il a pris la longue habitude de parler. Depuis longtemps, l'enfance une fois écoulée, il ne s'occupe plus des sons. Maintenant, quand il écrit, il ne s'occupe plus des lettres. Elles deviennent pour lui, comme des sons fixés au regard.

J'ai mieux rendu ce fait remarquable par cette formule : ***L'écriture devient le relief visible de la pensée.***

On comprend dès lors que chaque individualité, abandonnant le procédé de la belle écriture, se fasse son écriture personnelle, écriture qui ne ressemble pas à celle d'un autre, pas plus que les traits de notre visage, quoique composés des mêmes éléments, ne ressemblent aux traits du visage des autres hommes.

Cela est tellement vrai que le même individu qui vous aura écrit de cette écriture naturelle, spontanée, habituelle, non appliquée, laquelle est devenue son écriture propre, souvent illisible, mal faite, inharmonique au possible, a l'aptitude, en s'appliquant un peu, de redevenir calligraphe, et de vous tracer certaines lignes bien régulières qu'il peut, sans trop de honte, présenter comme des modèles à copier, destinés à des enfants. Voilà comment certaines personnes dont nous connaissons l'écriture assez mauvaise, peuvent donner de bonnes leçons d'écriture, en fournissant à leurs élèves des modèles qu'ils ont eux-mêmes tracés. La chose est singulière, mais elle est ainsi.

Cela établit une ligne de démarcation bien tranchée entre l'écriture considérée comme art, et l'écriture considérée comme truchement instantané et rapide de la pensée.

Il serait superflu de donner plus de développement à cette exposition qui, reposant sur des faits reconnus de tous, est inattaquable.

III. Nous avons à voir maintenant quel est le procédé physiologique par lequel l'âme cessant de peindre, c'est-à-dire de former de jolies lettres, arrive à se reproduire elle-même dans l'écriture, comme une image se répercute sur un miroir, comme notre visage va se dessiner sur une plaque couverte d'une substance très-impressionnable à la lumière, placée dans l'instrument du photographe.

Il est reconnu aujourd'hui, à peu près universellement dans la science, que le cerveau est l'organe exclusif de la pensée.

Sœmering, cité par Gall, dit nettement que « le cerveau est l'instrument exclusif de toute sensation, de toute pensée, de toute volonté. »

Haller prouve que la sensation n'a pas lieu dans l'endroit où un objet touche le nerf, dans l'endroit où l'impression a lieu, mais dans le cerveau, *Sensûs sedem in cerebro esse* (1).

Bichat a dit : « Toute espèce de sensation a son centre dans le cerveau, car toute sensation suppose l'impression et la perception (2). »

Descartes avait dit : « Je ne reconnais pas d'autre sensation que celle qui se fait dans le cerveau (3). »

Condillac lui-même avait dit : « Les sens ne sont pas cause occasionnelle. Ils ne sentent pas. C'est l'âme seule qui sent à l'occasion des organes (4). »

Gall qui avait fait de grands travaux sur le cerveau dit : « Il est généralement reconnu que le cerveau est l'organe particulier de l'âme (5). »

Enfin, P. Flourens qui est spécialiste sur cette question, dit : « L'opinion que le cerveau (soit le cerveau pris en totalité, soit telle ou telle partie du cerveau prise séparément) est le siège de l'âme, est en effet aussi ancienne que la science (6). »

Flourens a fait sur le cerveau les expériences les plus curieuses.

« La perte d'un sens, dit-il, n'entraîne pas celle de l'intelligence. Il suffit d'interrompre la communication d'un sens avec le cerveau, pour que ce sens soit perdu. La seule compression du cerveau qui abolit l'intelligence, les abolit tous. Les organes des sens n'exercent les fonctions d'organes que par l'intelligence, et cette intelligence ne réside que dans le cerveau (7). »

(1) *Elementa physiologiæ*, IV, page 304.

(2) Recherches physiologiques sur la vie et la mort, art. VI, § 11.

(3) OEuvres de Descartes, VI, page 347.

(4) Traité des sensations, préambule de l'*Extrait raisonné*.

(5) Anatomie et Physiologie du système nerveux, II, page 14.

(6) De la Phrénologie et des études vraies sur le cerveau, page 10.

(7) Id. page 20.

Le cerveau pris en masse, l'*encéphale*, l'ensemble des parties cérébrales est un organe multiple. Il se compose de quatre organes particuliers : le *cervelet* siége du principe qui règle les mouvements de locomotion ; les *tubercules quadrijumeaux*, siége du principe qui anime le sens de la vue ; la *moelle allongée*, siége du principe qui détermine les mouvements de respiration ; le *cerveau* proprement dit, ou les *hémisphères*, siége exclusif de l'intelligence.

« Enlevez à un animal le cervelet, il ne perd que la régularité de ses mouvements de locomotion ; si on enlève les tubercules quadrijumeaux, il ne perd que la vue ; si l'on détruit la moelle allongée, il perd ses mouvements de respiration et par suite la vie. Si l'on enlève sur un animal le cerveau proprement dit, ou les hémisphères, il perd aussitôt l'intelligence et ne perd que l'intelligence (1). »

Ce sont des expériences très-curieuses. Il faut ajouter ceci :

« Loin que nos sens se développent en raison directe, la plupart se développent en raison inverse. Le goût, l'odorat sont plus développés dans le quadrupède que dans l'homme ; la vue, l'ouïe le sont plus dans l'oiseau que dans le quadrupède ; le cerveau seul se développe partout en raison de l'intelligence. Les mammifères sont les animaux qui ont le plus d'intelligence. Ils ont, toute proportion gardée, les hémisphères les plus volumineux. Le cervelet le plus grand est celui des oiseaux, qui ont le plus de force de mouvement. Les reptiles, plus lents, ont le cervelet plus petit (2). »

Ces notions si précises, qui sont aujourd'hui du domaine de la science, établissent nettement que le grand organe, l'organe spécial de l'intelligence, est le cerveau proprement dit, ou les hémisphères. C'est ce qui a amené Flourens à attaquer le système de Gall.

(1) Flourens, *id.* pages 21 et 22.
(2) *Id. Id.* page 23.

« L'erreur de Gall, dit-il, a été de croire que l'intelligence résidait indifféremment dans tout l'encéphale (1). »

Gall a voulu que le cerveau se partageât en plusieurs organes, dont chacun loge une faculté particulière de l'âme. Flourens démontre que c'est une erreur, non-seulement pour l'encéphale tout entier, mais même pour les hémisphères.

« On peut, dit-il, retrancher soit par devant, soit par derrière, soit au haut, soit par côté, une portion assez restreinte de ces hémisphères cérébraux, sans que l'intelligence soit perdue. Une portion assez restreinte de ces hémisphères suffit donc à l'exercice de l'intelligence. D'un autre côté, à mesure que ce retranchement s'opère, l'intelligence s'affaiblit et s'éteint graduellement; et, passé certaines limites, elle est tout à fait éteinte. Les hémisphères cérébraux concourent donc par tout leur ensemble, à l'exercice plein et entier de l'intelligence.

« Dès qu'une sensation est perdue, toutes sont perdues : dès qu'une faculté disparaît, toutes disparaissent. Il n'y a donc pas des sièges pour les diverses facultés, pour les diverses sensations. La faculté de sentir, de juger, de vouloir une chose réside dans le même lieu que celle d'en sentir, d'en juger, d'en vouloir une autre, et, conséquemment, cette faculté essentiellement une réside essentiellement dans un seul organe. L'intelligence est donc une (2). »

Or, avec Gall, il y a autant d'intelligence que de facultés distinctes. « Il y a, dit Gall, autant de différentes espèces d'entendement qu'il y a de facultés distinctes. » (Gall, IV, page 339). « A l'intelligence, faculté essentiellement une, Gall substitue une multitude de petites intelligences ou de facultés distinctes et isolées. Ce ne sont pas des intelligences particulières, ce ne sont que des *modes* de l'intelligence proprement dite. Toute la doc-

(1) *Id. Id. Id.*

(2) Flourens, *Id.* page 26. Il y a des savants qui appellent la phrénologie une pseudo-science comme l'astrologie, la nécromancie (Magendie, éléments de physiologie, I, page 263).

trine de Gall est une suite d'erreurs qui se pressent et qui s'accumulent (1). »

Il est difficile d'attaquer une doctrine avec plus de vigueur. Psychologiquement, Flourens est dans le vrai absolu. Gall, très-fort anatomiste, fait une confusion étrange des puissances de l'âme, en les divisant en autant de facultés distinctes. Flourens a raison de dire que l'intelligence est essentiellement une. (*H*).

Il résulte de ce que l'on vient de lire, qu'il y a un organe spécial en nous, auquel aboutissent toutes les impressions et toutes les perceptions (2), et duquel, par voie

(1) *Id. Id.* pages 26, 29, 33.

(2) Au système qui place exclusivement le siège des perceptions dans le cerveau, il faut ajouter celui qui donne un double siège à ces perceptions : d'un côté le cerveau, le centre nerveux cérébro spinal d'où proviennent les nerfs de la vie de relation, et de l'autre le système nerveux ganglionnaire, sorte de cerveau abdominal que l'on nomme aussi le *grand sympathique*, parce qu'il fait sympathiser entr'eux tous les viscères, au moyen de nombreux filets de communication. Ce nerf communique avec presque tous les nerfs du cerveau et avec tous ceux de la moëlle épinière. Sans lui, sans ce vrai cerveau abdominal, pas de nutrition, comme sans le cerveau, pas de perceptions.

Que l'on adopte que l'âme se manifeste uniquement par le cerveau ou simultanément par l'intermédiaire des deux systèmes nerveux ébranlés en même temps, du moment qu'il y a communication entre eux, le résultat est le même pour la théorie graphologique; et la main, organe d'impression nerveuse soit simple par le cerveau, soit double par l'ébranlement simultané du cerveau et du système ganglionnaire, n'en sera pas moins l'organe transmetteur des manifestations du *moi*, qui est reconnue par tous les physiologistes parfaitement *un*.

Il est prouvé que le siège pathologique de la folie, de la mélancolie, de l'hypocondrie, n'est pas constamment dans le cerveau ni dans les viscères, mais tantôt dans les viscères, tantôt dans le cerveau. Chez les uns, après la mort, il y a atrophie cérébrale; chez d'autres, l'encéphale n'a aucune lésion: mais les désordres de la région intestinale sont nombreux.

Tous les hommes de lettres éprouvent, après le travail, un

de conséquence, doivent partir toutes les manifestations de l'être intelligent et moral.

Les dernières recherches de la science ont abouti à reconnaître que c'est par le moyen d'un fluide appelé « fluide nerveux » que les centres nerveux produisent toutes leurs manifestations. Cette théorie est pleinement satisfaisante. On sait avec quelle rapidité, presque électrique, la moindre volition du cerveau est exécutée par les organes. Le doigt indicateur se dresse et se dirige instantanément vers l'objet qu'on vous prie de montrer. C'est aussi prompt presque que la pensée, tant il y a de merveilleux ensemble dans cet étrange composé d'organismes, qu'on appelle le corps !

spasme vers la région épigastrique; et les mathématiciens ont la tête lourde et pesante. Il y a donc deux travaux intellectuels distincts, demandant à l'un ou à l'autre des deux systèmes qui forment l'ensemble du système nerveux, plus ou moins d'activité. Le travail purement de calcul fatigue le cerveau; le travail de sentiment fatigue le système ganglionnaire. Mais, cependant, l'un et l'autre sont unis par de nombreux filets qui en forment une sorte de chaîne électrique.

Que ce travail, purement intellectuel chez le mathématicien, à la fois intellectuel et sentimental chez le littérateur, — et quiconque écrit un simple billet devient littérateur, — ait la main, par conséquent la plume, comme unique transmetteur de pensée et de sentiment, nul ne songera à le mettre en doute ; et je n'ai dû insister un peu sur cette donnée physiologique incontestable, que pour mettre en évidence dernière, la liaison complète et absolue de l'idée manifestée par la plume avec l'arbre cérébro-spinal uni au grand sympathique et s'entrelaçant, s'anastomosant, selon l'expression scientifique, avec lui, pour ne former qu'un ensemble de système avec les deux autres que l'anatomie ne peut s'empêcher de constater.

Les anciens avaient cette idée de l'action mutuelle du cerveau et des viscères sur l'âme, quand ils disaient : *Pectus est quod disertos facit*, c'est la poitrine qui fait les éloquents : mais ils ajoutaient : *et vis mentis*, et la puissance de l'esprit. Il est fort curieux que la science moderne, si sévère et si positive, en arrive aujourd'hui à constater ce que l'intuition avait seule révélé au monde antique, si peu expérimentateur.

Plusieurs savants pensent que l'électricité joue un rôle considérable dans tous ces beaux phénomènes. Je n'ai point autorité pour me prononcer sur ces questions intéressantes. Mon rôle est d'accepter les résultats qu'on appelle de science acquise. Mais ce que nous savons maintenant de physiologie est assez positif pour qu'il n'y ait pas un doute possible sur les manifestations perpétuelles de l'âme par l'un de ses organes les plus dociles et les plus parfaits, la main de l'homme.

Le célèbre Lavater avait fait déjà cette remarquable capitale, quand il défrichait si péniblement la théorie graphologique, sur laquelle il n'arriva jamais qu'à de vagues lueurs : « De tous les mouvements du corps, il n'en est point d'aussi variés que ceux de la main et des doigts. De tous les mouvements de la main et des doigts, les plus diversifiés sont ceux que nous faisons en écrivant. Le moindre mot jeté sur le papier, combien de points, combien de courbes ne renferme-t-il pas ? (1) »

Cette question de la physiognomonie par l'écriture l'avait vivement occupé.

« Je remarque, dit-il ailleurs, une analogie admirable entre le langage, la démarche et l'écriture (2). » Or, qui doute que le langage ne soit l'âme elle-même se traduisant par des sons ? Et n'est-ce pas l'être moral qui se dégage par les moindres mouvements extérieurs du corps ?

Il avait été très-frappé de ce fait :

« Que cent peintres, tous écoliers d'un même maître, dessinent la même figure, que toutes ces copies ressemblent à l'original de la manière la plus frappante, elles n'en auront pas moins, chacune, un caractère particulier, une teinte et une touche qui les feront distinguer. Si cela est pour les œuvres de peinture, pourquoi cela ne serait-il pas pour l'écriture (3). »

La nature ne se contredit pas. S'il y a là manifestation évidente, traduction de l'être moral indiscutable,

(1) Grande édition in-4º de Lavater, 1806, III, page 67. — (2) *Id.* page 73. — (3) *Id.* page 67.

elle ne peut pas faire défaut dans l'écriture qui provient du même jet, qui est le résultat du même moteur. Les grandes lois qui régissent tout ce qui tient à l'organisme, ont une application rigoureuse et mathématique. Tout l'organisme, dans ses moindres particularités, leur est soumis.

Je suis parti de ces principes pour formuler la loi de la science graphologique : *Toute écriture, comme tout langage, est l'immédiate manifestation de l'être intime intellectuel et moral.*

La splendide découverte de la photographie nous donne une comparaison d'une bien grande justesse. Ce n'est pas l'artiste photographe qui vous peint; il a bien sa part d'habileté dans la pose qu'il vous fait prendre : mais, dans l'opération elle-même, ce n'est pas lui qui est l'agent ; c'est vous. Si vous faites un sourire, ce sourire est rendu sur la plaque sensible ; si un sentiment triste vous traverse le cerveau, votre front se rembrunit ou se crispe, vos lèvres n'ont plus d'épanouissement, ce je ne sais quoi qui dit la joie ou la paix intérieure ne se montre plus dans votre photographie.

Cette image de vous, dont la lumière est le seul dessinateur, c'est vous qui l'avez fournie, sombre ou gaie, riante ou attristée, splendide de grâce et de jeunesse, ou flétrie par les ans, penseuse ou bêtement vulgaire.

Il en est ainsi dans cette autre photographie de vous-même que vous produisez en mettant votre âme en exercice par le langage de la plume. Il y a bien la forme que produit la plume ; mais nous avons vu que ce trait physique n'est plus rien, qu'il disparaît dans la spontanéité de l'œuvre intellectuelle, que c'est l'intelligence elle-même qui vient se photographier avec tout un ensemble merveilleux de facultés, d'instincts, d'aptitudes, etc., qui la composent. Avare ou prodigue, franche ou rusée, calme ou exaltée, faible ou forte, de volonté douce ou anguleuse de caractère, débordant de puissance d'art et de poésie, ou étrangère à tout sentiment de la forme, ardente et ambitieuse ou mélancolique et découragée, les mille manifestations de l'être intime viendront se produire malgré vous, vous étant dans une complète inconscience et ne pouvant pas soupçonner que vous vous êtes peint là avec une exactitude rigoureuse. La plante en pleine floraison dont la tige gracieuse s'incline sur une fontaine bien limpide, ne sait pas quelle est reproduite sur ce miroir, dans tout l'éclat de sa fraîcheur et de sa beauté. Vous êtes ainsi dans le travail spontané de l'écriture. J'ai pu dire que j'avais découvert la photographie de l'âme, comme Niepce et Daguerre ont découvert la photographie du visage. Seulement j'ai appris à lire l'âme dans une manifestation inconsciente de son être où de beaux génies avaient bien soupçonné qu'elle déposait quelque chose de sa nature intime, sans pouvoir deviner l'énigme, sans pouvoir déchiffrer l'hiéroglyphe. Champollion a fait l'alphabet de l'écriture des Egyptiens. J'ai trouvé les signes par lesquels l'âme se trahit dans ses plus fines nuances.

Tel état de l'âme, telle écriture. Le maréchal de Mac-Mahon, en pleine paix. écrit à un homme de lettres, pour le remercier de l'envoi d'une traduction de Végèce. La lettre est calme, réfléchie : l'homme de guerre montre ce qu'il y a d'idéalisme dans sa nature. Végèce lui rappelle les heureux temps de l'étude. Tout l'autographe a la placidité de la situation. Plusieurs années se passent : le même homme de guerre étouffe la formidable insurrection de la Commune de Paris. Le lendemain, il écrit une proclamation aux Parisiens L'autographe rend bien les traits dominants de la même individualité; mais la passion ardente, impétueuse, se fait jour à toutes les lignes ; le mouvement ambitieux se développe ; le côté idéal fait place au côté positif et pratique. Adieu Végèce, adieu la paix ! L'écriture est singulièrement mouvementée, hardie, fébrile même ; et tout dit au graphologiste que le modeste admirateur d'un livre de stratégie antique est changé en un homme à qui ce fait d'armes a donné une situation nouvelle, et qui fera peser, quand il le voudra, le poids de son épée dans les destinées de la France (1).

(1) Voyez le travail graphologique que j'ai fait sur ces deux écritures. (*La Graphologie* de 1872, n° 19.)

Cette mobilité de l'écriture donne la raison sérieuse qu'elle est réellement un acte intime de l'âme, qui se produit extérieurement par le signe. J'ai pu dire que *l'écriture est le relief de l'âme, tangible au regard.*

Quand une carte de géographie est sous les yeux d'un enfant, nous lui montrons une série de petites taupinières, plus ou moins mal dessinées, qui traversent les terrains. Nous lui disons que ce sont des montagnes ; mais s'il n'a jamais vu de montagnes, notre carte de géographie lui donne une pauvre idée de la configuration du sol. Au contraire, présentons-lui la carte en relief d'un pays : c'est le pays lui-même, à l'état réduit, qu'il a sous les yeux. Le relief des montagnes se montre à lui ce qu'il est réellement. Nous pouvons lui parler des bassins, de la direction des rivières et des fleuves. Nous lui avons montré à nu la terre, comme si, élevé sur un nuage, il avait un instrument d'optique assez puissant pour embrasser, d'un coup d'œil, un pays tout entier.

Dès qu'on a la connaissance des signes graphologiques, une écriture devient, sous le regard, l'âme elle-même de la personne qui a écrit, se présentant avec le relief de ses facultés, de ses instincts, de son caractère, de ses aptitudes. Ce n'est plus mystérieux comme la physionomie qui peut si facilement se composer, comme le langage qu'on déguise trop souvent, comme le crâne surtout dont on va tâter les protubérances ; c'est un ensemble de révélations nettes, précises, rendant chaque manifestation de l'âme comme les notes d'un clavier rendent les sons qui s'harmonisent, mais dont l'un a une tonalité distincte de l'autre.

Il n'est donc pas étonnant que le critique distingué, que j'ai cité plus haut, après les deux années qu'il a consacrées à suivre mon cours, n'ait plus hésité à proclamer la supériorité incontestable de la Graphologie sur toutes les autres sciences manifestantes de l'âme, sans en excepter le lavatérisme.

Il faut arriver maintenant à établir cette loi si curieuse de la Graphologie, que *le signe suit le mouvement de l'âme et change quand l'âme change.* Il est mobile, comme sont mobiles notre nature, notre caractère, nos passions ; et il est immobile dans ce qui est immobile de nos facultés, de notre esprit, de nos aptitudes.

Prenons pour exemple le signe graphologique de la prodigalité.

Le prodigue ne tient pas à l'argent. « Le vil métal » n'est pour lui qu'un moyen facile et charmant de se procurer tout ce qui peut satisfaire ses caprices et ses goûts. Aussi, quand il écrit, il sème largement les mots sur le papier, il étend les lettres de façon à faire de deux ou trois mots une seule ligne ; il laisse des blancs partout ; et deux ou trois petits alinéas de l'écriture des gens économes qui feraient cinq à six lignes, remplissent sous sa plume les quatre pages d'une lettre ; il a de très-longues finales à la fin des mots ; il prodigue l'encre qu'il croit inépuisable au bout de la plume, comme il croit inépuisable le coffre du père, où il pense pouvoir plonger la main éternellement.

Voilà une passion si clairement exprimée, qu'il n'est pas possible de songer à en contester le signe, tant il est constant et surtout bien facilement saisissable dans toute écriture de prodigue.

Mais que, par l'un de ces changements qui arrivent dans la vie, par exemple, après la satiété et les désenchantements d'une vie de plaisirs effrénés, passée dans une grande ville, le jeune homme placé, par la mort du père, à la tête de sa fortune, arrive à comprendre les avantages d'une existence régulière et se mette nettement à ordonner ses affaires, à régulariser ses dépenses, et, comme on dit vulgairement, « à se ranger, » le résultat immédiat de ce rangement sera une modification profonde, apportée d'instinct, à son écriture.

Devenu économe comme feu son père, il prendra, sous ce point de vue seulement, l'écriture du père, régulière, plus tassée, aux finales moins perdues dans le blanc du papier. Si le père était étranger à tout sentiment de l'art, et que lui, le fils, ait au contraire des aptitudes artistiques, son écriture gardera le signe de ces aptitudes ; s'il était impressionnable et homme de cœur, pendant que le père était d'une nature glaciale, il gardera le signe de la sensibilité nettement marquée. Ce qui n'aura pas changé en lui, au moral, ne changera pas dans son écriture ; mais ce qui aura avant peu complétement disparu sera ce signe si visible de prodigalité, qui rendait si parfaitement la passion dont il avait subi l'entraînement jusqu'au jour du changement radical opéré en lui.

C'est là une démonstration indiscutable, si jamais il en fut, parce qu'elle repose sur un fait, et qu'elle est établie en raison et en expérience. Si l'ancien prodigue, devenu économe, gardait son écriture de prodigue, la théorie graphologique serait radicalement fausse, puisqu'un signe rendrait une passion ayant cessé d'exister dans l'âme de celui qui écrit. La loi de la mobilité du signe est donc démonstrative de la vérité philosophique du système.

Prenons un autre exemple, mais dans une direction de l'âme toute opposée.

Voilà une jeune femme d'une nature admirablement candide et vraie. Sa franchise s'étale presque avec la naïveté des enfants dans son écriture. Ce sont des séries de mots grossissants, dont sa maîtresse d'écriture n'a jamais pu la déshabituer, et qui enlaidissent même cette écriture si remarquable d'ouverture et de limpidité d'âme.

Mais, qu'arrivée dans le monde, emportée par le tourbillon, ayant du plaisir à y jouer son rôle, à y briller par sa jeunesse, par son esprit, par sa beauté, elle vienne à perdre cette virginité de franchise qui avait éclaté jusque-là dans son caractère, et qui se traduisait si visiblement dans son écriture, que les premières finesses d'une âme qui cherche déjà à se tenir, se fassent jour en elle, et que peu à peu elle en arrive à vouloir cacher, dissimuler beaucoup de choses, le phénomène de la mobilité des signes graphologiques se produira à mesure que viendra à se produire le changement intellectuel. D'abord les mots grossissants disparaîtront ; quelques-uns subsisteront çà et là, comme des témoins de l'ancienne franchise fortement ébréchée ; mais quand les habitudes de finesse, de dissimulation même, seront devenues dominantes, arrivera aussi dominante une autre écriture qui sera l'inverse de la première : les mots gladiolés, indices de finesse, remplaceront les mots grossissants, indice de la franchise perdue. Cela se fera d'une manière inconsciente ; rien n'aura été voulu, calculé ; mais notre rusée de maintenant n'écrira plus comme la candide d'autrefois.

Ces exemples pourraient s'étendre longuement ici. Une nature dont le cœur se dessèche perdra cette belle et gracieuse inclinaison des lettres rendant si bien l'abandon des âmes qui se donnent, et prendra la verticalité raide et froide de l'écriture de ceux qui sont parvenus à presque s'atrophier le cœur.

Les petites coquetteries de l'adolescence dans les jeunes hommes et dans les jeunes filles, si bien marquées par ces fioritures qui semblent attirer le regard et dire : admirez moi ! quand elles disparaissent avec une vie désormais fixée et les joies plus sérieuses que donnent la paternité, emportent aussi, en s'envolant de l'âme, les fioritures accusatrices qui s'étalaient au-dessus des lettres comme l'efflorescence du jeune âge. Le signe de la simplicité remplace celui de cette vanité de l'âge, à laquelle si peu de natures adolescentes ont échappé.

Nous arrivons donc à cette double loi d'une importance majeure, de la *mobilité des signes de l'écriture,* quand s'opèrent des changements dans l'être intellectuel et moral et de la *fixité de ces mêmes signes*, tant que l'âme demeure dans le même état de manifestation de ses facultés, de ses aptitudes, de ses instincts, etc.

Et cette loi répond pleinement à l'exigence légitime de la critique qui demande une base rationnelle à un système, parce qu'il ne s'établit pas de science sans des principes dont elle n'est que l'épanouissement.

IV. Complétons cette partie capitale de notre démonstration par une étude un peu approfondie, quoique rapide, de la valeur et de la fixité du signe, tant que subsiste le moteur intellectuel et moral qui le crée, ou mieux tant que se produit le fait psychologique dont il est la manifestation permanente.

Il n'y a personne qui n'ait observé la limpidité, le calme, l'ordre, la sobriété de certaines écritures, appartenant logiquement à des natures spécialement simples, graves, d'une régularité de vie presque monotone, telles, par exemple, que les membres de la magistrature que leur impartialité, leur droiture, la rigidité de leurs principes désignent presque à la vénération publique. Nous possédons de brillants spécimens d'écritures de ce genre, et je puis citer celle d'un magistrat français, M. d'Esparbès de Lussan, qui a été, pendant de longues années, à Paris, l'un des derniers représentants de cette vieille magistrature qui se regardait comme revêtue d'un sacerdoce.(1).

Ces écritures, au premier aspect, frappent par leur grande régularité, qui n'est pas cependant la répétition monotone de lettres calligraphiques ; la personnalité humaine est bien là. Ce qu'on a de cœur, d'impressionnabilité, quoique contenu, se fait jour. Mais l'on admire le bel ordre naturel, ce qui se joue de lumière entre les mots et entre les lignes, la précaution rigoureuse et certainement inconsciente de ne jamais permettre à la plume, en haut ou en bas des lignes, le moindre écart de ces longs jambages, qu'un instinct très-juste fait regarder à de tels hommes, comme une superfluité peu digne d'une écriture grave, ou comme l'indice d'un mouvement passionnel qui ne va pas au caractère du magistrat.

Il ne faut pas être graphologiste pour être frappé du caractère spécial de ces belles écritures, laides peut-être calligraphiquement, mais splendides comme traduction visible de la gravité digne et douce des caractères dont elles sont l'expression spontanée et vivante.

Or, ces écritures ont le cachet spécial de la fixité. Elles pourront bien, comme toutes les écritures sans exception,

---

(1) Voir l'écriture de M. d'Esparbès, *Graphologie* de 1872, n° 27.

être plus ou moins rapides, la plume conviendra plus ou moins à la main, elles auront quelquefois un peu plus de hauteur, le calme habituel pourra être troublé par un peu de précipitation, sous un sentiment un peu plus animé, un peu plus vif, cela est évident ; et toujours ces petites différences même établissent le fait sur lequel est basée la graphologie, *la délicatesse de l'impression subie à toute minute par la plume, selon les moindres oscillations de l'âme qui écrit ;* mais l'ensemble de ces écritures est toujours le même ; et, dans les plus longues lettres de quatre pages, le calme, la sobriété, la régularité ne se démentent pas un instant ; et des centaines de lettres écrites par de tels hommes, semblent des pages sorties de la presse et produites par des caractères particuliers d'imprimerie, avec lesquels ces lettres auraient été composées.

C'est un résultat de l'observation extrêmement remarquable.

Par contre, si nous prenons les écritures très-mouvementées, aux allures échevelées, aux immenses jambages au-dessus et au-dessous des lignes, aux immenses courbes dans le blanc au-dessus des lignes, qui rappellent les courses vagabondes d'un ballon emporté dans l'air par les directions souvent opposées des vents, nous arrivons en face de ces natures impétueuses, exaltées, extravagantes, dont l'imagination ne connaît pas de limites, et qui, à force de se perdre dans les régions dangereuses de l'exaltation, finissent par épuiser rapidement les forces de l'organisme incapable de résister à tant de secousses, et par perdre la vie, après avoir préalablement perdu la raison.

Nous avons, dans nos autographes, de nombreux spécimens de ces écritures desquelles nous avons pu dire avec certitude, bien des années avant la catastrophe : Cette personne qui écrit ainsi mourra folle dans une maison de santé.

Or, les écritures provenant de ces cervelles extravagantes qui sont au pôle opposé du calme et de la raison, ont exactement la même fixité des signes graphologiques que les écritures des natures rassises et maîtresses de leur imagination, dont nous parlions tout à l'heure. Le même besoin de traduire le désordre intérieur fait exécuter à la plume des excentricités incroyables et inharmoniques de courbes, comme le sens calme et sobre fait exécuter aux natures très-raisonnables, des lettres simples, régulières, ordonnées, harmoniques.

La déraison comme la raison arrivent au même procédé : d'un côté, traduire la folie commencée et qui va d'un bond à l'autre bond jusqu'où peut aller l'absurde, de l'autre traduire le sentiment splendide de la possession de soi, qui soumet tout aux règles des convenances exquises, et à ce respect de la personnalité humaine qui fait notre dignité.

Il est bien remarquable que ces deux mouvements si opposés, si contradictoires, produisent à l'aide de la plume un résultat identique *de signes fixes, habituels,* qui reviennent perpétuellement dans l'écriture, auxquels l'esprit s'est habitué, comme traduction d'instinct de ses mouvements intimes, ne sachant pas écrire autrement, et ne comprenant pas que l'on écrive d'une autre façon.

Vous pouvez faire sur cela une curieuse expérience. Prenez l'écriture échevelée des natures extravagantes : présentez-la à un magistrat grave, austère ; dites lui : Voilà l'écriture d'un de vos collègues dans telle cour. Sans que jamais il ait entendu parler de graphologie, il vous répondra : Je ne crois pas le moins du monde que ceci puisse être l'écriture d'un magistrat ; il n'est pas possible qu'un homme grave écrive ainsi.

Je suis même bien convaincu que, si, par un hasard étrange, par un mouvement inconscient de la plume, notre magistrat s'oubliait à un certain écart de lettres en dehors des lignes, il recommencerait son épître, plutôt que de laisser voir cette petite extravagance graphique qui lui aurait échappé.

Ces faits, que je pourrais appuyer de vingt exemples pris dans les autres catégories des facultés et des caractères, établissent bien la disposition de l'âme à émettre, d'une manière constante, des formes qui rendent la situation psychique, comme nous avons vu plus haut qu'elle renonce à ces mêmes signes, jusque-là si fixes, le jour où il se fait en elle un changement d'une importance marquée.

Tout ce qu'on vient de lire suffira, j'espère, aux esprits impartiaux et sérieux, pour se faire une notion philosophique complète de la théorie de la science nouvelle, et pour se convaincre qu'elle est fondée en raison, comme elle l'est en expérience.

V. Pour l'expérience, c'est encore un fait indiscutable. Là, il n'y a pas d'erreur, pas d'illusion possible. Une lettre m'est envoyée d'Amsterdam, d'Anvers, de Smyrne, de Florence, de Genève, etc. Elle est écrite par des individualités qui sont l'inconnu absolu pour moi. Il m'arrive souvent de répondre courrier par courrier. Pas de subterfuge à imaginer, pas de moyen de se renseigner sur les personnes, pas de procédé conjectural qui puisse être appliqué à tant de lettres de natures si diverses.

Si la théorie graphologique était fausse, il y aurait quelque portrait intellectuel et moral où, par coïncidence, par pure conjecture et, comme on dit vulgairement, par hasard, je pourrais rencontrer juste pour certaines généralités; mais, sur cent portraits graphologiques envoyés dans toutes les parties de l'Europe, il y en aurait quatre-vingt-dix qui contiendraient des erreurs matérielles d'une gravité effrayante, et avant peu l'opinion publique serait celle-ci : la Graphologie n'a tenu aucune de ses promesses ; c'est une méthode qui n'a pas de base scientifique, et qui ne s'appuie, comme tous les procédés du charlatanisme dans les sciences occultes, que sur la conjecture et des coïncidences.

Or, c'est le contraire qui est arrivé. Sur cent lettres qui sont adressées au graphologiste pour lui accuser réception des portraits graphologiques envoyés, toutes portent invariablement cette phrase comme stéréotypée : Le portrait intellectuel et moral que vous m'avez envoyé, est d'une exactitude rigoureuse ; mes amis les plus intimes sont frappés de la précision avec laquelle vous avez saisi les nuances les plus fines de mon caractère.

Grâce à la fixité du signe, je ne me trompe pas ; et si, par hasard, je ne donne pas une indication d'une justesse rigoureuse, ce n'est pas que le signe graphologique soit faux, c'est uniquement parce que je l'ai mal vu, que je ne me suis pas rendu compte assez exact de son intensité, de sa multiplicité, etc., toutes choses qui, mal observées, m'ont mis en erreur.

Les exemples en sont bien rares.

Ce qui est remarquable dans les diagnostiques de la Graphologie, c'est qu'étant la vue nette et distincte de l'âme mise à nu et comme en relief par l'écriture, toutes les grandes lignes de la personnalité s'accusent avec une fermeté rigoureuse, comme l'appareil photographique rend d'une manière très-précise les lignes saillantes d'un visage, les contours d'un objet. On ne se trompe jamais sur ces lignes capitales qui sont comme la charpente de l'âme et qui en constituent les éléments essentiels.

J'ai donc pu dire dans mes conférences, que la Graphologie était, non de certitude absolue comme les axiomes de la géométrie et les principes immuables de la métaphysique qui est la géométrie du monde spirituel, mais de certitude scientifique, ayant, comme toutes les autres sciences, son côté perfectible appuyé sur des bases certaines, ce qui permet aux sciences de s'enrichir perpétuellement de découvertes nouvelles.

On ne peut demander à la Graphologie que ce qu'on demande aux autres sciences, la certitude scientifique.

C'est donc la fixité du signe qui est le point capital de la Graphologie. La conjecture, qui est trop souvent au service du craniologiste et du lavatérien, se trouve ainsi rigoureusement écartée. On est bien plus fort quand on a cette base sérieuse de signes des milliers de fois expérimentés. Gall a eu la naïveté d'avouer qu'il avait souvent recours à la conjecture, même au procédé des tireuses de cartes, qui consiste à faire jaser les personnes qui les consultent, pour se faire une notion de leur caractère (1).

---

(1) « Je me sers dans la société de plusieurs expédients pour connaître les talents et les inclinations des personnes. J'engage

En Graphologie, ce moyen puéril et peu sûr doit être repoussé. On a remarqué que lorsqu'on m'apporte un autographe, je me hâte de couper court à toute communication qui me gênerait plutôt qu'elle ne me serait utile, et ma phrase familière est celle-ci : Ne me dites rien.

Les cartomanciens ont recours aux mêmes expédients que Gall. Ils ont pour eux le calcul des probabilités.

Le graphologiste aurait honte de recourir au moindre subterfuge fatalement imposé aux hommes de charlatanisme. Il procède à la manière du naturaliste qui, sur l'inspection de telle partie du squelette d'un animal fossile, en déduit le genre et l'espèce. Mais ici ce n'est pas de la probabilité ; c'est l'application pure et simple de faits constatés par l'expérience. La dent seule vous dit à

la conversation sur des sujets divers. Nous laissons tomber d'ordinaire dans la conversation tout ce qui n'a que peu ou point de rapport avec nos facultés et nos penchants. Mais si l'interlocuteur touche l'un de nos sujets favoris, nous y prenons tout de suite un vif intérêt. Faites causer une personne sur son enfance et sa première jeunesse, faites-lui conter ses tours d'écolier, sa conduite envers ses parents, ses frères, etc., etc., questionnez-la sur ses jeux, etc., rarement l'on croit qu'il vaille la peine de dissimuler à cet égard ; l'on ne se doute pas que l'on a affaire à un homme qui sait parfaitement que le fond du caractère reste le même, que les objets seuls qui nous intéressent changent avec l'âge. Lorsqu'en outre je vois ce qu'une personne apprécie ou méprise, si je la vois agir, si elle est auteur et que je lise son livre, etc., etc., l'homme tout entier est dévoilé à mes yeux. » (Gall, I, page 133.)

Ce sont là, en effet, des expédients habiles. Mais, en graphologie, il ne faut pas y recourir. D'ailleurs, si c'est pratique devant l'homme qui vous offre son crâne à tâter, c'est inexécutable pour une écriture qui vous arrive de deux ou trois cents lieues, ou pour un fragment d'autographe non signé, dont vous ne pouvez soupçonner la provenance.

Jamais le graphologiste n'est pris au piège. Une écriture que vous lui avez montrée il y a un an sera jugée par lui, un an après, avec la même netteté d'appréciation ; il s'appuie sur des signes fixes.

Gall, dont le système est de plus en plus abandonné, reçut

quelle espèce de mammifère appartient l'animal trouvé. Ce n'est plus conjecture ; c'est de la science appliquée.

VI. Mais plus les signes graphologiques ont de valeur par eux-mêmes, plus il faut être sévère pour s'assurer de la parfaite authenticité de ces signes. C'est chose délicate que l'âme se reflétant dans le miroir de l'écriture. L'opération intellectuelle et psychique a tant de précision et de finesse qu'on doit être sûr que c'est bien réellement la vraie écriture spontanée, habituelle, naturelle, non appliquée, non fabriquée, non déguisée, qu'on a sous les yeux pour faire la photographie intellectuelle et morale. Tout individu peut faire cinq ou six sortes d'écritures, selon son caprice, selon ses aptitudes de calligraphie.

L'âme ne se réflète pas dans toutes ces formes qui ne sont en réalité qu'un jeu de la plume, où l'être intime

dans sa vie de phrénologiste de bien cruelles leçons. Pariset étant médecin à Bicêtre, Gall lui exprima le désir d'explorer les crânes des condamnés qu'on y renfermait alors. Le jour convenu, Pariset fait habiller en infirmiers une douzaine de ces criminels. Gall arrive. Pariset lui propose, en attendant le déjeûner, d'examiner le crâne de ces prétendus infirmiers. Gall tâte, en effet, et déclare qu'ils ne lui offrent rien de particulier. Au déjeuner, Gall demande de commencer enfin la visite trop différée. — Elle est faite, lui répond Pariset ; ces hommes que vous venez d'examiner sont les scélérats que vous deviez voir.

C'était raide. Après une semblable aventure, il faut fermer la boutique.

Gall a eu une très-grande vogue. C'était un homme habile et qui savait exploiter sa science. Nous avons une lettre curieuse de Charles Villiers à Cuvier datée de 1802, où il lui dit : « Il fut un temps où chacun tremblait à Vienne pour sa tête, et craignait qu'après sa mort elle ne fut mise en réquisition pour enrichir le cabinet du docteur Gall. Celui-ci annonçait, surtout, qu'il en voulait au chef des gens extraordinaires et distingués par quelques grandes qualités ou par de grands talents. Raison de plus pour que la terreur redoublât..... Le vieux M. Denis, bibliothécaire de l'Empereur, inséra dans son testament une clause expresse pour sauver son crâne du scalpel de M. Gall. »

Voici, sur Gall, un curieux passage de Châteaubriand :

« Une autre fois, le célèbre Gall dîna près de moi sans me connaître, se trompa sur mon angle facial... et voulut, quand il

n'a aucune part. Elle n'est pas dans cette écriture redressée que l'on s'est faite, par exemple, pour les papiers d'affaires, pour la copie destinée à l'impression, afin d'être plus facilement lu, comme s'en est fabriqué une l'illustre George Sand. Elle n'est pas dans ces grandes fioritures de majuscules presque illustrées qu'on trouve dans la correspondance des hommes de bureau des maisons commerciales. L'âme ne peut se rendre que là où elle a eu un épanchement quelconque, où elle s'est traduite par une idée, par un sentiment, par une volonté. Tout le reste est un griffonnage artificiel, plus ou moins conforme aux règles de la calligraphie, mais dans lequel, l'âme n'ayant pas été consultée, la plume a fait un travail purement mécanique.

Il faut être sévère sur cela, d'abord pour s'éviter l'en-

sut qui j'étais, raccommoder sa science d'une manière dont j'étais honteux pour lui... Quant aux facultés intellectuelles, la phrénologie en ignorera toujours. » (*Mémoires d'Outretombe*, IV, page 78.)

Les hommes qui jugent par le procédé de la conjecture vous disent : Vous aimez les voyages. — Vous aimez plus l'harmonie que la mélodie. — Vous avez eu une maladie de dix ans à vingt-cinq, etc. S'ils rencontrent vrai, voilà le consulteur enchanté, convaincu de la valeur de la science de ceux qu'il consulte. S'ils se trompent, on y fait peu d'attention, les bonnes chances emportent les mauvaises.

L'un d'entre eux chiromancien très connu, était, dans une soirée, chez le garde-des-sceaux, vers la fin de l'Empire. Il y avait là, outre les dames, une dizaine d'hommes graves qui avaient dîné chez le ministre. Ces messieurs montrent leur main à l'homme de la divination par les protubérances et les signatures astrales. L'un d'eux qui est un de mes amis se fait aussi juger par le sorcier. Celui-ci lui dit : — Vous avez une grande aptitude pour l'art oratoire. — Hélas! mon cher monsieur, répond l'autre, de ma vie je n'ai pu dire deux mots en public. Je suis journaliste : la plume à la main, je me tire assez bien d'affaire. Mais, pour la parole, je suis d'une incapacité absolue.

Rencontrant cet homme chez le ministre de la justice, le devin avait jugé, d'après les lois de la probabilité, que ceux qui étaient là étaient des hommes du barreau.

nui de s'entendre dire : Vous avez mal jugé, ce qui arrivera immanquablement si vous opérez sur une écriture artificielle, déguisée ou trop appliquée, puisque dans ce dernier cas c'est de la calligraphie, ensuite par respect pour la science, qui a bien droit qu'on ne propose à son analyse qu'un sujet sérieux d'étude.

J'insiste sur ce conseil que je crois sage et qui évite aux graphologistes des mécomptes non mérités mais toujours pénibles. Il faut donc prendre pour règle, quand une écriture nous est présentée, de faire précéder notre travail de cette clause de droit : Si cette écriture est bien celle de la personne, non déguisée, non appliquée, mais spontanée et habituelle, elle nous dit, etc.

Par exemple, les autographes de la seconde manière de George Sand sont très-répandus en Europe ; ceux de sa première manière, beaucoup plus rares. Si vous la jugez sur ceux de la seconde manière, vous direz immédiatement, dans le cas où vous ne soupçonnez pas que ce soit une écriture composée, des choses peu flatteuses pour ce grand écrivain, et, avant tout, qu'il y a sécheresse de cœur, etc. Vous vous tromperez évidemment ; mais ce ne sera pas votre science qui se sera trompée. Vous avez jugé sur un document faux. Demandez un autographe de la première manière de George Sand où elle est femme de cœur, femme aimante, vous tiendrez un autre langage.

Un frère me présente une longue lettre de quatre pages, de son frère qui habite l'Amérique. Je lui dis à l'aspect de la première page : Ce n'est pas l'écriture de votre frère. — Je vous affirme que c'est bien l'écriture de mon frère ; je ne reçois pas d'autres lettres de lui depuis dix ans. — Je vous affirme de nouveau que ce n'est pas l'écriture de votre frère.

Le monsieur s'échauffe et trouve étrange que je connaisse mieux que lui l'écriture d'un homme dont je ne sais pas le nom et que je n'ai jamais vu. Et cependant j'avais raison.

— Ayez la bonté, lui dis-je, de regarder à la quatrième page. Vous y verrez, à la signature de votre frère, une écriture différente de celle-ci.

La vérification que j'indique se fait. L'on me montre la quatrième page et la signature.

— Vous avez raison, me dit loyalement mon interlocuteur ; voilà, dans cette signature, l'ancienne écriture de mon frère. Je me la rappelle maintenant très-bien.

Cette signature disait l'homme de cœur. L'écriture combinée, artificielle, glaciale, très-lisible, disait l'homme sans cœur. C'était une écriture fabriquée pour les besoins du commerce.

Non pas que dans une écriture artificielle, il ne se détache pas souvent des signes indicateurs de la vraie personnalité. Les graphologistes, en s'exerçant un peu, deviendront même forts sur ces écritures dans lesquelles l'âme qu'on veut écarter revient toujours par quelque coup de plume où perce le naturel. Mais il ne faut faire cela que pour soi-même, comme étude, comme un complément dans la science, et ne jamais donner de diagnostiques sur ce genre d'écritures.

Il faut être impitoyable à les repousser.

VII. Non-seulement il faut s'assurer que l'écriture est bien naturelle, non fabriquée, non redressée, non artificielle, mais encore pour posséder l'âme, dans une manifestation plus complète encore, il est sage, — si la chose est possible, — de se procurer trois écritures, du même scripteur, prises à des époques différentes, l'écriture actuelle, celle d'il y a quelques mois, celle de l'année ou des deux ou trois années écoulées.

Il est évident qu'il en sortira pour le graphologiste une *dominante d'écriture* qui rendra bien l'état permanent intellectuel et moral.

Plus le miroir scriptural est délicat, plus on doit le consulter aux diverses époques où l'âme a pu subir certaines impressions dont il y a intérêt à tenir compte. Certains aspects de l'âme apparaîtront alors, qui fussent demeurés inaperçus. Ce sera surtout un moyen puissant de s'assurer d'une manière définitive de ces contrastes étranges qui se trouvent dans le plus grand nombre d'âmes, si frappants dans leur manifestation par l'écriture qu'on serait tenté de croire qu'il y a des contradictions absolues, le *oui* et le *non* manifestés par le même graphisme, et reproduisant des êtres contradictoires.

Or, ces contradictions, correspondent à des situations différentes de l'âme. Il y a des hommes d'une nature ardente, vive, plein d'activité et d'entrain, qui poursuivent un but avec tenacité et persistance, et qui joignent à cette fougue qui les domine, d'autres entraînements en apparence destructeurs de la faculté active et énergique, des mollesses, des faiblesses, des incertitudes, d'incroyables irrésolutions, qui font souvent arrêter dans la pratique, des plans conçus et combinés avec une ardeur fébrile.

C'est une des gloires de la Graphologie de mettre à nu, ces curieuses luttes instinctives et non conscientes de l'âme, comme l'appareil photographique montre bien les parties très-lumineuses et les parties moins éclairées des visages. La graphologie que j'ai appelée un véritable *psychomètre* révèle à tout homme qui la consulte, l'or et l'argile dont se compose la statue humaine, traduisant ses grandeurs et ses misères, ses puissances et ses faiblesses.

DEUXIÈME PARTIE

ANATOMIE GRAPHIQUE

DESCRIPTION DES FORMES DIVERSES DES TRAITS DE L'ÉCRITURE

Lavater, on le sait, avait accordé a l'écriture une importance égale à celle de la physionomie pour rendre les facultés intellectuelles et morales (1). Toutefois, les essais de portraits graphologiques que nous avons de lui sont excessivement médiocres, et ses éditeurs avouent que « c'est une carrière où Lavater n'a pas fait les premiers pas et qui exigerait à elle seule un observateur très-habile (2). » Il y a cependant de lui un passage où il semble être sur la voie de la découverte; mais ce ne fut qu'une lueur; et il ne put parvenir à formuler aucune loi de la Graphologie Voici ce passage :

« Résumons Je distingue dans l'écriture, la substance et le corps des lettres, leur forme et leur arrondissement, leur hauteur et leur largeur, leur position, leur liaison, l'intervalle qui les sépare, l'intervalle qui est entre les lignes, si celles-ci sont droites ou de travers, la netteté de l'écriture, sa légèreté ou sa pesanteur : si tout cela se trouve dans une parfaite harmonie, il n'est nullement difficile de découvrir quelque chose d'assez précis du caractère fondamental de l'écrivain (3). »

Ce passage nous dit bien nettement l'homme qui en-

---

(1) « Le système que Lavater avait fondé sur un examen suffisamment approfondi des différents caractères d'écriture ne lui paraissait pas moins rigoureusement démontré que celui qui avait pour base les traits de la figure. » (Jouy, *Les Hermites en liberté*.)

(2) Œuvres de Lavater, 1806. Réflexions des éditeurs, etc., I, page 133.

(3) Œuvres de Lavater, III, page 72.

trevoit, mais qui n'a pas le génie de pénétrer plus loin. Maintenant que les lois graphologiques existent, donnons l'analyse des formes de traits sur lesquelles ces lois reposent pour reproduire la personnalité intellectuelle et morale.

Le point est l'élément graphique primordial, c'est la plus simple expression du trait, c'est le fragment indivisible de la ligne.

Tout mouvement de plume unissant plusieurs points, soit sur un plan rectiligne, soit sur une courbe, est une ligne. La ligne est donc une succession de points liés ensemble. On peut faire toute une écriture très-compliquée, très-belle, avec des sections de ligne droite.

L'écriture assyrienne, dite cunéiforme, parce qu'elle se compose d'un trait en forme de coin, dont la lecture était restée un mystère jusqu'à ces derniers temps, n'est qu'une réunion de traits aigus *juxta-posés* selon diverses combinaisons.

Le phénicien, le samaritain, l'hébreu carré se composent d'éléments plus compliqués. Ces écritures admettent des lignes droites et des courbes.

Le grec des belles inscriptions monumentales n'a que des lignes droites, excepté pour trois lettres : l'*omicron*, le *théta* et le *rho*.

La courbe domine dans le grec cursif.

L'arabe koufique et l'arabe cursif ont des lignes droites et des courbes, mais la courbe y domine.

Le pâli est presque exclusivement composé de courbes.

Le latin, aujourd'hui adopté dans l'écriture par les races occidentales, a des droites et des courbes. Mais dans les écritures cursives, c'est la courbe qui est dominante.

1. DU POINT. — Le point, étudié *dans sa forme* est : 1° *Léger*, quand il est à peine indiqué par un faible coup de la plume ; 2° *Accentué*, très-nettement marqué par un coup dur ferme, pesant de la plume ; 3° *Pâteux*, quand la plume s'est non-seulement fortement appuyée, mais a formé comme une petite tache d'encre extravasée et irrégulière ; 4° *Allongé*, quand au lieu d'être réellement un point, il prend la forme d'un long accent.

Etudié *dans sa position*, le point est : 1° *Dans sa situation normale*, immédiatement sur la lettre, à une distance régulière ; 2° *Très loin de la lettre*, quand, au lieu d'être sur la lettre à laquelle il appartient, il va cinq ou six lettres plus loin pointer au hasard une autre lettre qui n'a pas besoin de point.

Etudié dans *son absence* : 1° il manque sur les *i* ; 2° il manque à la fin de sa phrase.

Etudié dans *sa répétition* : un grand nombre de points terminent une phrase.

Toutes ces formes diverses du point ont leur signification en graphologie.

II. DE LA LIGNE. — Considérée dans son *épaisseur*, la ligne est : 1° *Filiforme*, 2° *Epaisse*, 3° *Gladiolée*, 4° *Massuée*, 5° *Renflée*,

a D'une tenuité extrême dans toute sa longueur.
b Très fortement appuyée.
c Epaisse d'abord et finissant en pointe imperceptible.
d En pointe d'abord et finissant épaisse et carrée.
e Ayant son centre épais et ses deux extrémités plus ou moins filiformes.

Considérée dans sa *forme*, toute ligne est droite ou courbe : *droite* quand elle suit un plan rectiligne, soit vertical, soit horizontal ; *courbe*, quand elle suit un plan circulaire quelconque. il y a des formes de courbes à l'infini. Il n'y a qu'une droite. C'est le plus court chemin d'un point à un autre point.

Considérée dans sa *direction*, elle est : 1° *horizontale*, 2° *ascendante*, 3° *descendante*.

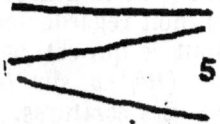

Considérée dans sa contexture, elle est : 1° *rigide*, quand elle est tracée avec la plume aussi nettement qu'à l'aide d'une règle ; 2° *molle*, quand elle a un petit tremblottement qui, vu à la loupe, ou considéré avec attention, présente de petites courbes.

La ligne courbe (1) varie depuis celle qui ne semble qu'un angle aigu émoussé, jusqu'à celle qui se confond presque avec la ligne droite.

Il y a des écritures nationales dont la courbe est la génératrice dominante : l'Italien, l'Espagnol, le Géorgien.

L'angle est la réunion de deux droites. On en connait les diverses formes. Il est droit, quand il se forme d'une horizontale et d'une verticale (c).

Il est aigu quand son écartement est moindre que celui de l'angle droit (d).

Il est obtus, quand son écartement est plus grand que celui de l'angle droit (e).

Il y a des écritures nationales dont l'angle est l'élément générateur dominant : l'écriture anglaise. Elle affectionne l'angle.

La courbe et l'angle sont les deux mouvements de plume qui constituent l'essence d'une écriture. L'étude de la fonction qu'ils remplissent dans chaque écriture nationale ou personnelle est la plus grande partie de l'art graphologique. Il faut donc accoutumer son regard à bien saisir, sur toute écriture, les mouvements anguleux et curvilignes Cela s'acquiert très-rapidement.

Il y a des mains auxquelles la ligne rigide et l'angle répugnent tellement qu'elles font perpétuellement, en forme de lignes courbes, les lettres qui demandent des

(1) Un peintre célèbre se fit connaître par une seule ligne, un seul trait, « le trait essentiel de la grâce, » suivant Hogarth, la ligne ondoyante, que l'on doit regarder comme un des éléments de tout ce qui plait, de tout ce qui est beau dans la production de la nature et des arts. (*Réflex. sur les caractères physionomiques tirées de la forme des écritures.* — Un des éditeurs de Lavater, 1806, tome III.)

lignes droites. Ainsi elles écrivent *le té* pour *le té*,

Nous allons voir, dans nos études de physiologie graphique, la raison de ces préférences qui ne peuvent être affaire de hasard, mais bien de direction imprimée à la main par le cerveau.

III. DES LETTRES. — Les lettres sont les éléments des mots.

Il faut étudier : 1° leur *position* : Majuscules, minuscules et finales. *Majuscules*, elles commencent les mots des alinéas, les noms propres, et les lignes des vers ; *minuscules*, elles forment le corps des mots ; *finales*, elles sont ou *courtes*, arrêtées brusquement, comme si la plume voulait retenir de l'encre (*a*), ou en forme carrée et rude, absolument comme des massues, (*b*) ou *allongées*, tantôt en ligne droite finissant par une pointe filiforme (*c*), tantôt en ligne ascendante gracieusement recourbée (*d*), tantôt en ligne ascendante terminée rudement et brusquement par une massue, ce qui donne la *massue ascendante* (*e*), tantôt en ligne ascendante formant un crochet rentrant (*f*), tantôt en ligne descendante recourbée formant un harpon (*g*).

Chacune de ces formes a une signification de première valeur.

2° Leur *corps* : si elles sont *ténues*, c'est-à-dire toutes composées de traits fins, sans épaisseur ni renflement ; si elles sont *épaisses* dans toute leur étendue, épaisses dans la partie haute de la lettre, ou seulement épaisses dans la partie basse, ou *renflées*, c'est-à-dire ayant dans leur milieu une partie gonflée, épaisse et ventrue.

3° Leur *largeur* : s'il y a proportion entre les deux ou trois hampes qui composent la lettre, comme l'A, le H, le M, le N majuscules, comme le *m*, le *n*, l'*u* minuscules. S'il y a tassement, compression de ces hampes et comme étiolement de la lettre, par ex. :

A H M N m n.

ou s'il y a écartement excessif, comme

A H M N m n.

4° Leur *hauteur* : si elles sont de très-grande hauteur, comme une espèce d'écriture en demi-gros, écriture qui fut tant affectionnée du monde distingué du XVIe et du XVIIe siècle, par ex.:

François ....

.... de Fenelon.

on si elles sont petites.

[handwriting sample 14]

ou si elles sont lilliputiennes.

[handwriting sample 15]

si cette hauteur varie d'une lettre à l'autre dans les mots, inégalité qui est un signe très-important en graphologie, comme

[handwriting sample 16]

5° Leur *espacement* : si elles ont un espace harmonique, gracieux à l'œil, comme l'espacement régulier des lettres typographiques, ou si elles sont *tassées* les unes contre les autres comme dans cette écriture (voyez cliché 15), ou *démesurément distantes* les unes des autres.

[handwriting sample 17]

6° Leur *mouvement* : 1° *renversées en arrière* de droite à gauche, ce qui fait toujours une écriture artificielle ; — 2° *verticales*, gardant la ligne perpendiculaire régulière ; — 3° *un peu inclinées* ; — 4° *beaucoup inclinées* ; — 5° *Excessivement inclinées*.

7° Leur *forme*. — 1° *Régulière*, conforme aux règles de l'écriture et aux modèles sur lesquels on a appris à les tracer ; 2° *Irrégulière*, quand aucune n'est observée ; 3° *Bizarre*, quand il y a des formes étranges, insolites, et comme faites à plaisir, quoique produites par une volonté non raisonnée et d'instinct ; 4° *Extravagante*, poussant la bizarrerie jusqu'à l'excès. Feu le duc de Brunswich avait une écriture de ce genre ; 5° *Harmonique*, aux proportions admirablement conservées, quoique les lettres ne soient pas typographiques ; 6° *Sobre*, n'ayant absolument que le développement rigoureusement nécessaire pour que la lettre soit lisible et ne se confonde pas avec les autres ; 7° *Disgracieuse*, quand l'œil est blessé du manque d'harmonie et de proportion des parties de la lettre ; 8° *Négligée*, quand la plume semble prendre plaisir à en former mal les traits ; 9° *Hardie*, quand les coups de plume sont vigoureusement tracés ; 10° *Tremblottante*, quand les traits montrent une succession de petits angles ou de petites courbes ; 11° *Anguleuse*, quand les parties qui, selon les règles, doivent être courbes, sont formés par des angles plus ou moins aigus. Ex. : l'écriture de beaucoup d'anglais ; 12° *Curviligne*, quand les traits verticaux, au lieu de suivre la ligne droite, forment des courbes ; alors, par exemple, les *l* minuscules ressemblent à des *c* allongés. 8° Leur *liaison*. 1° *Juxta-posées*, quand les lettres sont tracés isolément sans que l'une soit liée à l'autre, quoique dans le même mot (A). *Liées*, quand les lettres se tiennent toutes dans le même mot (B), même quelquefois se lient d'un mot à un autre. Ex. : la signature de Bossuet. *En partie liées et en partie juxta-posées*, quand le même mot, certaines lettres sont liées, et d'autres non liées (C).

A *Châteaubriand*

B *Châteaubriand*

C *Chateaubriand*

IV. DES MOTS. — Les mots sont un groupe de lettres.
Ils sont : 1° *Tassés* quand ils se touchent presque tous,
avec un très-petit intervalle. Exemple 15, page 72.

2° *Espacés*, quand ils sont bien séparés. Exemple.

les los du septem

20

absolument lyon

3° *Horizontaux*, quand ils suivent une ligne à égale
distance du haut du papier; 4° *Ascendants*, quand chacun d'eux au lieu de suivre l'horizontalité, à la direction
ascendante; 5° *Descendants*, quand ils tendent chacun à
baisser à partir de la ligne dans laquelle ils sont écrits;
6° *Serpentins*, quand le mot, en s'écrivant, ne suit pas la
ligne droite, mais une ligne onduleuse; Ex. le mot *absolument*, dans l'exemple n° 20; 7° *D'égale hauteur*, quand
toutes les lettres ne sont pas plus hautes les unes que les
autres; 8° *Grossissants*, quand, depuis la première lettre
jusqu'à la dernière, les lettres augmentent en hauteur.
Exemple :

pensez Madame

9° *Gladiolés*, quand la première lettre à une certaine hauteur et que toutes les autres vont en diminuant jusqu'à la dernière. Exemple.

10° *Inégaux*, quand c'est un mélange de lettres hautes et basses (Ex.) M. Thiers.

V. DE LA LIGNE DES MOTS. — Les mots qui se suivent d'un côté à l'autre d'une page forment une ligne.
Cette ligne est : 1° *Rigide*, si elle est sur un plan rigoureusement rectiligne. Il y a des écritures si rectilignes, quoiqu'elles soient écrites sans transparent, ni sur papier réglé, que j'ai pu les comparer à la tige de fer inflexible; 2° *Serpentine* ou *onduleuse*, quand elle forme une série de petites courbes. Quelquefois l'ondulation de l'écriture est à larges courbes; 3° *Convexe*. Il n'est pas rare que l'on écrive d'abord en descendant un peu, ensuite en remontant, et, par contre, en montant d'abord et en descendant ensuite. 4° *Ascendante*, quand elle part du bas pour monter ensuite; 5° *Descendante*, quand elle part de haut pour finir plus bas; 6° *Margee*, ayant une marge plus ou moins grande; 7° *Non margee*, occupant rigoureusement tout le papier; 8° *Serrée*, extrêmement rapprochée des autres lignes, ce qu'on appelle *compacte* en typographie; 9° *Interlignee*, ayant beaucoup de blanc entre elle et la ligne suivante; 10° *Enchevétrée*, quand les lettres de la ligne

supérieure vont se mêler aux lettres de la ligne inférieure, et quelquefois même les dépassent.

VI. DES ALINÉAS. — Les alinéas ont pour but de séparer des groupes de phrases. Ils sont ou *très-rares* ; — il y a des personnes qui écrivent sans alinéas, qui avouent même qu'elles ont horreur de l'alinéa ; — ou *fréquents*, lorsque, presque à toutes les phrases, l'on va à la ligne ; — ou *réguliers*, quand ils sont conformes aux règles du style.

VII. DES BARRES. — Les barres : 1° coupent les *t* minuscules, alors elles sont ou *droites*, — ou *ascendantes*, — ou du *haut en bas*, — ou *courbes*, faisant une courbe ascendante ; 2° Soulignent les mots pour attirer l'attention ; 3° Dans les manuscrits, terminent des chapitres ; 4° Sur les adresses des lettres, indiquent la ville où est le bureau de poste ; 5° Dans les manuscrits appelés *copies* destinées à l'impression, les barres disent les mots qui doivent être imprimés en italique. Quand il y a deux ou trois barres, c'est le signe que le mot doit être en majuscules.

Les barres sont une ligne droite. Mais il y a des personnes qui sur les adresses et au-dessous des titres dans les manuscrits font des lignes onduleuses, composées d'une série de courbes.

VIII. DES TRAITS. — Le trait est une petite barre d'un usage fréquent dans l'écriture et bien significatif en graphologie :

On l'emploie : 1° entre des membres de phrase, pour leur donner plus de clarté ; 2° à la fin des lignes, quand il y a un blanc insuffisant pour le mot qu'on veut écrire et qu'on porte à la ligne suivante ; 3° à la fin des alinéas. Il est quelquefois petit, sec et dur ; d'autrefois il s'allonge vivement.

IX. DES CROCHETS. — Toute courbe rentrante forme un crochet, une boucle plus ou moins fermée. Les crochets sont d'une grande importance en graphologie. Ils sont : 1° à la fin des lettres (*a*) ; 2° à leur commencement (*a*) ; 3° tout petits comme dans l'exemple (*a*). D'autrefois, 4° ils ont une très-grande étendue (*b*) ; 5° Leur courbe est *hardie, nette*, parfaitement arrondie ; 6° ou bien *hésitante*, composée de segments ; 7° ou *anguleuse*, omposée d'un angle plus ou moins marqué.

Le crochet est : 8° simple, quand il n'a qu'une courbe ; 9° double, s'il se replie sur lui-même (*c*); 10° il est composé d'une courbe et d'une droite (*d*).

X. DES FLORITUDES. — On a appelé *fioritures* les divers crochets que font certaines lettres, soit en dehors de la ligne, soit dans le centre des lettres elles-mêmes.

C'est surtout la lettre minuscule *d* qui affectionne particulièrement la fioriture (*a*). La même lettre, quand elle est majuscule, a aussi la fioriture (*b*), et au dedans (*c*) les lettres finales prennent aussi la fioriture (*d, e, f*). Les formes de la fioriture varient avec le caprice de ceux qui tiennent la plume.

La multiplicité des fioritures est significative.

L'absence rigoureuse des fioritures est aussi très-significative.

XI. DES HARPONS OU CROCS. — Les harpons sont de tout petits crochets qui terminent des traits, des barres de lettres. Ces harpons sont ou courbes (*a*) ou aigus (*b c*).

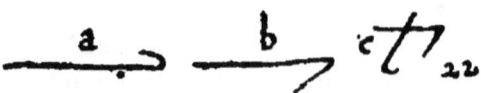

XII. DES MASSUES. — La *massue* est un trait terminé par une épaisseur que fait la plume en s'appuyant fortement et en s'arrêtant tout à coup. La massue se trouve aux barres des *t* minuscules, à la fin des lettres, à la fin des traits répandus dans l'écriture.

L'intensité de la massue, sa multiplicité dans une écriture doivent être remarquées.

XIII. DES POINTS D'EXCLAMATION. — Il faut étudier ;
1° Leur grandeur : s'ils sont très-allongés (*a*); 2° Leur épaisseur : s'ils commencent par un trait en massue (*b*.) ou s'ils sont très-légers, presque filiformes, avec un tout petit point (*c*); 3° Leur multiplicité (*d*); 4° Leur absence :

XIV. DES POINTS D'INTERROGATION. — Il faut étudier :
1° Leur grandeur (*a*); 2° Leur complication (*b*), ou leur simplicité (*c*);

3° Leur absence, quand ils manquent au bout de la phrase qui les exige ; 4° Leur point très-épais ou à peine indiqué ; 5° Quelquefois leur forme insolite et bizarre.

XV. DES PARAPHES. — Les paraphes sont des traits simples ou complexes, formés de lignes droites ou courbes qui accompagnent les signatures.

C'est un des signes de la graphologie qui a le plus d'importance. Chaque paraphe a sa signification particulière, et dit nettement la personnalité.

Il y a à étudier : 1° L'absence de paraphe. Elle donne la signature simple, c'est-à-dire le nom mis seul, sans un point, sans une virgule, sans un prolongement de la finale. C'est très-remarquable comme signe graphologique : Ex.: Jehanne (Jeanne d'Arc), — Bayard, — Marie (Marie-Stuart), — L'Arioste, — François 1er, — Henri IV, — Corneille, — Fénelon, — Louis XVI, — Marie-Antoinette, — Gœthe, — Châteaubriand, — Cornélius, — Victor Hugo, — Berryer, — Mazzini.

2° Le paraphe *en point :* Un simple point placé à la fin de la signature. Ex.: Calvin, — Louis XVIII, — lord Byron, — Pie IX, — Darboy, — Marat, — Babeuf, — Azaïs, — Cousin.

3° Le paraphe *en virgule*. Ex.: Le maréchal de Saxe, — Beaumarchais.

4° Le paraphe *en trait du procureur :* Lamennais (quelquefois), — le général Cambronne, — Mme de Swetchine.

5° Le paraphe *en trait horizontal :* simple trait plus ou moins allongé, mais droit, sous la signature. Ex.: Montesquieu, — Diderot, — Falloux, — Alphonse Karr.

6° Le paraphe *en colimaçon*. — Il entoure le nom tout entier dans un cercle plus ou moins arrondi. Ex.: Hippolyte Flandrin, — Mirès, — Désaugier, — Odry, — Prim.

Il y a une variété curieuse signalée par Balzac dans un de ses romans, celle qui est en *demi colimaçon*. Son personnage, appelé Gobesec, avait un demi-cercle entourant sa signature et présentant la gueule entr'ouverte d'un gros poisson qui avale les petits. C'est un peu celui de Gay-Lussac et de Scribe.

7° Le paraphe *en glaive :* C'est un trait descendant, rapide, aigu, droit comme un stylet ou légèrement incliné. Ex.: Jules Sandeau, — Rachel, — Lacenaire, — Victor Séjour. — Lecourtier, ancien évêque de Montpellier, — Pascal Grousset, — Ponson du Terrail, — M.me Victor Hugo, — Buloz.

8° Le paraphe *en yatagan* : trait descendant, rapide, aigu, mais recourbé. Ex.: Girardin, — Gambetta, — Rochefort, — l'impératrice Eugénie, — Jules Simon, — Delescluze, — Paul de Cassagnac.

9° Le paraphe *arachnéide* (en toile d'araignée) : C'est une complication de lignes courbes, enchevêtrées. Ce paraphe prend des formes variables à l'infini. Ex : Letellier, — Mazarin, — D'Alembert, — Louis-Philippe, — Marie-Amélie, — la reine Elisabeth, — Cuvier, — le cardinal Mathieu, — Vidocq, — Troppman, — Proudhon, — Juarez, — Déjazet.

10° Le paraphe *en massue :* Trait descendant terminé en massue (un trait large brusquement arrêté). Ex.: Bazaine, — Jules Favre, — Edmond About, — Renan, — Ferré, — Félix Piat, — François-Victor Hugo.

11° Le paraphe *fulgurant :* Trait descendant en zigzag, imitant le sillonnement brisé de la foudre sur un nuage. Ex.: Fouquier-Tinville, — Collot-d'Herbois, — Barbey d'Aurevilly, — Cham, — Cavaignac, — Gustave Flaubert, — Edmond Adam.

12° Le paraphe *en lasso* : Le lasso (les Américains écrivent *laço*) est une grande lanière ou corde que les chasseurs de taureaux portent avec eux, et qu'ils jettent habilement au cou des bêtes qu'ils poursuivent. Ce paraphe en lasso est un trait qui se place sous la signature et revient sur lui-même avec un ou deux replis. Ex.: Buonaparte (alors capitaine), — Talleyrand, — Brougham, — Sibour, — le duc de Brunswick, — la duchesse de Berry, — Guizot, — le prince Napoléon (Jérôme), — Langrand-Dumonceau, — Louis Blanc.

13° Le paraphe *en harpon :* Trait horizontal sous l'écriture, qui se termine par un petit croc. Ex.: Louis XIV (quelquefois), — Molé, — Jules Janin, — le comte de Chambord, — l'abbé Deguerry, — Pierre Bonaparte, — Montalembert. Le harpon se trouve quelquefois au bout des signatures en lasso.

TROISIÈME PARTIE

DE LA TERMINOLOGIE GRAPHOLOGIQUE.

Toute science a forcément sa terminologie, parce que, rendant des idées spéciales, elle a besoin de termes spéciaux adaptés à ces idées. La terminologie d'une science peut être très-compliquée : elle peut être très-simple, très-sobre et peu fatigante pour la mémoire.

Je reconnais que c'est une grande tentation, quand on a à créer la terminologie d'une science, de s'en donner à cœur joie, de faire appel à ses études d'helléniste et de présenter, tout fraîchement éclos, un ensemble de termes, fort gracieusement combiné, qui puisse pleinement satisfaire l'instinct de coordination dont les savants apprécient tant les avantages. La nomenclature chimique est, en ce genre, un chef-d'œuvre.

J'ai résisté fortement à cette tentation. En cela, j'ai eu tort, dans l'intérêt de ce qu'on appelle la gloire qui revient naturellement d'un semblable travail; mais j'ai été déterminé par une considération sérieuse. Je tenais avant tout à vulgariser la science nouvelle. J'attachais à cela plus de satisfaction qu'à la vanité d'avoir produit une terminologie brillante. Or, l'expérience m'a appris combien la langue savante rebute vite le commun des lecteurs. Tous ne savent pas le grec. Ceux qui en ont reçu quelques éléments sur les bancs des écoles, l'ont généralement oublié. Il en résulte, pour retenir une série de noms nouveaux empruntés à cette langue, un effort dont se fatiguent les esprits peu familiarisés avec les procédés classiques.

Je me suis donc imposé pour règle de prendre dans la langue vulgaire les mots qui ont dû rendre les idées nouvelles que j'avais à exprimer. Je n'ai fait d'exceptions que pour quelques mots dont notre langue n'avait pas les équivalents.

J'expliquerai donc ici ces quelques mots, et d'autres quoique tirés de notre langue, mais sur le sens desquels on pourrait se tromper.

1° Ecriture *type*. C'est celle qui rend très-nettement un signe graphologique. L'écriture de Talleyrand est une écriture type du signe de l'aptitude diplomatique, qui est la ligne sinueuse.

2° Ecriture *serpentine*. C'est celle dont toutes les lignes sont sinueuses, onduleuses, au lieu de suivre un tracé droit et régulier.

3° Ecriture *équilibrée*. C'est celle dans laquelle le signe de l'intuition, de l'idéalisme est répété à peu près autant que le signe de la déduction, de la logique.

4° Ecriture *artificielle*. Celle qui n'est pas l'écriture bien naturelle, bien habituelle, mais que l'on a déguisée plus ou moins, par exemple : des écritures redressées de droite à gauche sont des écritures artificielles.

5° Ecriture *rigide*, qui a la ligne droite aussi inflexible que la règle de fer.

6° Ecriture *enchevêtrée*. C'est celle dont les lettres par leurs jambages inférieurs vont atteindre les mots de la ligne inférieure et quelquefois les traverser.

7° Ecriture *gladiolée*, en forme de glaive. Ce sont des mots dont les premières lettres sont assez hautes et qui vont en diminuant jusqu'à la dernière, laquelle souvent n'est qu'un simple trait.

8° Ecriture *féminine*. L'écriture des femmes, en raison de leur grande sensibilité, est d'ordinaire formée de lettres très-couchées.

9° Ecriture *virile*. La virilité dans l'écriture a, pour principal caractère, le redressement des lettres dans le sens vertical. En général les écritures des hommes d'un caractère viril sont redressées, et se distinguent par l de celle des femmes; mais beaucoup d'hommes écrivent comme les femmes.

10° Ecriture *mobile*. Celle dont les lettres sont, dans les mêmes mots, de hauteur perpétuellement inégale.

11° Ecriture *lilliputienne*. Très-petite écriture; écriture *microscopique* a le même sens. Alexandre Dumas père s'amusait à cette forme d'écriture.

12° Ecriture *magistrale*. Grande écriture en lettres constamment hautes. Ex.: celle de Louis XIV, du baron des Adrets, de Barbès.

13° Ecriture *pâteuse*. Celle qui dégorge beaucoup d'encre de la plume, parce qu'on appuie beaucoup. Une écriture peut être grosse si la plume est grosse; elle n'est pas pâteuse pour celà.

14° Ecriture *renflée*. Celle qui a un gonflement au milieu des jambages.

15° Paraphe *arachnéide*, c'est-à-dire en forme de toile d'araignée. Ces paraphes sont formés de traits multiples enchevêtrés les uns dans les autres et représentant assez bien le tissu de l'araignée pour saisir les mouches au vol.

16° Paraphe *fulgurant*. Celui dont le trait descendant imite, sur le papier le zig-zag de la foudre tombant sur la terre.

17° Lettre *harmonique*. C'est celle qui a toutes les proportions que le goût demande pour qu'elle plaise aux regards, sans, pour cela, qu'elle ait la régularité absolue de la calligraphie.

18° Lettres *barrées en retour*. Le *t* et le *f* minuscules prennent ce nom, quand le même trait de plume qui les a tracés de haut en bas se relève sans quitter le papier pour aller les couper par une barre transversale.

19° *Signe graphique* ou *signe graphologique*. C'est le trait, la forme, la disposition, quelle qu'elle soit, de l'écriture d'où se déduit une manifestation de l'âme, un instinct, une aptitude, etc. Ainsi l'écriture à lettres très-couchées est le signe graphique ou le signe graphologique de la grande sensibilité.

20° Ligne *ascendante*. C'est celle qui s'élève en montant au-dessus de la ligne horizontale habituelle.

21° *Fioritures*. Ce sont des courbes rentrantes en forme de volutes.

22° Mots *grossissants*. Ce sont des mots dont les lettres

augmentent de hauteur depuis la première jusqu'à la dernière.

23° Finales *écourtées*. Ce sont les fins des lettres arrêtées brusquement.

24° Le *coup de sabre*. C'est le mouvement vif de certaines lettres représentant une courbe ascendante. Beaucoup de personnes écrivent ainsi le P majuscule. Ce n'est plus un P, mais un coup de plume recourbé.

25° La *massue* est une fin de barre soit horizontale, soit perpendiculaire, terminée largement et carrément de manière à former une épaisseur.

La massue *relevée* est celle de certaines finales de lettres montantes terminées durement et carrément. Ex : les finales de l'écriture de Troppmann.

26° *Trait du procureur*. Petit trait à la fin des lignes pour remplir le blanc et empêcher qu'on n'ajoute à l'écriture.

27° Le *croc* ou *harpon* est un trait recourbé tout-à-coup en forme de hameçon.

QUATRIÈME PARTIE

PHYSIOLOGIE GRAPHIQUE.

FONCTIONS ET COMBINAISONS DES TRAITS

Dans le travail de l'anatomie graphique nous avons étudié les traits isolément. Il faut les voir dans le mouvement qui les rapproche, dans les lois qui président aux combinaisons variées à l'infini dont se forme l'écriture individuelle, personnelle.

La physiologie graphique est donc l'étude des mouvements, des fonctions, des combinaisons des traits. C'est évidemment la partie capitale de la science graphologique, celle sur laquelle personne n'a jamais écrit, que Lavater entrevoyait à peine, et qui était bien, pour lui comme pour Gœthe son ami, le véritable *desideratum* devant lequel leur génie fut forcé de s'arrêter (1).

Ce travail est complètement neuf. Les idées qui s'y produisent sont à peine indiquées dans le livre des *Mystères de l'écriture*. Elles constituent surtout et définitivement la science graphologique. Elles ne se trouvent que là et dans les articles de la *Graphologie* des trois années écoulées de 1872 à 1875, dans lesquels je les ai en partie exposées. C'est donc une prise de possession de mes théories et des données qui constituent ma découverte. Je n'autorise personne à en faire le plagiat, si ce n'est comme citation isolée (2). Il serait par trop commode au premier écrivas-

---

(1) Jamais l'abbé Flandrin, devant moi et devant ses amis, n'a laissé soupçonner qu'il se fut occupé, une minute, des lois physiologiques de l'écriture.

(1) J'ai donné trois séries de conférences à Lyon, dans la belle salle du palais Saint-Pierre. J'avais un auditoire attentif,

sier venu, de se jeter sur une découverte toute nouvelle, pour en prendre la substance et la fleur, et étaler sous son nom des théories qui ont coûté au véritable auteur, des années de labeur opiniâtre.

Je n'ai pas besoin de dire que c'est la partie de mon œuvre que j'ai travaillée avec le plus de soin, et qui m'a demandé le plus de temps La classification a découlé naturellement du résultat des expérimentations faites sur des milliers d'écritures, et sur toutes les manifestations possibles de la pensée humaine par l'écriture, chez tous les peuples du monde, depuis les premiers temps de la période historique. Un hiéroglyphe est une image représentant une idée, mais le tracé de ce hiéroglyphe, du moment qu'un pinceau, un roseau, un stylet en produisait la forme, était une œuvre où se traduisait la pensée par la légèreté ou la pesanteur des traits, leur mouvement sobre ou exagéré, leur direction sur le marbre, la pierre, le papyrus, la membrane, la toile, la tablette de cire, etc.

Il fallait que les lois graphologiques, pour être acceptées de la science comme loi, fussent universelles, que le sauvage fixant sa pensée sur une écorce d'arbre à l'aide d'un silex aigu, obéît physiologiquement au même instinct qu'un calligraphe moderne armé de la plume. Il fallait que les plus vieilles écritures du monde, — et l'é-

passionné même. Je développai là mes idées avec toute la chaleur que les inventeurs mettent à dévoiler ce qu'ils ont découvert, en particulier ma théorie des *cinq groupes intellectuels* qui donnent les cinq grandes formes de toute production cérébrale, trait de lumière jeté sur la psychologie. Quel n'a pas été mon étonnement, quand on m'a envoyé, de Lyon tout un volume imprimé et mis en vente chez un libraire, exclusivement composé des théories que j'avais expliquées au tableau noir ! J'ai dû sauvegarder mon droit de propriété littéraire, et mettre un terme à ce plagiat, véritable vol en littérature.

Si ce vol se reproduisait de nouveau dans quelque publication, j'aurais recours à la justice pour sauvegarder mon droit d'auteur, que la loi protège avec raison contre les pillards littéraires, comme une véritable propriété.

criture est chez les Egyptiens dès leurs premières dynasties, c'est-à-dire près de quarante siècles avant l'ère chrétienne, — soumises aux expérimentations de la Graphologie, donnassent les mêmes résultats que les écritures comtemporaines, et que, tout en tenant compte de la forme générale d'écriture adoptée par un peuple, et, chez ce peuple, à telle époque de son histoire, car l'écriture a subi toutes les variations possibles, la personnalité, l'individualité pût être saisie nettement, vivement manifestée.

Je suis arrivé à cet heureux résultat. (1) Si parmi les merveilleux papyrus que l'on découvre, nous pouvions trouver l'écriture de César, de Caton, d'Alexandre, de Cicéron, de Virgile, — n'eussions-nous que deux ou trois mots tracés par chacun d'eux, — toutes ces grandes figures nous apparaîtraient photographiées au moral plus sûrement que leurs traits ne nous sont parvenus, ciselés par les statuaires.

Il y a loin de Louis XI à Louis XIV, de Louis XIV à Bismarck. Sur la simple signature de Bismarck, en appliquant rigoureusement les règles graphologiques, sans avoir eu recours à aucune autre notion révélatrice du caractère, j'ai pu faire un portrait intellectuel et moral ayant la valeur d'une photographie. Le même travail sur un long autographe de quatre pages de la même plume a été plus étendu, mais n'a rien dit de contradictoire avec ce que m'avait révélé les neuf lettres de la signa-

---

(1) Il y avait un livre d'un piquant intérêt à écrire, c'était l'*Histoire de l'Ecriture dans ses rapports avec les civilisations, le caractère et les mœurs des peuples*. Ce livre ne pouvait se produire qu'à la suite des révélations de la science graphologique. Tous les linguistes qui ont parlé de l'écriture n'ont pas soupçonné ce merveilleux point de vue. L'écriture n'a été pour eux qu'un splendide truchement de la pensée humaine. Ils n'ont pas songé à aller plus loin.

Ce livre est fait. Il est en ce moment sous presse. Il paraîtra dans cette année même, et il donnera des spécimens de toutes les écritures courantes en usage chez tous les peuples, en faisant ressortir ce que disent ces écritures, de la

ture (1). Je n'ai de Louis XI qu'une ligne d'écriture suivie de sa signature ; mais nous avons beaucoup d'autographes de Louis XIV.

Je suppose que nous n'ayons de ces trois personnages historiques que la signature. La nature intime de ces trois âmes, ayant vécu dans des civilisations si distantes, ayant des formes d'écriture si dissemblables, — la gothique du xive, siècle, l'écriture française du xviie, l'écriture allemande du xixe, — nous apparaîtrait, sous le scapel graphologique, dans sa complète réalité.

Ce sont trois natures ardentes, vives, impétueuses, ayant à l'excès le sentiment de leur force, ambitieuses, ne se décourageant jamais, sacrifiant tout au but à atteindre, tendant à ce but avec une inflexibilité que rien n'arrête.

Le signe graphologique est très-marqué. Les trois signatures sont très-ascendantes. Le mouvement ascendant de la plume est vivement accentué.

valeur intellectuelle, de l'énergie vitale, de la puissance effective, des instincts, du caractère, des goûts, des aptitudes, des passions de ces groupes si variés des familles humaines.

C'est une très-belle introduction à mon système de Graphologie, et les révélations qu'il contient sur l'écriture de tous les peuples, ne manqueront pas d'attirer l'attention des esprits sérieux, pour lesquels jusqu'à ce jour l'écriture avait été un mystère impénétrable.

Le volume de *l'Histoire de l'Ecriture* est un grand in-4° à deux colonnes sur papier de luxe, richement relié, avec gaufres et titres en or sur le plat. Prix : 16 fr.

Je n'ai fait tirer l'ouvrage qu'à un très-petit nombre d'exemplaires : deux cent cinquante exemplaires seulement. Chacun de ces deux cent cinquante exemplaires portera un numéro, le nom de l'acheteur et une page en blanc sur laquelle j'écrirai, à la plume, un autographe signé de ma main.

Ce sera une rareté bibliographique. On peut dès ce moment adresser la demande du volume, au bureau de *La Graphologie*, 5, rue Martignac, Paris.

(1) Voir cette curieuse photographie intellectuelle et morale dans *La Graphologie* de 1872 n°s 32 et 37.

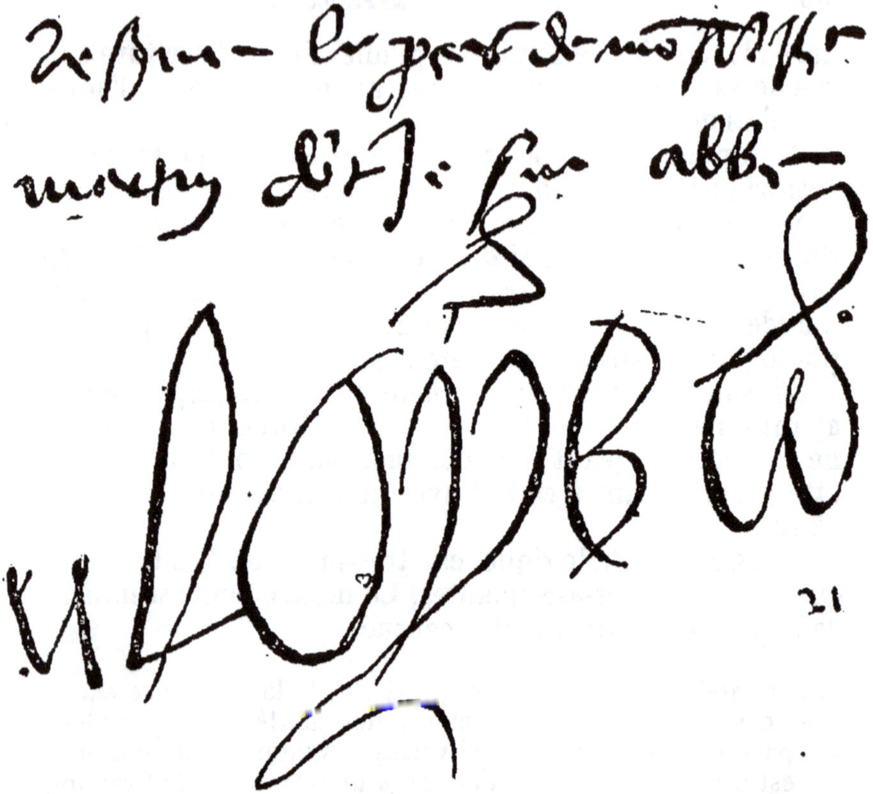

ÉCRITURE DE LOUIS XI.

ÉCRITURE DE LOUIS XIV.

ECRITURE DE BISMARCK.

Il y a là deux anguleux : Louis XI et Bismarck, mauvais coucheurs, mauvais voisins, ennemis implacables. Louis XI est le plus anguleux. Louis XIV est le plus doux de caractère : il a des courbes dans son écriture. C'est à l'angle aigu chez Louis XI ; de là, raideur, dureté, entêtement. Chez Bismarck, la raideur est mélangée de douceur, et prend le caractère de fermeté.

La volonté la plus implacable, la plus forte est celle de Bismarck. Il a des lettres massuées d'une remarquable accentuation, surtout le *k* qui termine son nom. C'est la griffe du lion. Louis XI est un fagot d'épines. Bismarck est un assommeur, Louis XIV est un agneau à côté des deux autres compères.

Louis XIV et Bismarck sont deux déductifs de première force. Logiciens, raisonneurs, positifs et pratiques, ils procèdent par voie de réalisation. Chez eux les faits sont tout. « L'Etat, c'est moi, » dit Louis XIV. « La force prime le droit, » dit Von Bismarck. Les deux mots se valent. Aussi, voyez comme le signe graphologique de l'organisation cérébrale, déductive, s'étalent dans ces deux autographes. Les cerveaux où il y a tant de liaison d'idées, lient sans discontinuité leurs lettres.

Louis XI est plus intuitif ; c'est l'homme de la théorie absolue, théorie que Louis XIV a trouvée toute construite sur une assise fortement cimentée. Le sombre châtelain de Plessis-les-Tours ne connaît qu'une chose, son idée préconçue, juste ou non, à faire exécuter. C'est l'impératif s'il en fut un. Il écrit au Parlement de Paris, en 1478 : « *Et gardez que ce n'est faulte, car tel est notre plaisir.* »

Avec ce gaillard de roi, on ne plaisante pas. Messieurs du Parlement, prenez garde !

Aussi son écriture a le signe graphologique de *l'intuitivité* : les lettres disjointes. Il burine son idée comme il burine son bon plaisir. Il n'y a avec lui qu'à céder. Il a une idéalité dont il ne se départ pas : faire à sa tête. Louis XI est le véritable type du roi maître.

L'homme à grande imagination, c'est Louis XI. Il tient beaucoup de son moyen âge. Il a de grands mouvements de plume qu'affectionnent les écoliers un peu fous et les jeunes dames prêtes à jeter leur bonnet par dessus les moulins (1).

Louis XIV vient ensuite ; mais il cherche à se contenir dans l'allure de sa plume. Il sent les dangers de la « folle du logis » qui lui a fait commettre cependant tant de sottises.

Le plus maître de lui-même est Bismarck. Mais qu'il lui en a coûté ! Car lui aussi est l'homme de l'imagination ; mais il la tient plus fortement en bride. Il est d'un autre sang, d'une autre race. C'est bien le coursier impétueux, mais dont la fougue est complètement assouplie. Quelle distance de la signature folle et désordonnée de Louis XI à la signature si régulière, si méthodique de Bismarck !

(1) Cette particularité est tellement frappante qu'elle a été signalée dans la publication du *Musée des Archives nationales*, page 287 : « La signature du roi est tracée en grands caractères allongés qui ont une physionomie toute personnelle. » Bonne remarque graphologique.

Vous pensez bien que ces trois hommes se contiennent beaucoup, sont attentifs, prudents, défiants. Louis XIV se surprend quelquefois à mettre un point après son écriture, comme dans le contrat de mariage de Mlle de Nantes qu'il eut de Mme de Montespan. Le bizarre Louis XI fait mieux que cela. Il commence par mettre le point avant sa signature C'est à ne pas le croire, mais cela est. Quel terrible défiant ! Quelle crainte qu'on mette quelque chose avant sa signature !

L'écriture tassée de Bismarck dit l'homme soigneux des détails, attentif, rangé, ordonné.

Le plus royal des trois est Bismarck. Il signe comme Louis XIV ; absolument sans paraphe. Il a, de Louis XIV, la grandeur de caractère.

Mais il a une rudesse teutonne, quoique couverte d'un vernis de douceur, qui le rend plus inflexible que Louis XIV, presque autant que le terrible Louis XI.

Tous ces traits que l'on vient de lire, même dans leurs plus fines nuances, ne sont pas un caprice du graphologiste. Ils ont leur représentation nette, rigoureuse, précise par les signes très-accentués de ces remarquables écritures.

Il me faudrait plusieurs volumes pour faire un travail didactique tel que le comporterait la science nouvelle ; et je dois me renfermer dans un seul. Il me faut donc chercher à être bref, concis. Je suis obligé de renvoyer aux nombreuses analyses, et aux développements que je donne dans le journal de la *Graphalogie*, où j'ai plus d'espace (1).

Abordons nos études physiologiques.

Toute écriture possible, en quelque langue que ce soit, est une série combinée de traits, de courbes et d'angles.

---

(1) C'est surtout dans mon volume intitulée : *Méthode pratique de Graphologie* où se trouve expliqué la théorie des *résultantes graphiques*, qu'il faut prendre une notion précieuse et définitive de de la science de juger les âmes. Le volume du même format que le *Système*, vient d'être mis en vente.

C'est la substance de l'écriture. La science graphalogique repose sur la décomposition au regard de ces éléments constitutifs.

Voici une première loi de physiologie graphique qui est sans exception :

Jamais un signe graphique ne s'applique à la qualité opposée à celle qu'il représente.

Exemple : Les grands traits, les grandes lettres se perdant dans le blanc du papier par un développement excessif, disproportionné avec la hauteur des minuscules de la ligne, sont le signe graphique du mouvement excessif de l'imagination, de l'emportement de l'idée, de son peu de règle, de retenue, et disent *une nature exaltée, une tête ardente.*

Jamais ce signe ne pourra se rencontrer, ne se rencontrera dans l'écriture d'une nature absolument maîtresse de son imagination, la contenant, la dominant, lui imposant une règle, ne s'exaltant d'aucune manière, *d'une nature calme, d'une tête froide.*

Les lettres excessivement simples, n'ayant rigoureusement de hauteur que celle qui est exigée par la loi même de la formation de la lettre, ne se permettant aucune longueur ni au-dessus ni au-dessous du corps qui compose les minuscules, lettres régulières, juxtaposées normalement, agencées dans un ordre constant, quelque rapide que puisse être l'écriture, ne rappelant aucune forme insolite, recherchée, mouvementée, sont le signe des natures calmes. Jamais une nature exaltée, dans l'écriture rapide, naturelle, spontanée, ne s'astreindra à cette façon simple, régulière, monotone d'écrire.

Cette première loi mène mathématiquement à la seconde :

Les signes graphiques sont fixes, parce qu'ils sont puisés dans des conditions fixes de création psychologique et physiologique.

Il répugne en effet que deux moteurs de mouvements contradictoires et antinomiques arrivent à un mouvement identique. Il n'est pas possible que la force violente et exaltée du cerveau produise, dans les traits, la manifestation calme et pour ainsi dire glaciale de la pensée, et, réciproquement, que la force calme, contenue, réglée produise les mouvements désordonnés, excentriques, violents de la pensée.

A cette raison dont l'exposition seule fait l'évidence, se joint la preuve de l'observation. Des centaines d'écritures de *natures exaltées*, prises au hasard dans mes collections d'autographes, ont toutes le signe graphique de l'exaltation, et n'ont jamais le signe graphique du calme. Des centaines d'écritures de *natures calmes* ont toutes le signe graphique du calme, et jamais le signe graphique de l'exaltation.

Nous arrivons donc à la loi de la *fixité des signes graphiques*, loi capitale qui sert de base à la science, puisqu'elle se trouve vraie en raison et en observation. Elle acquiert la force d'un principe. Elle repose sur un fait constant, qui découle de l'ordre naturel des choses, qu'elles ne sont pas créées ou établies contradictoirement, que le oui et le non ne peuvent pas s'affirmer de la même conception d'idée.

Je ne pense donc pas qu'il y ait à contester ce principe posé au début de nos études de physiologie graphique. Il sera notre lumière ; et, partout où un signe quelconque apparaîtra net, dominant, bien constaté, sur un autographe d'écriture vraie et spontanée, ou sur plusieurs autographes sortis de la plume du même scripteur, qu'il n'est pas permis de soupçonner d'être artificiels ou appliqués, il y aura à conclure, de certitude scientifique, que ce signe rend bien la faculté, l'instinct, l'aptitude, etc., dont il est la représentation permanente.

1° — DU TRAIT CONSIDÉRÉ COMME LIGNE DROITE.

Le trait dans son mouvement rectiligne obéit à deux directions cérébrales distinctes. A la pensée molle, faible, hésitante, irrésolue, timide, correspondra toujours le trait mou, léger, tremblottant, indécis. Le fluide nerveux est peu excité, la main est molle, le trait est mou.

A la pensée forte, vive, hardie, résolue, violente, correspondra toujours le trait ferme, rude, accentué, ayant la rigidité de la règle d'acier qui ne saurait fléchir. Le fluide nerveux a été considérablement excité, la commotion est forte, les muscles obéissent, les doigts sont puissamment contractés, la main a un mouvement de rigidité implacable, le trait est rigide.

Voilà comment le premier travail de l'observation doit se porter sur la mollesse ou la rigidité des traits. C'est d'une constatation facile.

Disons ici cependant, une fois pour toutes, que le graphologiste ne doit jamais étudier une écriture, quelque lisible qu'elle apparaisse, sans se servir de la loupe. C'est à l'aide de la loupe que toutes mes découvertes graphologiques ont été faites La loupe est, en graphologie, ce que le scalpel est en anatomie. Elle montre à nu les fibres les plus délicates de l'écriture Rien ne lui échappe, la rigidité ou la mollesse de la ligne, les liaisons ou les séparations des lettres et des membres de lettres, leur hauteur constante ou irrégulière, etc.

A l'aide de la loupe, donc, le premier diagnostique à faire sur une écriture doit être celui de l'état des traits. L'âme ici s'est peinte involontairement, fatalement. La nature molle n'aura pas à se donner ce qui lui manque de fluide nerveux. La nature rigide qui a excès et exubérance, ne s'ôtera pas ce qu'elle a de trop Quel exercice faudrait-il pour violenter l'organisme, pour que, délicate et molle, parce que le fluide manque, la ligne devînt hardie et rude, pour que, hardie et rude, parce que le fluide surabonde, elle devînt délicate et molle? Pourquoi faire cet exercice difficile? Et serait-on sûr de réussir? Que gagnerait-on à cette falsification? Et n'y aurait-il pas d'ailleurs des moments où le naturel chassé, qui revient au galop, reprendrait le dessus et ramènerait l'écriture normale?

Le trait droit doit être ensuite examiné dans sa terminaison. Elle est ou pesamment faite par un coup carré de la plume qui appuie fortement, ou finement tracée et finissant en pointe excessivement aiguë (*filiforme*).

Voilà deux mouvements du trait qui ne partent pas de

la même impulsion. L'un se trouve constamment dans l'écriture des *natures à volonté forte*, résolue, dure, intraitable, brutale, farouche, *Animam atrocem Catonis*. J'ai appelé *massue* ou trait *massué*, cette terminaison carrée, épaisse, qui me donne le signe graphique des volontés résolues. L'autre se trouve constamment dans l'écriture des *natures à volonté faible*. La plume, sous une impulsion légère du fluide nerveux a glissé, en ne laissant que sa trace la plus rapide, la moins appuyée. C'est le trait familier à la main des enfants et des femmes. Les hommes de volonté facile à conduire, sur les déterminations desquels on a prise aisément, ont ces traits constamment filiformes. Une femme dont la volonté est nettement accentuée, a le trait en massue. Exemple : l'écriture de l'impératrice Eugénie.

Ces formes sont constantes. La raison physiologique apparaît là avec évidence. Cette main qui jette sa forte empreinte, qui fait ce trait anormal appuyé si rudement à son extrémité, ne peut avoir adopté cette singulière terminaison que par le besoin inconscient de rendre des déterminations intraitables. Et, par contre, la main légère, qui a peur d'appuyer, ne dit-elle pas sa faiblesse de détermination, sa facilité à subir les influences des autres ? *Telum imbelle*, c'est le coup de lance qui effleure à peine le bouclier de l'ennemi.

Considéré dans sa direction, le trait manifeste le mouvement vif, rapide de l'âme, quand il prend la direction ascendante (1).

---

(1) Le comte de Robiano, qui faisait, en Belgique, vers 1852, de la graphologie d'instinct, avait reconnu un *tracassier* dans l'écriture d'un homme dont les *t* minuscules étaient barrés d'une façon bizarrement ascendante. Il avait rencontré juste.
Une femme chicanière qui m'a fait un stupide procès parce

Toutes les barres des *t* minuscules appartiennent à la manifestation volontaire. C'est dans cette lettre qu'elles se placent constamment. Et l'on devient rapidement fort en graphologie, quand on a étudié avec quelque soin les différentes formes des barres.

Si le *t* minuscule n'a pas de barre, c'est un oubli fort significatif. Il nous donne l'absence de volonté.

Exemple : Louis XVI.

Si la barre est à peine saisissable, c'est la forme de la volonté la moins accentuée.

La raison physiologique est évidente.

Si la barre est extrêmement prolongée, c'est la vivacité qui est rendue.

Si la barre est terminée en massue, et qu'elle sorte de la plume avec une telle violence qu'elle ne touche pas même la hampe des *t*, c'est l'expression des mouvements violents, emportés de l'âme Exemple : le duc de Praslin.

On trouvera dans la classification graphologique toutes les formes possibles que prennent les traits.

Ici nous les étudions au point de vue du mouvement que leur imprime l'activité cérébrale, pour faire ressortir ce fait capital qu'il y a toujours correspondance entre la forme que la main du scripteur fait prendre au trait et le mouvement imprimé à la main par le cerveau, à l'aide du fluide nerveux.

II° — DE LA COURBE ET DE L'ANGLE.

Tout ce que nous venons de dire du trait considéré comme ligne droite, s'applique aux deux autres éléments constituant des lettres dans la plupart des écritures : la courbe et l'angle.

que j'ai pris la liberté grande de me moquer de son idée d'associer la chiromancie à la graphologie et d'appeler cet amalgame de la *Graphologie comparée*, a exactement l'écriture tracassière qui avait tant frappé le comte de Robiano et que l'on m'a montrée à Ipres.

La courbe, par sa constitution graphique, est douce au regard. Je crois que c'est Bernardin de Saint-Pierre qui, le premier, dans ses Etudes de la Nature, a fait remarquer qu'à l'exception des cristaux, qui, en minéralogie, ont toujours la forme prismatique et anguleuse, les courbes semblent avoir été choisies intentionnellement dans les différents règnes de la nature, pour le contour des objets qui doivent être perpétuellement sous les yeux de l'homme.

L'angle, quel qu'il soit, est sec et dur au regard. Il est en contraste frappant avec les sinuosités qui peuvent varier à l'infini. L'angle a sa rigidité constante.

Il n'était pas possible que l'écriture, produit si inconscient du cerveau, ne revêtît pas la forme qui put répondre le mieux aux dispositions intimes, intellectuelles et morales de celui qui manie la plume. Il paraîtrait étrange qu'une nature douce affectionnât la forme anguleuse des lettres, et qu'une nature raide, dure, et, comme on dit, anguleuse, affectionnât le mouvement arrondi.

Aussi, l'une des premières révélations de l'écriture sur l'intime de l'âme de celui qui a tenu la plume est celle de la prédominence de l'un ou de l'autre de ces deux éléments essentiels.

Les écritures où domine la courbe disent douceur, et donnent la série des mouvements doux : faiblesse mollesse nonchalance, etc. (1).

Les écritures où domine l'angle, jusqu'au plus aigu, qui est l'expression la plus forte du mouvement raide, disent

(1) Fourier avait fait de la graphologie expérimentale, quand il avait remarqué que *toute courbe*, tout *arrondissement des lettres dans l'écriture était signe d'affectivité et disait amour, amitié, bienveillance.* Ce n'est pas rigoureusement exact ; en graphologie, le mouvement affectif a pour grande manifestation l'inclinaison des lettres; mais ce qui est vrai c'est que la courbe dit toujours douceur, par conséquent disposition à la bienveillance.

Je regrette de ne pouvoir citer le passage du célèbre économiste qui était un observateur.

raideur, et donnent toute la série de ce mouvement : fermeté, rigidité, dureté, entêtement, inflexibilité, etc.

Il est reçu dans la langue de dire : *un caractère anguleux*, tellement, avant la physiologie graphique, l'instinct toujours indicateur de ce qui est vrai, avait saisi le rapport entre l'angulosité, prise sur les objets physiques, et la raideur qui indique les formes pour ainsi dire difficiles à manier de l'âme.

Voilà comment, dans la classification des écritures, elles se sont trouvées divisées de suite en deux groupes généraux, tout-à fait tranchés, et comment, lorsqu'il a fallu expérimenter, les séries d'écritures où dominaient perpétuellement les courbes, se sont trouvées appartenir aux natures peu consistantes, peu fermes, flexibles, molles, nonchalantes, etc., et les séries où dominaient les angles ont correspondu aux natures rigides, fermes, raides, rudes entêtées, inflexibles, etc.

Cette vérification, cette démonstration est si facile à faire, que, sur vingt lettres que l'on a, par hasard, dans son portefeuille, de parents ou d'amis, de personnes qui nous sont bien connues par des relations constantes, et dont le caractère doux ou raide n'a pas pu nous échapper, nous pouvons, à l'instant, sans avoir aucune autre notion de graphologie que le caractère tranché que donnent les courbes ou les angles, faire deux groupes de nos lettres : mettre d'un côté toutes celles où la plume semble avoir affectionné les formes arrondies, et de l'autre toutes celles où elle a affectionné les formes anguleuses.

Ce triage graphique une fois fait, nous pouvons, avant de rien vérifier, écrire les noms des personnes telles que nous les connaissons, sur deux listes, l'une des natures douces, l'autre des natures rigides.

Si le signe graphique est vrai, et il l'est, le groupe des lettres où dominent les courbes se trouvera avoir été écrit par les personnes qui composent la liste des doux ; et celui des lettres où dominent les angles, aura été écrit par les personnes qui composent la liste des rigides.

Tel est le résultat de cette curieuse expérience.

Il est difficile de contester le phénomène, parce qu'il

est constant. Et son application physiologique se déduit de la tension cérébrale des rigides, des raides, des entêtés, des inflexibles qui produit le trait anguleux, raide, ferme, expression bien réelle de la situation de l'âme, et, réciproquement, de la flexibilité, de la mollesse cérébrale des doux, qui produit les formes arrondies répondant mieux aux instincts de douceur et de mollesse.

III°. — DE LA DIRECTION DES LIGNES.

Quand on regarde une série d'autographes, il est facile de remarquer plusieurs formes affectées par les lignes.

A. Les unes semblent tracées en ligne tellement droite, qu'elles ont la rigidité, l'inflexibilité de la règle de fer. Nulle lettre ne s'écarte, par sa base, de la ligne droite : la typographie elle-même ne fait pas mieux.

B. D'autres ont la ligne flexible, sinueuse, que j'ai appelée *serpentine*. La base des lettres suit une ligne composée de courbes plus ou moins surbaissées.

C. D'autres lignes affectent le mouvement ascendant. Comme on dit vulgairement, elles vont de la cave au grenier.

D. D'autres ont le mouvement descendant. La ligne part de haut et descend toujours.

E. Quelquefois la ligne descend d'abord et remonte ensuite.

F. D'autrefois la ligne monte d'abord, puis redescend.

Ces deux dernières sont deux formes curvilignes en sens inverse.

Si ces formes ne sont qu'accidentelles dans une écriture, par exemple, quand on a mal tenu devant soi son papier, il est évident qu'il n'y a rien à conclure de cette disposition. Il faut vérifier si cette direction est bien habituelle, si c'est de la sorte que le scripteur écrit toujours. Ceci constaté, voici ce qui est démontré par l'observation.

A. Les hommes à caractère inflexible, rigide, qui ne cèdent jamais, ceux dont à parlé Horace : *tenacem propositi virum nunquàm dimoveas,* qui vont à leur but sans que rien ne les détourne, sur les déterminations desquels il est impossible d'avoir prise, ont l'écriture en lignes absolument rigides. Au moral, ce sont de véritables barres de fer inflexibles ; leur écriture répond à cette inflexibilité.

B. Les hommes à esprit souple, délié, flexible, pouvant se plier au travail lent, difficile, prudent, continu des négociations, se possédant puissamment, ne laissant paraître de leur pensée intime que ce qu'ils jugent à propos de produire, les hommes qui ont l'aptitude diplomatique ont l'écriture sinueuse, serpentine Ex. : Talleyrand.

Quelquefois les courbes sont multipliées ; d'autrefois, comme dans lord Brougham, le mouvement sinueux est à courbes très-allongées.

C. Les natures d'ardeur, d'entrain, ayant un sentiment puissant de leur force, courageuses, que j'ai appelé *ascendantes*, ayant l'instinct de réaliser dans leur vie la célèbre devise de Fouquet : *Quò non ascendam !* les natures ambitieuses, n'importe sous quelle forme se développe l'ambition, que ce soit celle de l'homme politique ou de l'homme de l'échoppe qui veut faire mieux que l'homme de l'échoppe voisine, les natures espérantes, qui voient moins les difficultés des entreprises que le succès par lequel elles se terminent, toutes ces natures ardentes, courageuses, ambitieuses prennent en écrivant la direction ascendante. C'est le soldat à l'assaut ; c'est le voyageur gravissant la colline. Ex. : l'écriture du malheureux Beulé.

Il y a cette remarque importante à faire, c'est que des graphologistes, et j'en suis un exemple frappant, trouvant la forme ascendante très-disgracieuse, surtout désagréable aux typographes qui, pour composer, ont besoin quelque fois de couper des pages de copie, ont fait tous leurs efforts pour prendre, en écrivant, la ligne horizontale, et n'ont jamais pu y réussir. J'aissaie en ce moment, sur la page même où je trace ces lignes ; il m'est impossible d'arriver à changer la direction de mes lignes montantes. Souvent même, sur du papier tracé, ma ligne va se finir sur le tracé de la ligne supérieure. C'est bizarre, mais c'est ainsi : tellement la main obéit au mouvement cérébral.

D. Les natures portées à la défiance d'elles mêmes, peu ardentes, peu courageuses, craignant toujours l'insuccès, voyant dans une entreprise tout ce qui peut la faire échouer, tremblant devant les obstacles, les natures portées à la tristesse, à de secrètes mélancolies, sous le poids du chagrin, au moment de la perte douloureuse de ceux qui leur sont chers, prennent dans leur écriture la direction de la ligne descendante.

Physiologiquement, quand l'âme s'affaisse, la main n'a plus le mouvement vif, ardent, ascensionnel. Le moral plie, l'âme a dépensé toutes ses forces. L'organisme cède à son tour. Il y a moins de fluide nerveux mis en activité; le mouvement rétractile se produit; la main est débilitée et s'affaisse.

J'ai remarqué ce phénomène sur les lettres des personnes qui ont à annoncer la mort d'un père, d'une mère, d'un enfant. Lors même que ces personnes écrivent habituellement en ligne droite, les lignes où elles annoncent la fatale nouvelle sont particulièrement descendantes.

L'écriture descendante se remarque surtout chez les personnes placées dans une situation en quelque sorte fatale, où il y a à craindre de grands effondrements politiques, où les luttes de chaque jour, au sein d'une nation agitée, semblent préparer à courte échéance le dernier cataclysme.

J'ai donné improprement à ces écritures le nom *d'écritures fatales*, parce qu'il n'y a pas de fatalité, dans le sens antique, dans le sens rigoureux du mot. Seulement il y a fatalité, dans un sens plus large, lorsque les situations se trouvent telles que l'effort individuel est impuissant, et que nous avons à supporter des déchéances inévitables, soit que nous ayons contribué à les préparer, soit qu'elles tiennent à cette logique inflexible des événements, laquelle, dans la vie des grands peuples comme dans la vie des simples familles, amène les catastrophes.

L'écriture alors dit très-nettement ces situations fatales :

elle descend. On se sent sur le bord d'un abîme, et, malgré soi, le pied glisse.

La lettre si curieuse que l'impératrice Eugénie écrivit à Napoléon III, dans son voyage à l'Isthme de Suez (1), est toute en lignes descendantes. Elle est écrite sous la préoccupation des tristesses politiques. « Je suis persuadée qu'on ne fait pas deux fois, dans le même règne, des coups d'état. » Ses illusions à elle-même, comme femme, se sont envolées. « De tout ce qui, dans ma vie, a terni les belles couleurs de mes illusions, je ne veux plus en entretenir le souvenir ; ma vie est finie..... » Dans un tel état de l'âme, avec de tels pressentiments, on est dans la voie descendante, dans la voie fatale ; les ailes de l'espérance n'y sont plus, et l'on arrive à la chute. L'écriture rend tout cela. J'ai par centaines, des lettres écrites ainsi sous la pression d'une fatalité à laquelle on sent que l'on ne peut échapper. C'est la tête du mourant qui s'affaisse sur sa poitrine, pour ne se relever jamais.

E. Il y a des natures qui faiblissent d'abord devant les obstacles, qui plient un moment sous la difficulté, mais qui, par une réaction puissante, reprennent courage, remontent à flot, comme on dit, et suivent la voie ascendante. Leur écriture descendante d'abord dit l'hésitation, l'écrasement momentané de l'âme, son impuissance actuelle. Mais la plume prend bientôt le mouvement opposé, les mots tendent à remonter, et la ligne se termine dans la hauteur avec le sentiment du triomphe. Cette forme d'écriture curviligne est fort étrange.

F. Il en est de même du mouvement opposé. Il y a des hommes d'abord pleins d'ardeur et de feu, mais qui ne sont pas à la hauteur de leurs entreprises, ou que des causes de force majeure viennent arrêter dans tout le développement de leur énergie. Devant cette impuissance constatée, l'âme s'incline et s'affaisse. La lutte est impossible. L'écriture cesse alors d'être montante ; la ligne baisse rapidement.

(1) Voir l'autographe dans *La Graphologie*, collection de 1872, n° 2.

Tout cela, vrai expérimentalement, puisque c'est le jeu libre des volontés humaines, a son expression vraie dans la manifestation inconsciente de l'âme par l'écriture. L'âme se reflète là avec d'autant plus de fidélité que, dans l'épanchement de la plume, elle est seule avec elle-même, et ne peut songer le moins du monde qu'il y aura un anatomiste qui, avec sa loupe, viendra la scruter dans tous ses mouvements intimes, et rendre ensuite toutes les douleurs, toutes les luttes, toutes les joies, toutes les ardeurs, toutes les espérances qui se produisaient en elle, et que vient dévoiler aux regards cet acte mystérieux que nous appelons l'écriture.

IV°. — DU TRAIT ISOLÉ.

Il n'est pas rare que, dans les écritures, se montre un petit trait isolé. Il y a deux significations.

Placé entre des membres de phrases, il forme une phrase intercalée, il ouvre une espèce de parenthèse ; et il dit toujours l'amour de la clarté, un esprit qui veut voir les choses, qui tient à bien expliquer sa pensée.

Placé à la fin des phrases, il a pour but d'empêcher toute falsification du texte, toute addition de mots, toute addition de virgules ou de points qui modifieraient le sens de la phrase, toute addition de zéros ou de chiffres qui changeraient la nature d'une somme indiquée Je l'ai appelé le *trait du procureur*. Employé par les gens d'affaires, il dit leur précaution minutieuse pour ne pas être trompés.

Mais dans le monde, sous la plume des femmes qui n'ont jamais fréquenté l'antre de la chicane, si elles ont l'instinct de la crainte d'être trompées, si elles sont attentives, méticuleuses, défiantes, elles ont recours par instinct à ce trait qui remplit le petit blanc abandonné par la plume des natures non prudentes, non défiantes. Il arrive encore ceci qu'un mot étant trop long pour être mis dans une fin de ligne, on le transporte à la ligne suivante. Il reste alors un blanc. Toujours par prudence, on fait un trait allongé qui remplit le vide.

Tout cela est l'expression d'un sentiment d'attention, de prévision, dont la raison physiologique est évidente.

V°. — DU POINT.

Cet élément si simple de l'écriture doit toujours être pris en considération.

1° Quand il est *léger*, à peine indiqué, il part d'un cerveau peu hardi, d'une nature spiritualiste, peu sensuelle. Il dit le manque de fermeté, de résolution. Il indique des tendances de vie où la sensualité est fortement contenue.

2° Quand il est *accentué*, marqué par un coup dur, ferme et pesant de la plume, il donne le cerveau hardi, la nature sensuelle, le caractère ferme, la volonté résolue. Il indique les instincts de vie matérielle, positive, pratique.

3° Quand il est *pâteux*, il accuse des goûts peu élevés, une nature aux instincts vulgaires, des penchants peu nobles.

4° Quand il est remplacé par une espèce d'accent, qu'il quitte sa forme naturelle pour s'allonger, il dit les natures vives, l'ardeur, l'entrain, les penchants impétueux, la vigueur du caractère, l'excès de force intellectuelle et physique. C'est le point d'Alexandre Dumas fils.

5° Quand il est remplacé par un trait bizarre, excentrique, il dit un certain désordre cérébral, une toquade, une folie partielle.

J'ai vu une écriture fort curieuse où tout était calme, rationnel. Mais les points étaient une comète à longue queue perdue dans l'espace. C'était l'indice d'un désordre cérébral très-intermittent, mais qui n'en existait pas moins.

Le duc de Brunswick remplaçait le point, dans son écriture excentrique, par un tout petit rond, très-net, très-régulier. Jamais personnage ne fut plus bizarre, plus excentrique.

6° Quand le point est bien à sa place, perpendiculairement, sur la lettre *i* minuscule, qu'il n'en est pas trop éloigné ni trop rapproché inharmoniquement, il dit l'attention, l'esprit de détail, les soins minutieux, l'importance attachée même aux petites choses.

C'est le premier signe graphique qui ait été découvert. Historiquement, la Graphologie commence par lui. Et celui de nos aïeux qui fit la remarque consignée dans le proverbe : « Il met les points sur les i, » pour dire un homme attentif, qui ne néglige rien, inventait certainement la Graphologie.

Je n'ai eu qu'à vérifier ce signe pour en constater la grande vérité.

7° Quand le point est très-haut, très-éloigné à droite de l'*i* sur lequel il devait être, c'est vivacité, imagination, irréflexion, laisser-aller. Les primesautiers, les têtes vives, les ardents, les indifférents aux petits détails ne manquent pas de jeter leurs points au hasard dans les interlignes, sans se soucier qu'au lieu de poser sur un i, ils aillent s'étaler sur des *a* ou des *u*, qui n'en ont nul besoin.

8° Quand il manque sur les *i*, c'est l'inattention, l'insouciance, le dédain des détails, souvent de la légèreté, de l'inconstance, quelquefois manque de précision dans l'esprit.

9° Même remarque, quand il manque à la fin des phrases. Cela dit aussi des natures peu défiantes.

10° Quand un grand nombre de points terminent fréquemment les phrases, c'est signe d'une tête qui travaille, d'une imagination excitée. Les esprits romanesques aiment cette forme qui jette l'idée dans l'espace.

11° Quand le point est mis après la signature, sans nul paraphe, il dit la défiance. Une jeune personne me montre sa signature ainsi pointée. — Vous êtes défiante, lui dis-je. — Vous vous trompez : ma fille n'est pas défiante, dit la mère. La jeune personne reprend et dit : Ma mère, la graphologie ne se trompe pas, je suis défiante.

L'analyse de l'écriture, le simple aspect d'un point me

révélait mieux ce caractère, que vingt années de vie commune avec sa fille ne l'avaient indiqué à la mère elle-même.

Toute la loi physiologique du point repose sur la nécessité d'une attention spéciale de l'esprit pour bien mettre ce petit caractère à sa place, et lui donner sa forme normale. Le mettre où il est inutile, comme à la fin de sa signature ou d'un millésime, c'est montrer l'excès d'attention, un penchant à se défier, à s'inquiéter de tout. Rien ne se fait dans les mouvements libres de la main sans une raison.

On ne conçoit guère un jeune dissipateur apportant un soin tout particulier, quand il écrit, à ne pas perdre quelques millimètres de son papier sans le remplir d'un mot, souvent même d'un petit trait allongé pour finir la ligne. Et l'on concevrait peu un esprit rangé, possessiviste, écrivant, au hasard et avec désordre, des lignes très-espacées. La loi harmonique des choses serait brisée; et l'harpagon met en ordre, empile en quelque sorte ses lignes, comme il met en ordre ses papiers, et empile minutieusement ses pièces d'or.

La loi graphologique a donc ici sa raison physiologique clairement démontrée.

VI°. — DU CROCHET RENTRANT.

Les courbes rentrantes de beaucoup de lettres, surtout des majuscules, forment un crochet très-fréquent dans certaines écritures. La loi normale de l'écriture est celle-ci : que la majuscule se lie à la minuscule suivante :

(Voyez le mot : *Monsieur*, cliché 34, page 105.)

Comment expliquer le mouvement étrange de la main qui porte la plume à perdre du temps, à se replier sur elle même, à produire cette forme anormale, disgracieuse

37

à l'œil, qui souvent se prolonge ainsi avec une massue terminale dont rien n'explique la raison calligraphique, et que les moindres notions du beau en matière graphique devraient proscrire rigoureusement.

Faites, en conscience, la liste des personnes que vous connaissez entachées de personnalité, d'égoïsme, chez lesquelles domine le *moi*, se plaçant, dans leur développement convergent de vie, au centre de l'immense circonférence appelée le monde, pour que tous les rayons, venant du dehors, leur apportent quelque chose; étudiez ensuite leur écriture; et vous verrez ce crochet accusateur s'étaler sans vergogne dans leur majuscule. Voici même un specimen où ce crochet est double : il commence et finit la lettre. C'est l'écriture d'un égoïste fieffé.

38

Le mouvement physiologique s'explique très-bien. C'est le retour de la personnalité sur elle même. Elle rentre dans son *moi*, comme le colimaçon dans son hélice; elle se ratatine, contente et heureuse, comme le rat dans le fromage de Hollande, qui vit ermite paisible, et promet ses prières pour les besoins de « la république attaquée. »

Il y a, au contraire, des natures que j'ai appelées *rayonnantes*, oublieuses d'elles-mêmes, dont la première pensée est de songer à ce qu'elles peuvent procurer de bien aux autres, plutôt que de songer à quoi les autres peuvent leur être utiles. Ces âmes rayonnent autour d'elles pour se dépenser en affections désintéressés, en dévouement, en générosité.

Etudiez leur écriture. Le vilain crochet égoïste ne s'y rencontrera jamais.

Il n'y a pas retour sur soi : il y a dépense du *moi* perpétuelle. La plume ne saurait instinctivement adopter ce barbarisme calligraphique qui ne gâte tant d'écritures que parce qu'il est, au fond de la conscience, l'inspirateur du mouvement cérébral traducteur des passions et des instincts.

VII°. — DES FIORITURES.

La fioriture est aussi un crochet, mais en volute. Elle affectionne spécialement le *d* minuscule, le *d* majuscule quelquefois et certaines finales.

(Voir le cliché 20, page 77.)

Cette forme graphique est essentiellement gracieuse. Les calligraphes l'ont naturellement trouvée, par ce que toute courbe plaît aux regards. L'architecture l'a prodiguée dans la volute du chapiteau corinthien, où elle représente le retour sur elle-même de la tige d'acanthe rencontrant un obstacle. On l'a placée aussi aux angles du chapiteau ionique. La nature, du reste, la présente dans le premier jet des fougères qui brisent la terre pour s'épanouir au soleil. C'est un motif, comme on dit dans les arts, tout à fait gracieux.

Les maîtres d'école l'affectionnent généralement, en leur qualité de calligraphes Les hommes de bureau, les teneurs de livres, les copistes, les écrivains publics, les écoliers, les jeunes pensionnaires ne peuvent manquer de faire fleurir ainsi leur écriture.

Mais cette forme n'est pas grave, n'est pas simple. Elle ne convient pas à tout ce qui est grandeur, majesté, austérité. Pensez-vous que vous trouveriez une fioriture dans l'écriture de Saint-Vincent de Paul, de Pascal, de Fénélon, de Bossuet, de Lamennais? Évidemment non. L'architecture sévère elle-même l'a répudiée. Le dorique est pur de cette recherche. C'est une juvénilité que les écoliers abandonneront quand ils deviendront hommes graves, que les petites pensionnaires laisseront, à leur entrée dans la vie de la famille.

Mais les coquettes la garderont ; mais les hommes qui cherchent les applaudissements, les beaux qui veulent être regardés, les avocats, les prédicateurs avides d'éloges, les prétentieux désireux d'être remarqués, les vaniteux qui se font valoir, tout ce qui n'a pas en soi le sentiment intime d'une valeur qui n'attend rien de l'estime du dehors, lui demeureront fidèles. Elle s'étalera dans leur écriture, comme le mot du berger sur son chapeau : « Je suis Guillot. »

La fioriture dit donc toujours désir d'être remarqué, par conséquent pose, recherche, manque de noble simplicité. Ce n'est pas grave, ce n'est pas élevé. C'est gracieux, mais ce n'est pas distingué. C'est un degré de moins dans la valeur intellectuelle. Vous avez deux avocats de talent dont l'un n'a pas même l'apparence d'un trait fioituré, et l'autre ne dédaigne pas cet ornement calligraphique ; le premier est certainement l'homme supérieur.

Je n'ai jamais trouvé la fioriture dans l'écriture des hommes éminents. Quelquefois notre cher et grand Lamartine s'y oublie çà et là. Mais quelle nature coquette ! Il adorait l'applaudissement, le suffrage. D'habitude, il la repousse.

Je reçois beaucoup de lettres d'instituteurs. J'ai fait la remarque que tous ceux qui peuvent employer la fioriture dans leur calligraphie, ne la mettent jamais dans leurs lettres intimes, dans leur correspondance où ils veulent donner une écriture courante, naturelle, quand ce sont des hommes simples, graves, des esprits de valeur. Les prétentieux la gardent avec amour.

La loi physiologique de ce signe se déduit tout naturellement. L'esprit sérieux ne s'amuse pas aux bagatelles. N'aimant pas les bagatelles, le cerveau inspirateur des traits n'en commande que de simples, que de graves. On s'accoutume à la laide écriture des hommes de génie. — Celle de Pascal est pour cela un type. — Que dirait-on, si leur écriture, à cette forme si rapide, si peu correcte, joignait les ornements puérils de la fioriture ?

Certainement, le fait seul de ces écritures si diverses, selon la légèreté ou la gravité du caractère, est une des preuves que l'écriture est bien la reproduction la plus fidèle, la plus intime de chaque personnalité humaine.

VIII°. — DU CROC OU HARPON.

Avez-vous connu beaucoup de natures tenaces, c'est-à-dire ne sachant pas céder, ne voulant pas lâcher prise, véritables dogues qui, ayant mordu la jambe du passant, ont besoin qu'on vienne à son secours pour desserrer les deux mâchoires implantées dans les chairs?

Ces tenaces ont, dans leur écriture, un signe graphologique très-singulier. Ils font de petits harpons, de petits crocs au bout des traits, soit en barrant la haste des *t* minuscules, soit à certaines finales, soit dans les traits dont ils soulignent les mots. Je puis en parler savamment. Les

(Voir plus haut le cliché 22, page 77.)

crocs se trouvent assez souvent dans mon écriture. Et cependant, par un autre signe graphologique, je suis un *faible volontaire*; mais je suis un *tenace*. Les deux choses ne sont pas contradictoires. La tenacité fait poursuivre un plan sans en démordre; la volonté faible fait qu'on se laisse conduire, influencer, dans la pratique de la vie. Toutes ces nuances sont dans l'âme humaine.

J'ai analysé (1) l'écriture de l'un des hommes de notre temps dont la tenacité est proverbiale, le comte de Chambord : les harpons y sont dominants. La signature de « Buonaparte » au siége de Toulon, a deux harpons très-caractéristiques. Ingres, Déjazet, le baron Taylor, Quinet, Préault, Alton-Shée, Mme Victor Hugo, La Guéronnière, Léo Lespès (2), etc., sont des tenaces, et produisent les crocs.

(1) La *Graphologie*, collection de 1872, n° 4.

(2) Voyez la *Graphologie*, collection de 1874, n° 16.

Il serait bien difficile d'attribuer à une bizarrerie, à une coïncidence, l'usage de ce trait si spécial, qui ne se rencontre jamais sous la plume des non tenaces, et qui serait sans raison dans l'écriture de tous les hommes ayant fait preuve d'une tenacité marquée. Il semble plus rationnel de se l'expliquer par la loi physiologique qui fait se cramponner la plume, quand elle termine certains traits. Le fait d'expérimentation est là. Il serait puéril d'en contester l'autorité. Il faut donc l'accepter, tout étrange que paraisse l'explication.

IX°. — DES LETTRES BARRÉES EN RETOUR.

Deux lettres qui sont barrées par deux traits horizontaux selon la loi de l'écriture; *f* et *t* perdent cette forme normale pour en prendre une qui implique un travail particulier de la plume, et que j'ai appelé *barrer en retour*. Voici la série de mouvements que fait la plume, selon qu'elle accentue plus vivement le sentiment dont elle est, de la sorte, l'expression extérieure.

Les natures peu obstinées, étudiées dans leur écriture, ou gardent ces deux lettres avec la barre simple et normale indiquée plus haut, ou ne l'emploient qu'avec une courbe douce qui ne donne pas l'obstination accentuée.

Au contraire les natures très-obstinées non-seulement barrent en retour avec un angle droit très-vif, mais souvent remontent la liaison pour redescendre ensuite la barre et lui faire produire de haut en bas un angle extrêmement aigu.

Il m'a donc été facile de donner la *barre en retour*

comme signe graphique de l'obstination de l'idée, à ses différents degrés d'accentuation.

Toute courbe étant signe de douceur, la *barre en retour* accentue l'obstination, selon qu'elle perd de la courbe pour passer à l'angle droit et de là à l'angle aigu.

On voit ici la raison physiologique de ce mouvement de la plume sous l'influence cérébrale. Le trait mou, peu accentué, *filiforme*, correspond au mouvement faible et mou dans l'adhésion de l'esprit aux idées. Le trait singulièrement accentué par les angles, correspond à un mouvement d'accentuation extrême. C'est encore un des signes graphiques les mieux établis en expérimentation.

Quand nous parlerons des écritures nationales (1), ce signe sera spécial pour nous indiquer les contrées où l'obstination est proverbiale, comme Genève.

X°. — DES LETTRES HAUTES ET BASSES DANS LES MÊMES MOTS ET DANS LES MÊMES LIGNES.

Pour peu qu'on examine des écritures, on est vivement frappé de ces deux faits : ou de lettres de hauteur presque égale, à rappeler l'exactitude rigoureuse des caractères d'imprimerie, ou de lettres si inégales de hauteur que les unes sont hautes et les autres presque microscopiques.

Ces deux faits qu'il est facile de vérifier perpétuellement, constituent une immobilité et une mobilité de formes scripturales desquelles, toujours à l'aide du procédé expérimental, il m'a été facile de déduire deux signes graphiques de première valeur.

J'ai trouvé qu'aux écritures de hauteur constante, répondaient des natures d'une égalité perpétuelle d'impressions, dont le baromètre impressionnel est à l'état fixe, invariable, comme une température toujours la même.

J'ai trouvé qu'aux écritures d'inégalité de hauteur, répondaient les natures extrêmement mobiles d'impression, subissant, comme les corps très-sensitifs, une série perpétuelle d'impressions différentes.

(1) Voir *la Méthode pratique de graphologie.*

Que cette mobilité physique des lettres rendant la mobilité des mouvements impressionnels de l'âme soit en logique parfaite et constitue une loi physiologique graphique incontestable, il serait difficile de le mettre en doute. Ici, effet et cause se montrent dans un rapport si rationnel qu'il n'y a pas à insister, auprès de mes lecteurs, sur l'évidence de cette loi.

Voyez à la classification graphologique : CONSTANCE, MOBILITÉ D'IMPRESSIONS.

XI°. — DE LA VERTICALITÉ ET DE L'INCLINAISON DES LETTRES.

Les écritures qui vont de gauche à droite, comme les écritures européennes, ont leur inclinaison naturelle dans le même sens. Il est très-difficile, dans l'écriture rapide, d'écrire avec une verticalité complète. Le désespoir des maîtres d'écoles c'est de faire faire aux écoliers ce qu'on appelle des *bûches,* c'est-à-dire des traits successifs perpendiculaires. La main de l'enfant incline toujours la plume, laquelle logiquement trace une ligne inclinée.

L'étude des écritures fait constater ceci, que plus la personne qui écrit a de sensibilité de cœur, d'impressionnabilité, de sensivité même, plus ses lettres se couchent.

La même étude fait constater que les natures froides, peu sensibles, maîtresses de leurs impressions, se dominant le cœur, inclinent très-faiblement leur écriture et ont une tendance marquée à rapprocher la direction de leurs lettres de la verticale.

Il y a là un signe graphologique d'une importance capitale pour saisir l'un des grands côtés de la personnalité humaine. Froideur, sécheresse du cœur correspondent très-bien à la rigidité de l'écriture qui se dresse. Le mouvement sensible, affectif, se rend bien par les lettres inclinées. Ici l'âme s'abandonne.

C'est l'un des signes graphonomiques qui frappe le plus par sa présence ou par son absence dans une écriture. Rien de plus facile à reconnaître, mais aussi rien de plus naturel, rien de plus logique. On s'explique très-bien physiologiquement, que l'âme, au moyen d'un instrument aussi docile que la plume, ayant à choisir entre la forme redressée et perpendiculaire et la forme inclinée, en soit venue, par instinct, à adopter cette dernière, quand il s'agit de rendre le côté affectueux, sensible, sensitif de notre nature. Tout ce qui est doux, faible, bienveillant, s'incline. Tout ce qui est rude, et la langue le dit, inflexible, ne songe pas à s'incliner et se redresse. J'ai donné à l'une de ces formes, l'image du roseau qui plie sous le souffle, et à l'autre l'image du tronc d'arbre que la tempête n'ébranle même pas.

Cela explique que l'immense majorité de l'écriture des femmes soit inclinée, et que l'écriture virile soit beaucoup plus droite. Du reste, c'est un fait d'observation généralement admis. Ce qui achève de prouver que ce signe est bien dans la nature, et forme par conséquent, dans notre classification, un groupe de premier ordre et que nul ne songera à contester, c'est que toutes les écritures d'hommes connus comme très-sensibles, très-impressionnables, plus que cela, très-sensitifs, très-féminins, sont inclinées comme celles des femmes les plus sensibles, et que toutes les écritures de femmes d'un caractère froid et viril sont redressées comme celle des hommes les moins sensibles.

Il en découle cette notion graphologique extrêmement remarquable, que l'écriture n'a pas de sexe, c'est-à-dire que le signe de la féminité peut manquer dans l'écriture des femmes, la nature les ayant créées généralement sensibles, et que ce même signe de féminité peut se trouver dans l'écriture des hommes que la nature a fait moins sensibles.

Telle écriture de femme peut être prise par le graphologiste le plus exercé pour une écriture d'homme. Voici deux écritures :

Elles sont d'un homme et d'une femme. La première sèche, redressée, sans mouvement affectif, nous dit, au premier aspect, la virilité.

La seconde, excessivement inclinée, nous donne une âme sensitive au plus haut degré, accuse la féminité dans toute son expansion. La première doit être d'un homme, la seconde d'une femme. Il semble qu'on ne puisse pas s'y tromper. C'est cependant une erreur. La première est l'écriture de la Dauphine, fille de Louis XVI de laquelle il a été dit que « c'était le seul homme que les Bourbons eussent dans leur famille ; » la seconde est celle de l'abbé Flandrin, mon ami et mon initiateur en graphologie, esprit très-distingué, très-assimilateur, mais d'une excessive impressionnabilité.

Voyez à la classification : SENSIBILITÉ.

Un autre fait plein d'intérêt est celui-ci. Lorsque certains hommes veulent se faire une écriture différente de celle qu'ils ont eue, soit pour que leur écriture ait plus de clarté, soit par un instinct qui les porte à jouer le rôle d'hommes graves, de personnages, l'écriture artificielle qu'il se composent ne prend pas le mouvement de l'inclinaison extrême. Au contraire, elle se redresse beaucoup. Même, au lieu de s'en tenir à la ligne verticale, ils inclinent leurs lettres sur la gauche, ce qui est dur et disgracieux au possible. Et cette forme complètement anormale dit au premier coup d'œil, l'effort d'un travail de réaction de l'homme sur lui-même. C'est, en quelque sorte, un plagiat présentant un homme sous un aspect de gravité, de virilité, qui n'est pas dans sa nature.

Pourquoi, dans le but d'un déguisement, ne prend-il pas cette écriture si inclinée, beaucoup plus coulante à la plume, beaucoup plus facile de toutes manières ? C'est qu'aspirant à jouer le rôle des hommes graves et importants, il en adopte, par instinct, l'expression graphique la plus saisissante, l'écriture tendant à la verticale ; et il se trouve avoir donné raison à une des règles de la graphologie.

Toutes les âmes froides, sèches, dures, avares, tous les esprits absorbés par les travaux intellectuels, et qui se sont atrophié le cœur, n'ont pas d'autre écriture que celle qui se rapproche de la verticale.

XII°. — DES LETTRES FINES, PATEUSES, RENFLÉES.

Dix personnes se serviront de la même plume, et, l'une après l'autre, écriront une ligne qu'elles termineront par leur signature, que, l'emploi de la même plume ne donera pas la même épaisseur au corps de chaque lettre. Quelques lettres seront produites avec une finesse constante de traits, la plume ayant été appuyée légèrement. Nous aurons ainsi une écriture en quelque sorte aérienne. D'autres lettres seront pâteuses, appuyées fortement, la plume ayant dépensé beaucoup d'encre et produit des lettres d'une grande épaisseur. D'autres, par un mouvement particulier de la plume commençant et finissant finement les hamps des lettres, les auront grossies au milieu par un renflement.

En expérimentant sur un nombre considérable d'écritures, il se trouvera : 1° que les écritures *aériennes*, extrêmement ténues, délicates et fines, répondent aux natures vivant beaucoup de l'esprit, détachées des plaisirs des sens, et douées d'instincts spiritualistes. C'est, en graphologie, le signe type des natures pudiques, non sensuelles, et, même dans l'amour, cherchant la volupté de l'âme, sans tenir beaucoup compte de celle des sens.

2° Que les écritures à lettres épaisses, pâteuses, fortement appuyées dans toute leur étendue, répondent à des âmes qui aiment le côté matériel des jouissances, la table, etc.

3° Que les écritures à lettres renflées répondent à des

âmes dont les instincts sont sensuels, et qui ont l'amour du plaisir. J'ai compris sous le nom générique de *sensualité*, ces deux derniers groupes de signes, quoique généralement les écritures pâteuses disent les viveurs, les festineurs, et que les écritures renflées indiquent plutôt les instincts volupteux.

L'expérimentation sur les écritures a donc établi cette curieuse correspondance entre la délicatesse, la légèreté des traits graphiques et les instincts non sensuels, et entre les traits appuyés, épais et lourds, et les instincts sensuels.

Il était d'une grande importance en graphologie de découvrir la manifestation sensible des ces instincts qui jouent un rôle si capital dans la vie. Le phénomène s'explique très bien physiologiquement. Ce qui est esprit, détachement des sens, est bien rendu par les traits aériens en quelque sorte de la plume, et la volupté, qui s'attache aux choses matérielles, par le mouvement contraire. La matière est lourde et tangible ; ce qui est esprit se détache des pesanteurs de la forme. Physiologiquement, nous sommes dans le vrai.

XII°. — DES LETTRES ET DES MOTS TASSÉS, DES LETTRES ET DES MOTS ESPACÉS.

Il était impossible qu'un fait graphique aussi important que celui de la position relative des lettres et des mots entre eux n'eut pas une grande importance comme manifestation psychique.

1° Au point de vue intellectuel, les écritures dans lesquelles les mots sont séparés par un blanc très-distinct, et les lignes assez distantes pour que la lumière circule bien entre les lignes et entre les mots, se trouvent être celles des cerveaux lucides, des esprits qui ont la vue claire des objets, qui les embrassent bien sous toutes les faces, et donnent le signe graphologique de la clarté de l'esprit, du jugement.

Il faut remarquer que, si l'écriture est peu inclinée, elle indique une nature froide ou calme, maîtresse de ses impressions. Alors le signe graphologique devient complexe et donne le *jugement que la passion n'égare pas*. Si, au contraire, l'écriture est assez inclinée, le jugement du scripteur de l'autographe sera moins sûr, chaque fois qu'en raison de son impressionnabilité, il aura pu voir les choses sous l'influence d'une passion.

Il est naturel que l'œil d'un homme à l'esprit lucide, au jugement sain, se complaise à une écriture non confuse, aime par instinct à faire circuler la lumière autour des mots qui rendent sa pensée, de même que cette pensée est heureuse de se produire dans le travail purement psychique libre de tout nuage et de toute confusion. C'est ainsi, je crois, qu'il faut s'expliquer physiologiquement cette belle faculté de l'écriture de si bien reproduire le procédé du jugement sain et lucide.

Réciproquement des mots qui se tassent, des lignes qui semblent se jeter l'une dans l'autre, dont les lettres ont en masse des jambages se perdant les uns dans la ligne supérieure, les autres dans la ligne inférieure, ce que j'ai appelé les *lignes enchevêtrées*, disent la confusion de l'esprit, l'esprit qui voit mal les choses, qui ne les saisit que sous un seul aspect, qui ne peut que porter mal son jugement.

Si, à ce signe graphologique si facile à saisir, le tassement des mots, l'enchevêtrement des lignes, se joint l'écriture inclinée indiquant toujours la *passion*, vous avez un signe complexe très-caractéristique : cet homme aura non-seulement peu de jugement, mais encore le jugement passionné.

Et, si enfin, à tous ces signes accusateurs, se joint le grand mouvement des lettres en dessus et en dessous des lignes qui dit l'*imagination très-excitée*, vous aurez encore le signe complexe d'un jugement à la fois peu sain, très-passionné, très-exalté. Une telle nature est malheureusement organisée, et vous la voyez dans la triple manifestation la plus défavorable qui puisse ressortir, au point de vue du jugement, des signes fournis par son écriture.

XIV. — DES MARGES.

Les marges sont les espaces blancs laissés en haut, en bas, à droite et à gauche du corps de l'écriture.

On peut : 1° ne pas laisser du tout de marge, quand on écrit ; 2° ne laisser qu'une toute petite marge à gauche ; 3° laisser une très-grande marge à gauche ; 4° laisser une marge irrégulière, c'est-à-dire ne pas placer régulièrement sur la même verticale les premiers mots des lignes ; 5° laisser aussi une marge à droite, le fait se présente rarement ; 6° laisser en haut et en bas de très-grandes marges.

Il y a eu, dans l'adoption constance de ces manières de laisser ou de ne pas laisser de marge, et de la faire d'une façon et non pas d'une autre, une raison qui tient à la personnalité, et dont le scripteur ne s'est jamais rendu compte.

1° Ne pas laisser de marge indiquera toujours un esprit rangé, ordonné, économe ; avec cette nuance, que cet esprit a peu de tendances artistiques, gracieuses.

2° Ne laisser qu'une toute petite marge, rend le même fait, mais avec cette nuance, qu'il y a un peu plus de sentiment d'art, de sens de la forme, un instinct de parcimonie moins net, *surtout si l'écriture est moins tassée.*

3° Laisser une très-grande marge à gauche dit prodigalité, si à ce signe se joint celui des lignes composées uniquement de trois ou de quatre mots. Dans des écritures plus tassées, où il n'y a pas à soupçonner d'instincts dépensiers, la très-grande marge indique des goûts de vie distinguée.

4° La marge irrégulière dit nettement mobilité, nature vive, irréfléchie, primesautière, — manque d'ordre, de régularité, certaine insouciance des détails

5° Laisser une marge à droite et à gauche, c'est très-gracieux. Les exemples en sont rares. J'ai sous les yeux une lettre d'un écrivain éminent de l'Allemagne, dont les quatres pages, régulièrement margées, rappellent les pages de livres imprimés.

Ordre, grâce, esprit harmonique, sens

simple et du vrai, se traduisent par cette forme si élégante, qu'il est regrettable de ne pas voir adoptée partout, et qui permettrait de relier les collections de lettres comme on le fait des feuilles imprimées.

6° Laisser en haut et en bas de très-grandes marges est encore un indice de goûts élevés, d'habitudes de vie brillante et aristocratique un peu mélangées d'originalité. On veut ne pas faire comme le commun des mortels.

Toutes ces formes de manifestation de l'être humain sont parfaitement logiques. Elles s'expliquent très-bien physiologiquement. Le parcimonieux épargnera même sur les marges Celui qui a des goûts de grandeur et de magnificence, fera le contraire et n'épargnera pas le blanc dans son papier à lettres élégant, de pâte fine et souvent parfumée. Le parfum dans les lettres dit la femme du monde ou les féminins.

7° Au point de vue des instincts d'économie et de prodigalité, nous avons ce fait constant et d'expérimentation, que les économes, les possessivistes, qui deviennent avares pingres, harpagons, ont, par instinct, répulsion de perdre le blanc du papier et l'emploient avec une attention particulière ; et réciproquement que les généreux qui deviennent prodigues et dissipateurs, laissent des blancs énormes. C'est déjà très-significatif, et physiologiquement rien ne s'explique mieux. Mais les économes, dans l'emploi de leurs lettres, ont le même esprit de prudence. S'ils ménagent le blanc du papier; ils tassent leurs lettres et serrent leurs mots autant que possible.

Par contre, les hommes aux instincts prodigues allongent leurs lettres dans les mots, allongent leurs mots dans les lignes, au point que j'ai constaté fréquemment, dans des autographes de prodigues, des lignes composées seulement de deux ou de trois mots, qui rappellent trait pour trait les anciennes grosses des procureurs où, pour allonger le texte des procédures, on étalait ainsi les mots au minimum prescrit par la loi.

L'avare tasse ses lettres et ses mots par l'habitude d'économiser sur tout. Il cède à son instinct. Le prodigue sème partout son or, et jette tout devant lui.

L'écriture produite par ces deux instincts si opposés, rend physiologiquement les deux passions contradictoires. La main de l'un se resserre. L'autre laisse couler l'or entre ses doigts, comme l'eau qui sort des mailles d'un filet.

Ces deux signes graphiques sont très-faciles à vérifier sur les autographes.

L'emploi de différentes natures de papier a sa signification graphologique.

Le beau papier, comme le papier de Hollande, à pâte épaisse, dira toujours des instincts de luxe, de distinction.

Les économes ont un papier vulgaire, peu coûteux, de petit format.

Le beau papier, les belles enveloppes, les beaux timbres à initiales paraîtraient un luxe horrible aux ladres, aux harpagons.

XV°. — DES MOTS GROSSISSANTS ET DES MOTS DIMINUANTS, GLADIOLÉS.

Voici encore d'étranges phénomènes graphiques, dont la science graphologique donne seule l'explication.

L'enfance est franche et naïve. L'âme à cet âge n'a rien pu perdre de son amour du vrai. Par instinct, elle dit les choses telles qu'elles les sait, telles qu'elle les croit. D'ailleurs on lui rappelle tant, et avec raison, que le mensonge est une vilaine chose : « *Fi, monsieur, fi, mademoiselle, que c'est laid de mentir !* » que l'éducation, s'accordant avec l'instinct, l'enfant se met naturellement à dire tout ce qu'il pense. Aussi, il ne faut pas s'étonner que, dans son écriture, miroir si parfait de son âme, il s'en donne à cœur joie, pour qu'il n'y ait pas le moindre doute sur toute pensée qu'il exprime.

On peut recueillir universellement, sur toutes les écritures enfantines, ce signe graphique assurément fort étrange, et sur lequel tous les enfants du monde, probablement, n'ont pas pu s'entendre afin de l'adopter, que leurs lettres dans le même mot, non-seulement ne diminuent pas de hauteur, mais vont très-souvent en grossissant vers la fin.

Le mensonge
salon
Louis-Napoléon
J'arriver
Montausier

MOTS GROSSISSANTS.

Ce sont là des autographes d'enfants pris au hasard dans mes collections.

Cette forme grossissante est certainement disgracieuse. Les maîtres qui ont enseigné ces enfants, et parmi eux le Prince impérial, se sont bien gardés, de leur indiquer un pareil mouvement de la plume. Papa et maman ont dû légitimement gronder devant cette obstination permanente à ne pas garder la hauteur normale des lettres, qui seule rend l'écriture jolie. Foin de la jolie écriture! Monsieur le professeur souffre dans son amour-propre; les parents n'y comprennent rien. Mais la nature est plus forte, et il faut lui obéir. Les mots grossissants continuent à s'étaler de plus belle dans les lignes.

L'instinct du goût est blessé, c'est évident. Qu'on m'explique comment, dans le monde entier, et depuis que l'écriture est inventée (1), les enfants, si spontanés, si vrais, aux mouvements si primesautiers en toutes choses, se trouvent, à tant de distance et dans des milieux sociaux si différents, avoir employé une forme anormale, toujours la même, si cette forme n'a pas sa raison, sa cause dans une idée que la plume a traduite, malgré l'enseignement du maître et les gronderies des parents, idée très-simple, digne de la naïveté enfantine, et qui se traduirait ainsi, dans le cas où l'enfant pourrait l'analyser : J'ai tant peur de mentir, tant peur de ne pas laisser bien lire dans la limpidité de mon âme, que j'exagère, sans le calculer évidemment, la clarté de ma pensée par la clarté des mots que je trace et que je veux rendre, par instinct, aussi nets que possibles.

Il n'y a pas d'autre explication raisonnable de ce fait que je constate dans toutes les écritures d'enfants. Physiologiquement, les choses se passent ainsi. Le cerveau est sous l'impression de l'idée vive de ne rien cacher, parce que cacher est un mal. Or, un mot dont les dernières lettres voilent une partie de l'idée, est presque un mensonge. Il faut donc éviter de tels mots, et, plutôt que de ne pas écrire en hauteur égale, écrire en finales de hauteur croissante : on sera assuré alors de bien produire le mot, lequel produira bien l'idée. L'analyse du mouvement physiologique dit évidemment cela.

Et, pour preuve qu'il n'y a pas d'autre explication raisonnable du phénomène, voici un fait que j'ai constaté sur un grand nombre d'écritures.

Toutes les natures placides et naïves, dont les longues années se sont écoulées dans une vie monotone que n'ont troublée nulles passions, vie que l'on pourrait appeler une espèce d'enfance prolongée, qui ont gardé la simplicité, la franchise, la candeur primitive de leur jeune âge, ont conservé dans leur écriture, jusqu'à l'entrée de la vieillesse, l'écriture grossissante, telle qu'elles l'avaient à dix ans.

(1) J'ai des papyrus égyptiens contemporains de Moyse et de Ramsès II où s'étalent des mots grossissants.

Voici un mot que je prends sur une adresse écrite par une vieille fille de cinquante ans. C'est évidemment le même mouvement de plume que celui des enfants.

Tourynoux
54

Mais, si maintenant nous étudions dans l'âme humaine le mouvement opposé à la naïveté, à la franchise, nous trouvons que les natures rusées, qui, par calcul ou par instinct, ont recours à la dissimulation et aux finesses, suivent dans leur écriture, le mouvement opposé à celui que traduit l'enfance avec tant de charme.

Les enfants ont suivi la progression grossissante. Les hommes qui ne veulent pas être devinés, qui tiennent à cacher ce qu'ils pensent, renferment leur pensée dans un triangle qui donne aux mots la progression amincie. L'écriture alors a la forme d'un glaive; et j'ai appelé *gladiolés* les mots qui sont écrits de la sorte.

Physiologiquement, si l'enfant, voulant de plus en plus être compris, a donné à ses mots l'allure grossissante, il est logique de conclure que l'homme rusé, qui tient précisément à montrer de sa pensée intime le moins qu'il pourra, arrive, par le procédé inverse, à donner à ses mots l'allure amincie et aigue.

a *Monsieur*
b *Monsieur*
c *Monsieur*
d *Monsieur*   55

MOTS GLADIOLÉS.

Le rusé a complètement rempli l'indication de la science. Il répond à toute la donnée. Chaque mot est devenu un véritable glaive pour pénétrer dans l'âme des autres, sans qu'on pénètre dans la sienne. Il ne tient pas à ce que sa pensée soit vue à nu. Il fait mieux : il la voile, pour qu'on ne la devine pas.

Nous pouvons encore constater ici cette loi, qu'il y a une raison physiologique, mais complètement instinctive et inconsciente de la part de l'individu qui écrit, qui l'amène à employer certains signes qu'emploient de la même façon ceux qui ont la même nature que la sienne. C'est ce que, dans la science, nous appelons le caractère spécifique.

Je suis donc arrivé à ce théorème : *Les gens francs donnent autaut qu'ils peuvent de hauteur égale à leur écriture.* Exemple :

C'est l'écriture d'une femme extrêmement franche.

Voici de l'écriture hébraïque, par un savant juif de Trieste. Il faut lire de droite à gauche ; le grossissement va donc en sens inverse de notre écriture.

La plume allant de droite à gauche, et obéissant à l'instinct de franchise du savant, a maintenu la hauteur des lettres, même a grossi les dernières.

Pour rendre le fait plus remarquable, et mettre davantage en évidence que c'est bien le mouvement de l'âme ouverte et franche qui commande cette forme d'écriture, voici le même savant juif qui emploie les mots grossissants, en écrivant en italien.

Un des graffiti de Pompéi, grossièrement écrit à la pointe sur une muraille, porte la date de la naissance d'un ânon. Parmi les mots, on y lit ceux-ci dont le dernier est très-grossissant.

Voici du grec cursif, extrait d'un des papyrus les plus précieux. Il est de l'an 114 avant Jésus-Christ. C'est un des premiers papyrus qui aient été apportés en Europe. C'est un grand contrat, dit de Casati, parce qu'il fut acheté du voyageur Casati. M. Hase le déchiffra en 1822. Citons quelques mots:

J'ai mis en grec classique au-dessous des mots, les lettres du papyrus. Il est évident que la plume, écrivant de gauche à droite, a suivi le mouvement grossissant:

Je suis arrivé ensuite à cet autre théorème : *Les gens peu francs diminuent, par instinct, la hauteur de leurs lettres en finissant leurs mots.* Exemple :

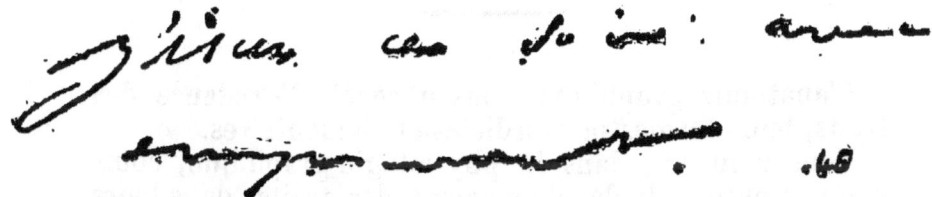

C'est l'écriture d'un diplomate très-fin, très-dissimulé, le vicomte de la Guéronnière.

Après l'écriture du diplomate, je puis citer un rapport de police écrit sur un papyrus, de l'an 146 avant Jésus-Christ. Ce sont des détails très-curieux sur des désordres qui avaient eu lieu au Serapœum de Memphis. (*Papyrus grecs du Louvre préparés par M Letronne*, Pap. 34, pl. XXX). Beaucoup de mots sont gladiolés : *Nicanoros, Udrophoros.* En voici deux calqués sur l'original.

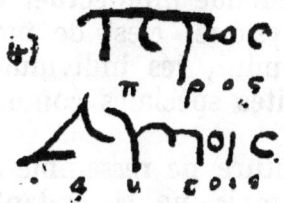

Nous venons d'étudier deux formes d'écriture évidemment bien tranchées. Ne pouvant les expliquer par les coïncidences, par le caprice, par les leçons reçues, etc., il faut arriver à quelque chose de plus rationnel : l'action du cerveau, truchement de la pensée, sur l'écriture.

On trouvera, dans la partie où j'indique chaque signe, l'application constante des principes généraux que nous venons d'établir. (Voyez Classification). Rien ne vaut l'application. Les règles s'en déduisent d'elles-mêmes, pour les esprits attentifs. C'est la partie éminemment intéressante qui nous reste à traiter.

CINQUIÈME PARTIE.

CLASSIFICATION GRAPHOLOGIQUE

L'anatomie graphique nous a révélé l'existence des traits, leurs formes primordiales et élémentaires.

Nous avons vu, dans la physiologie graphique, comment se produit le développement des traits, dans leurs variations innombrables, sous l'influence nerveuse.

Mais beaucoup de personnes tracent, par instinct, des traits dont les formes sont semblables, et cela sans jamais avoir vu l'écriture des autres. Ces ressemblances tiennent aux influences semblables du moteur nerveux.

S'il était possible que deux natures fussent rigoureusement semblables dans tout leur être intelligent, sensible et libre, il arriverait logiquement que les deux écritures, manifestations spontanées de ces deux natures, seraient les mêmes. Mais il n'en est jamais ainsi. La grande richesse du monde intellectuel et moral, comme celle du monde physique, c'est de montrer, variées en quelque sorte à l'infini, les individualités, tout en les composant de qualités spéciales communes à beaucoup d'autres.

Puisque nulle écriture ne ressemble rigoureusement à une autre écriture, mais que, cependant, il y a des traits communs qui établissent des ressemblances générales, il est facile de conclure que la science graphologique, comme toutes les sciences naturelles, doit avoir sa classification. Classifier, c'est former des groupes, afin de les comparer ensemble, c'est assigner à chacun de ces groupes des caractères communs qui aident à les reconnaître.

Les classifications, c'est reconnu de tous, ont le double avantage de tracer à l'esprit une *méthode* ou procédé pour arriver à la connaissance des phénomènes, — ici, les phénomènes ce sont les manifestations multiples de l'âme par les traits graphiques, — et d'offrir un *système* ou ordre de distribution de ces phénomènes, qui les représente dans leurs rapports.

Du moment qu'il existe des traits qui peuvent être groupés de manière à former des genres et des familles, et que ces groupes de traits correspondent à des groupes de facultés, d'instincts, de caractères, etc., nous sommes en pleine science ; les groupes principaux forment les familles naturelles, lesquelles à leur tour font partie de groupes plus généraux que nous appelons classes.

Il eut été bien maladroit, en inaugurant la science nouvelle, de ne pas lui assurer le bénéfice de ce procédé si simple, qui aide tant l'esprit, et jalonne si admirablement le terrain jusque-là inconnu où l'on s'avance.

Voici comment nous distribuons, systématiquement, les signes graphiques qui nous sont fournis par les traits de l'écriture. Prenons un exemple : *Signe graphique de la sensibilité*, l'une des manifestations de l'âme les plus remarquables. Nous partons des espèces ou nuances de signes qui nous donnent les diverses sensibilités, et nous les plaçons à la colonne des *espèces* ou *nuances*.

Nous plaçons le signe plus général de la sensibilité à la colonne des *genres* ou *groupes*.

Mais la sensibilité répond à un ordre dans lequel elle entre, celui des manifestations. Elle est la *manifestation affective*, et nous la mettons à la colonne des *ordres* ou *familles*.

Enfin cette famille de traits manifestant l'affectivité, appartient elle-même à un groupe général compris à son tour dans une division dernière, les *facultés*, division qui forme la *classe*.

Nous avons donc, pour la sensibilité, le tableau suivant :

CLASSES de SIGNES.	ORDRES ou FAMILLES de SIGNES.	GENRES ou GROUPES de SIGNES.	ESPÈCES ou NUANCES de SIGNES.
FACULTÉS DE L'AME.	MANIFESTATION AFFECTIVE.	*Sensibilité.*	*Sensibilité* faible. *Sensibilité* vraie. *Sensitivité* ou *Sensibilité* excessive.

Je n'attache d'autre importance à cette forme de classification, que celle de satisfaire l'esprit, d'aider la mémoire, et de donner à la science nouvelle l'exposition classique en quelque sorte, à laquelle elle a droit comme science d'observation. Toute classification étant un système, ce système peut avoir différentes formes. Au fond et dans la pratique, comme par exemple en histoire naturelle pour le règne végétal, où l'on s'occupe spécialement des familles, il arrive qu'en graphologie, on cherche de suite à quel genre et à quelle famille de traits appartient chacun de ceux qui frappent dans une écriture.

C'est là le procédé logique, celui qui amène immédiatement un résultat.

Pour faire une analyse complète de l'âme humaine, il y a quatre groupes dominants à établir, qui en réalité en forment huit.

I. 1. Les facultés.
II. 2. Les instincts. 3. La nature. 4. Le caractère.
III. 5. L'esprit. 6. Les aptitudes. 7. Les goûts.
IV. 8. Les passions.

Ce sont quatre grands aspects sous lesquels se produit le travail psychologique.

Les instincts, la nature et le caractère, sans se confondre, ne sont pas aussi distincts que, par exemple, les facultés et les passions. Il en est de même de l'esprit, des aptitudes et des goûts. J'ai pensé toutefois qu'il ne fallait pas s'en tenir à ces quatre groupes, mais étendre autant que possible les divisions rationnelles. Nos huit groupes embrassent l'âme tout entière. Nous avons donc les huit grandes classes suivantes :

I. Facultés. II. Instincts. III. Nature. IV. Caractère. V. Esprit. VI. Aptitudes. VII. Goûts. VIII. Passions.

Nous allons maintenant suivre la classification, et indiquer à chaque groupe le signe graphologique qui le constitue. C'est là véritablement la substance de la science nouvelle, son moyen sérieux et pratique d'application. Le travail pourrait être plus développé encore, chaque signe pouvant avoir, en quelque sorte, sa monographie. Mais c'eût été étendre ce livre outre mesure, et peut-être fatiguer le disciple, pour trop vouloir lui faire saisir des nuances auxquelles, par la pratique, il arrivera facilement de lui-même.

1re CLASSE. — FACULTÉS.

MANIFESTATIONS DE L'AME.

On sait que l'âme, étudiée dans son activité et son développement, se manifeste de trois manières. Quand elle perçoit des faits, qu'elle produit des idées, et que d'idées déjà connues elle déduit d'autres idées, elle a sa *manifestation intellectuelle*. Quand elle s'impressionne, qu'elle aime ou qu'elle hait, qu'elle attire ou qu'elle repousse, elle a sa *manifestation affective*. Quand elle exerce sa force de discernement et de détermination, elle a sa *manifestation volontaire*.

Ces trois grands points de vue embrassent la psychologie tout entière ; et la graphologie qui n'est autre chose que de la psychologie, pour ainsi dire, en relief, n'eût pas pris sa place parmi les sciences sérieuses si elle n'avait pas pu, parallèlement à la psychologie, sa sœur, saisir l'âme humaine et la montrer dans l'expression graphique, comme la psychologie la voit dans le travail intime de la conscience, *mens sui conscia.*

Cette partie de notre méthode est donc capitale : c'est celle à laquelle il faut s'attacher, parce que là, les signes graphologiques ont une netteté et une précision remarquables, et que, possédant, à l'aide des signes, l'être intelligent, sensible et libre, l'ayant jugé au point de vue de ces trois facultés prodigieuses qui font de l'âme humaine la trinité terrestre, on a pris l'homme au vif, on le tient dans sa substance native.

1ᵉʳ ORDRE DES SIGNES.
MANIFESTATIONS INTELLECTUELLES

L'âme produit des idées, et déduit des idées d'autres idées.

En classifiant les écritures intellectuellement, je suis arrivé à trois grands groupes intellectuels qui répondent aux trois grandes manifestations du procédé cérébral produisant la pensée.

I. Les écritures intuitives.
II. Les écritures équilibrées.
III. Les écritures déductives.

Etudions bien le tableau suivant :

CHATEAUBRIAND.

MANIN.

MAZARIN.

I. Cette écriture, celle de Châteaubriand, prise pour type, nous donne l'intuivité pure.

II. Cette écriture, celle de Manin, nous donne l'équilibre de l'intuitivité et de la déductivité.

III. Cette écriture, celle de Mazarin, nous donne la déductivité pure.

Mais, dans ce tableau, les facultés sont très-tranchées, et la nature procède autrement que les analystes. Elle ne va pas par dissonnance, mais par nuances : *Natura non facit saltus*. Nous concevons en effet des cerveaux intuitifs légèrement nuancés de déductivité.

J. J. A. AMPÈRE.

Et des cerveaux déductifs légèrement nuancés d intuitivité.

JULES SIMON.

Nous avons donc la série complète.
I. Intuitifs purs : écriture-type, Châteaubriand.
II. Intuitifs un peu déductifs : écriture-type J. J. A. Ampère.
III. Equilibrés, à la fois intuitifs et déductifs : écriture-type, Manin.
IV. Déductifs un peu intuitifs : écriture-type : Jules Simon.
V. Déductifs purs : écriture-type, Mazarin.

Voilà la série complète avec les nuances. Si nous négligeons les nuances pour demeurer dans les trois grands groupes, nous revenons aux trois types supérieurs représentés par Châteaubriand, Manin et Mazarin. Alors la nuance Ampère rentre naturellement dans les intuitifs, la nuance Jules Simon rentre dans les déductifs.

La nature a si diversement partagé les dons de l'intelligence, et en même temps elle a mis, dans ces combinaisons multiples, des variétés si curieuses qu'il me paraissait d'abord d'une difficulté colossale de trouver sur cela une classification naturelle, qui embrassât complètement tout l'ensemble des grands phénomènes par lesquels se manifeste la pensée. Je dois le dire, avec le sentiment de plaisir que donne une vérité trouvée, j'attache quelque gloire à la découverte de ces cinq groupes graphiques, — nous avons vu qu'on peut les réduire à trois, — dans lesquels viennent se placer naturellement toutes les écritures possibles.

Je suis convaincu que, lorsque ce point de vue aura été bien saisi, ce sera un immense jet de lumière tombé sur la science graphologique, et qu'il n'y aura pas d'étude pour laquelle on se passionnera plus fortement que pour celle qui ira ainsi suivre chaque individu dans la manifestation spontanée de son être pensant.

Or, la découverte des signes graphologiques correspondant à cinq manifestations intellectuelles, donnant par conséquent l'organisation cérébrale de l'homme, a consisté à comparer des centaines d'écritures d'intuitifs, de déductifs et d'équilibrés. Et, prenant au hasard dans des milliers d'autographes, il s'est trouvé : 1° que tous *les intuitifs purs juxtaposent par instinct leurs lettres, même des jambages de leurs lettres comme les* m *et les* n *sans les lier ensemble* ; nous avions donc là le signe graphique ; 2° que tous les *équilibrés*, à la fois intuitifs et déductifs, ont à peu près autant de lettres liées que de lettres *juxtaposées* : autre signe graphique ; 3° enfin, que *les déductifs purs ont toutes les lettres liées ensemble, souvent même des mots liés à d'autres mots*.

1re CLASSE, FACULTÉS. — 1er ORDRE, MANIFESTATIONS INTELLECTUELLES.

Ier GENRE, INTUITIVITÉ PURE.

Faculté de conception et de création.

Etudions le premier cas, celui de l'intuitivité pure. La plume semble se refuser à l'impétuosité de la pensée.

Celle-ci imprime à la main un mouvement brusque, qui fait tracer rapidement les éléments des lettres rigoureusement indispensables pour que le mot puisse être lu. D'ordinaire : 1° *les lettres se redressent ;* 2° elles sont d'une *sobriété rigoureuse :* le s minuscule est un simple trait légèrement sinueux ; l'*e* et le *c* se confondent ; 3· les *majuscules ne sont que des minuscules plus hautes,* à moins que l'intuitif ne soit poète ; alors, — Ex. Victor Hugo, — il a de belles majuscules typographiques, mais toujours sobres dans le développement de leurs jambages.

On ne se trompera jamais sur les intuitifs purs, aux signes que nous venons d'indiquer. On peut suivre ces signes, surtout le signe capital, *la juxtaposition des lettres non liées,* dans les écritures-types suivantes qu'on trouvera dans nos collections de *la Graphologie :* Talleyrand, Victor Hugo, Jouffroy, Carnot, Châteaubriand, Gioberti, Michelet, Boileau, le chevalier Bayart, Victor Cousin, Mazzini, Lalande, Verdi, le baron des Adrets, Granier de Cassagnac père.

Donnons comme écriture-type de l'intuitivité, l'écriture de Châteaubriand.

Il est très-facile de savoir et de dire que Châteaubriand a été un grand idéaliste, un utopiste et un rêveur. C'est su de tout le monde. L'auteur d'*Atala* et de *René* a été un esprit maladif et rêveur, une âme mélancolique. Toute sa vie politique a été celle de l'utopiste, arrivant à la démocratie dans ses premières études, adoptant le royalisme sous le despotisme impérial, faisant opposition aux Bourbons au nom du libéralisme, et mourant en proclamant la république représentative comme la forme parfaite de l'organisation sociale, élaborée dans le monde occidental par la trituration des idées de l'Evangile.

Paris, 1er Oct. 1839.

Je n'ai connu, monsieur, qu'hier au soir, l'obligeant article inséré dans la galerie populaire. Je m'empresse de vous en offrir mes sincères remerciments............ .... Votre

valent seul a pu dire, Mourez
que je commande à la mort ; je
suis reconnaissant ... soit très humble
serviteur et toujours prêt à partir,
quand il lui plaira..................
Agréez, je vous prie, M. ......
....
                Chateaubriand

Quand on a lu quelques pages du père des romantiques, on se hâte de le classer parmi les idéalistes de premier ordre.

Or, maintenant, devant cette situation intellectuelle nettement mise en évidence par l'histoire contemporaine, que nul ne s'avisera de contester, je viens placer les signes graphologiques que j'ai donnés à l'idéalisme, à l'utopie, à la rêverie. S'il y a parfaite identité de mon signe et du caractère très-connu de Châteaubriand, et, quand je dis de Châteaubriand, de toutes les natures idéalistes comme la sienne, de tous les cerveaux exclusivement aptes aux conceptions spéculatives, il demeure établi qu'il y a un signe graphologique nettement révélateur de ce genre d'*intuitifs* qu'on appelle des *idéalistes*, des *spéculatifs*, des *utopistes*, des *rêveurs*.

Dans Châteaubriand, l'activité cérébrale est telle, le mouvement de conception qui emporte l'esprit est si rapide, si brusque, que la plume, sous l'influence de la divinité, de l'enthousiasme, *deus, ecce deus !* n'a pas le temps, la possibilité même de tracer les lettres dans leur plus simple connexion, que nulle lettre ne se lie aux autres, que souvent la lettre, qui a trois jambages comme l'*m* minuscule, est coupée en trois et forme trois lettres, que le *n* est coupé, de même, et forme deux lettres. Chose plus curieuse, Châteaubriand a trouvé le secret, en écrivant, de faire deux lettres, d'une lettre éminemment simple, telle que l'*e* minuscule, il la coupe en deux; il en fait autant du *c*. En sorte que, par un étrange phénomène graphique, il y a des lettres un peu compliquées telles que l'*s* qu'il réduit à une simple courbe, comme à la fin du mot *remerciements*, et d'autres qu'il dédouble, toutes simples qu'elles sont, comme l'*e* et le *c*.

De plus cette tête est tellement dans les nuages, elle est tellement livrée au rêve, à la contemplation, à la poésie idéale, aux conceptions étranges et irrationnelles, qu'elle ne prend pas la peine de donner une forme rigoureusement passable aux plus simples lettres. Il écrit *Jeris* pour *Paris*, le 8 de 1839 est un *s* un peu allongé. *Populeire* remplace *populaire*; et enfin, son propre nom, dans la signature, est entièrement défiguré : nous y lisons *Châteaubrend* au lieu de Châteaubriand. La pensée vagabonde, bizarre, sans règles d'art qui la retienne, va en même temps écrire le *v* minuscule de *vous* avec une grande et belle lettre contournée et étrange, que la plume semble avoir pris plaisir à buriner avec un goût singulier mais artistique.

Nous venons de montrer, par l'exemple de l'écriture de Châteaubriand, comment l'intuitivité a sa manifestation si spéciale.

Une fois que l'œil sera accoutumé au signe-type de l'intuitivité, il arrivera aux nuances. Il faut remarquer que les nuances sont surtout données par les autres signes types qui se trouvent dans chaque écriture.

Victor Hugo est, par son écriture, impressionnable, sensitif. Châteaubriand est froid de cœur, presque glacial. Dans les sujets littéraires, l'un aura une fougue passionnée qui manquera à l'autre.

Michelet a le signe graphologique de l'imagination, Gioberti a le signe de la sécheresse. Michelet donnera naturellement dans l'utopie. Gioberti évitera cet écueil.

Voici comment nous classerons les écritures-types des nuances de l'intuitivité.

1º *Idéalisme.* Gioberti, — Jouffroy, — beaucoup de métaphysiciens.

2º *Théorie.* Victor Cousin, — le docteur Alibert, — Buonaparte (Napoléon 1er), — Charles Lullier. (*I*).

3º *Système.* Mazzini, — Lalande, — Granier de Cassagnac père, — Marcel Barthe, — le baron des Adrets.

4º *Pensée.* Talleyrand, — Beaucoup de penseurs.

5º *Création.* De grands artistes, — Verdi, — Auber.

6º *Imagination.* (Production d'images), — L'Arioste, — Viennet, — Châteaubriand, — beaucoup de poètes,— Victor Hugo, — Marie Stuart, — Marie-Antoinette, — Michelet,— la citoyenne Théroigne, général d'armée,— Luchessi-Palli, — Feydeau, — Taylor.

Je n'ai pas besoin de dire que, généralement, celui qui est intuitif est théoricien, systématique, producteur de pensées, justes ou non justes, voyant en toutes choses le côté idéaliste, et peu le côté réalisable et pratique.

Les hommes d'intuitivité ont puissance prédominante de produire l'idée. Même dans les conditions vulgaires, parmi le peuple où l'esprit a reçu peu de culture, les cerveaux intuitifs sont ouverts à l'idéalisme, aux théories, aux systèmes. Ces hommes ont leur pensée à eux, bizarre, étrange, extravagante; mais ils pensent par eux-mêmes: ils sont peu assimilateurs; ils cherchent par instinct dans leur propre fond.

Les intuitifs ont peu de logique. Ils dépensent trop au travail de *la vue des idées*, pour beaucoup s'occuper de leur *enchaînement*.

Ire CLASSE, FACULTÉS.
Ier ORDRE, MANIFESTATIONS INTELLECTUELLES.

II° GENRE, *EXCÈS DE L'INTUITIVITÉ*.

Les excès de l'intuitivité sont le *paradoxe*, l'*utopie*, le *rêve*. L'âme va trop loin : elle se perd dans les espaces où elle se jette.

Ecritures-types des nuances :
7° *Paradoxe*. Châteaubriand.
8° *L'utopie, le rêve*. J. Journet. Un homme qui écoutait un jour J. Journet, se demanda s'il était fou lui-même, ou si c'était l'orateur.

En général les intuitifs purs sont peu sensibles : leurs lettres se redressent considérablement. Quoique l'intuition dans l'âme humaine ne soit pas exclusive de la sensibilité, il est positif que le travail perpétuellement idéaliste, théoricien, penseur, nuit toujours un peu au mouvement sensible. On ne cultive pas simultanément les deux côtés pour ainsi dire opposés de l'âme.

J'ai fait aussi cette remarque importante, que les grands intuitifs ne sont pas féminins. Ils ont la virilité intellectuelle. Celle-là a tout absorbé en eux. Aussi ils sont généralement stériles. Victor Hugo a un côté féminin : il laisse des enfants. Ni Talleyrand, ni Michelet, ni Jouffroy, ni Cousin, ni Lalande, ni Châteaubriand n'ont de postérité. Par la même raison, les femmes à la forte pensée, puissamment intuitives, ne sont pas fécondes, ou ont peu d'enfants.

Prenez, en la découpant, une ligne d'écritures sur un certain nombre d'autographes d'intuitifs purs ; mélangez le tout ; et il vous sera difficile d'attribuer telle ligne à l'un plutôt qu'à l'autre des hommes illustres de cette catégorie d'intelligences, tellement le procédé intellectuel qui a produit la pensée est le même, et tellement la main a obéi docilement à l'inspiration du cerveau qui a imposé à la plume des formes semblables. Mais, dans ces lignes mélangées, vous retrouveriez à l'inclinaison des lettres, l'écriture de Victor Hugo, l'un de ces intuitifs nettement sensibles. Par contre, cette grande sensibilité dans Victor Hugo a fait logiquement que, quoique très-idéaliste, il est plus poète, plus homme d'imagination créatrice allant jusqu'à la bizarrerie et à l'étrangeté, que profond penseur. La double puissance de sensitivité et de poésie laisse moins de place à la puissance pensante.

Ire CLASSE, FACULTÉS.

Ier ORDRE, MANIFESTATIONS INTELLECTUELLES.

IIIe GENRE, DÉDUCTIVIVITÉ PURE.

Faculté de comparaison et de liaisons d'idées.

Venons maintenant au mouvement cérébral qui est directement opposé à celui dont nous venons d'étudier l'expression graphique. Il n'a pas sa manifestation moins nette, moins caractéristique : *la liaison* en quelque sorte

affectée *des lettres, qui d'un seul mot ne fait qu'une lettre, et souvent de toute une ligne un seul mot.* C'est bien remarquable dans l'écriture de Mazarin. (Voyez page 133).
où les quatre mots « *de me les donner* » n'en forment qu'un seul. Il en est de même dans celle de Bossuet, il signait : *J. Benigne E. de Condom ;* mais dans son autographe tout se tient, et nous avons « *JBenigneEdeCondom.* » Mirabeau fait la même chose.

Prenons pour type l'écriture de Mme de Maintenon, mouvement cérébral est fortement marqué par la liaison des lettres. Mme de Maintenon a quelques *ruptures de la liaison des lettres ;* mais c'est si peu de chose que nous tomberions dans la puérilité si nous tenions compte de ces exceptions insignifiantes.

De même que, dans l'écriture des intuitifs purs, il peut se trouver çà et là quelques lettres liées, dans l'écriture des déductifs purs, il peut se trouver quelques brisures. C'est l'ensemble de l'écriture qu'il faut juger; et ceci doit être pris pour règle.

ÉCRITURE DE Mme DE MAINTENON. *Les déductifs purs.*

On voit que, dans le phénomène de la déductivité, le procédé producteur des lettres est diamétralement opposé à celui de l'intuitivité. Les intuitifs donnent à leur pensée la manifestation la plus brève, la plus sèche en quelque sorte, celle qui gêne le moins, par sa simplicité presque grossière, l'éclosion instantanée de l'idée sur le papier. Les déductifs, au contraire, par l'habitude de lier des idées, de les tirer les unes des autres, de faire sortir les conséquences des principes, et de tout coordonner dans les éléments du procédé dialectique, pour produire cette forte explosion de pensées humaines enchaînées qui s'appelle le raisonnement, sont amenés, comme traduction instinctive aux regards de ce qu'ils font intellectuellement dans la mystérieuse combinaison de leurs idées, à ne former qu'un seul tout, bien lié, bien compact, des lettres qui composent le mot, et quelquefois, nous l'avons vu, de plusieurs mots composant le même membre de phrase. C'est étrange, mais c'est ainsi.

Dans mon livre de l'*Histoire de l'Ecriture* (1), j'ai longuement étudié le curieux phénomène par lequel les peuples d'Orient, les races sémitiques principalement, toutes livrées à la sensation, aux impressions du monde extérieur, vivant de poésie, de contemplation, perpétuellement emportées dans le monde des intuitions, de l'idéalisme, inhabiles à ce qui est précision, déduction rigoureuse, analyse, étrangères à la philosophie critique, ont l'écriture nettement intuitive, aux lettres juxtà-posées sans liaison, telle que l'égyptien hiératique et démotique, le phénicien, le samaritain, l'hébreu carré, et tous les dérivés du phénicien dans l'Asie occidentale, pendant que les races raisonneuses, logiciennes, livrées à la philosophie, à l'analyse, à la critique, cherchant les raisons de tout, et vivant de l'esprit réalisateur, positif et pratique, telles que celles du monde grec et latin, et maintenant le monde occidental comprenant l'Europe, l'Amérique et tous les pays habités par des Européens, ont été amenées à lier leurs lettres dans les écritures courantes.

Il y a deux mondes qui ne se ressemblent pas dans leur organisation cérébrale. L'un est le monde de l'impres-

(1) Ce livre est sous presse, et paraîtra en 1880.

sion, l'autre, celui du raisonnement (1). Les écritures de l'un devaient être la négation des écritures de l'autre. L'Orient intuitif, idéaliste, devait avoir l'écriture intuitive ; il est tout à l'instinct ; l'Occident, déductif, logicien, raisonneur, qui est tout à la réflexion, devait avoir l'écriture déductive, comme dans notre Europe, les esprits organisés en quelque sorte e l'orientale ont l'écriture de l'intuitivité, les esprits de l'Occident qui ont les tendances raisonneuses, montrent ces tendances par leur penchant à lier les lettres. L'Orient est mystique et sensuel. Il se repait d'image ; il idéalise tout : profondement religieux, il est propre à l'extase, à l'illuminisme, à la prophétie. L'homme de l'Orient voit Dieu. L'Occident est philosophe, métaphysicien, analyste, critique. Il aime la dialectique qu'il pousse jusqu'aux finesses de la subtilité, jusqu'aux arguties et aux sophismes. Il se tient à la raison froide, réfléchie ; l'abstraction l'attire, et il s'y complaît ; la géométrie lui va, et, comme Pascal, il l'invente au besoin, si elle ne lui est pas enseignée par des livres ; il regimbe contre la foi, et il ne veut arriver à Dieu que par la raison.

Tout cela explique les deux formes opposées de l'écriture. L'une est celle de l'inspiration et de l'idéal ; elle jaillit brusque et sèche du roseau noirci ou de la plume ; l'autre est celle des investigations rationnelles. Elle forme le chaînon des lettres, comme elle forme le chaînon des idées.

Ce que la linguistique avait déduit de la comparaison des langues sémitiques et ariennes, la Graphologie le met en relief par une manifestation en quelque sorte matérielle du génie de ces deux mondes, le monde sémitique et le monde indo-européen. Il faut mettre en présence pour cela deux spécimens d'écriture courante orientale, et d'écriture courante grecque, d'époques reculées.

(1) Michelet avait entrevu cette grande loi qui divise l'humanité en deux groupes : « Telles nations sont relativement à l'état instinctif, telles à l'état de réflexion. » (*Le Peuple*, page 258.)

Dans le papyrus démotique provenant du *Serapeum* de Memphis, quelques lettres, sous un faible mouvement de déductivité, sont liées çà et là. Mais le caractère d'écriture intuitive, idéaliste, est dominant. Il frappe au premier aspect. Avec quelle vigueur les lettres se détachent les unes des autres !

ÉCRITURE D'ÉGYPTIEN DÉMOTIQUE.

Les intuitifs purs.

Prenons maintenant une écriture courante grecque, et mettons-la en opposition avec la précédente. C'est évidemment le trait graphique inspiré par le fluide nerveux, dans un sens diamétralement différent.

Ici le scripteur a cédé au penchant déductif et logicien. Il a écrit sous l'impression d'idées qu'il a voulu enchaîner.

Son écriture est ardente, impétueuse ; c'est un vif, un ambitieux, un homme de grande imagination, mais un positif et un pratique.

Comparez son mouvement scriptural à celui de l'écriture égyptienne (lisez le grec de gauche à droite comme notre écriture moderne ; l'égyptien se lit de droite à gauche), la liaison des lettres est fréquemment indiquée.

ÉCRITURE GRECQUE ANTIQUE (contrat de vente).
Les déductifs.

Cet autographe nous rappelle involontairement certaines écritures françaises illisibles, tant le mouvement de liaison des lettres le rapproche de nos écritures européennes à ligatures.

Il reste certainement une grande place dans ce cerveau à l'intuitivité, à l'idéalisme. Bon nombre de lettres sont disjointes, mais la déductivité domine.

Il faut songer que ceci a été écrit dans l'antiquité, où l'humanité vivait beaucoup d'idéalisme.

Dans les conférences où j'ai exposé cette théorie, qui confirme si puissamment la donnée fondamentale de la Graphologie, le public penseur et lettré a été frappé vivement de la démarcation qui sépare avec tant de netteté les écritures de l'Orient occidental où vivent encore les races sémitiques (les Arabes), de nos écritures occidentales formées sous l'influence du génie indo-européen, logicien et raisonneur. Il y a deux mondes séparés fortement par leur organisation pensante. Leur écriture devait rendre cette différence tranchée ; autrement le système graphologique eût été radicalement faux.

Ce qui établit d'une manière plus décisive encore la justesse de ce point de vue, c'est que l'écriture arabe moderne a adopté quelques ligatures, a proportion que, selon l'activité des idées et les modifications que le temps apporte dans le mouvement pensant des races humaines, cette race si intelligente est entrée dans le courant intellectuel, philosophique et savant du monde occidental. L'influence grecque l'a profondément pénétrée. Aussi son écriture a quitté peu à peu la forme sèche et disjointe des types qui ont précédé le Koufique, et a adopté certaines ligatures qui se voient dans le Nesky. La race, ou plutôt la partie lettrée de la race, cessant d'être purement idéaliste et intuitive, a pris quelque chose du mouvement d'écriture qui rend un peu la log...., l'enchaînement des idées, le positivisme, la pratiqu ?

Classons maintenant les écritures-types des n......es de la déductivité pure.

9° *Logique.* Bossuet, — Mazarin, — Bismarck, — Lamennais, — Gustave-Adolphe, — F. Arago, — Gay-Lussac, — O'Connel, — Carrier, — Caussidière.

10° *Dialectique.* Calvin, — D'Alembert, — Proudhon, — E. Pelletan, — Edmond About, — Louis Blanc, — Albert de Broglie, Emile Ollivier.

11° *Assimilation.* Klopstock, — H. Vernet, — Babeuf, — Mérimée, — Thalberg, — Adelina Patti, — Mad. de Maintenon, — Louis XVI, — le grand Frédéric, — Landseer, — la duchesse d'Abrantès, — Decamps, — Eugène Delacroix, — Walter Scott.

12° *Classification.* Berzelius, — Viollet-Leduc, — Babinet, — Quatremère, — Cuvier.

13° *Positivité.* L'empereur Auguste, — Henri IV, — maréchal de Saxe, — Louis XVIII, — Louis Philippe, — Washington, — Palmerston, — l'empereur Nicolas, — Barras, — Olivier Cromwell, — Lincoln, — Marie-Thérèse, — la duchesse d'Angoulême.

14° *Pratique.* Parmentier, — le grand Condé, — Saint Charles Borromée, — Achille Fould, — Richard Cobden, — l'abbé de Rancé, — Orélie Ier, — F. de Lesseps, — Juarez, — Belzunce, — Brougham.

N'oublions pas d'appliquer ici la règle capitale que nous avons établie pour les intuitifs purs. Tel déductif peut être à la fois logicien, assimilateur, classificateur, positif et pratique. Il est évident que le même cerveau peut avoir les nuances de la faculté dominante qu'il possède.

Cependant un cerveau peut n'être remarquable que par une seule nuance. Par exemple, tel puissant assimilateur comme tel classificateur, peut manquer de plusieurs autres nuances de la déductivité.

Ire CLASSE, FACULTÉS.
Ier ORDRE, MANIFESTATIONS INTELLECTUELLES.
IVe GENRE. — EXCÈS DE LA DÉDUCTIVITÉ.

Les déductifs extrêmes

Nous avons maintenant à étudier cette brillante faculté raisonneuse dans les excès où elle tombe, à force d'appliquer trop rigoureusement le procédé logique. Cela nous donne psychologiquement un groupe nouveau d'esprits qui tiennent au groupe précédent, mais qui s'en détachent, parce qu'ils poussent la raison à l'extrême, que la raison poussée à l'extrême amène l'absolu, et que l'absolu, introduit dans l'ordre des choses contingentes, devient le faux et l'absurde.

Les excès de la déductivité sont la subtilité et le sophisme.

Ecritures-types de la déductivité en excès.

15° *Subtilité*. Landriot, — les scolastiques, — beaucoup d'hommes du barreau.

Le signe graphologique est complexe. Il se compose ainsi :

Ecriture liée (*logique*),
Ecriture petite ou gladiolée (*finesse*), } *Subtilité*.

16° *Sophisme*. Proudhon, — Babeuf, — Emile Olivier, — Mérimée.

Le sophiste produit un raisonnement captieux qu'il croit juste, parce que son esprit logicien a poussé trop loin la facilité d'en enchaîner la trame. C'est du faux or qui a tout l'éclat du vrai.

Dans le groupe intellectuel, la famille des déductifs, des logiciens, des raisonneurs est la plus nombreuse. Parmi les esprits cultivés, en raison des longues études et de l'exercice classique, et surtout de la fréquentation du monde et de la trituration des affaires où il faut faire preuve de liaison d'idées et de logique, sous peine d'être classé parmi les incapables et les imbéciles, il s'est fait un travail qui a familiarisé la classe lettrée avec les procédés de la déduction. On n'est pas un génie hors ligne parce qu'on a de l'intuition : on n'est pas un esprit du commun parce que la déductivité domine en nous. La graphologie ne mène pas à ces conclusions absurdes. Seulement, comme il n'y a que quelques natures exceptionnelles chez lesquelles l'intuition domine fortement, et que le lot rationnel de l'humanité, dans notre monde indo-européen, est la grande puissance de l'assimilation et de la logique, il se trouve que les signes graphiques de cette dernière aptitude de l'âme humaine sont les plus répandus dans les écritures C'est déjà une grande chose que d'avoir sa belle et noble place parmi les esprits cultivés, les esprits d'élite de son siècle. Tout le monde ne peut pas avoir tenu dans ses mains les destinées de l'Europe comme Talleyrand, ni avait écrit les *Misérables* comme Victor Hugo.

Le signe-graphique de la déductivité dans les écritures est l'inverse du signe-graphique de la famille des écritures intuitives : *la liaison des lettres dans le même mot*. L'intuitif trouve des idées et les juxtapose ; le déductif n'en trouve pas ou en trouve peu ; mais il s'assimile, avec une rapidité merveilleuse, celles qui sont du domaine public, que les entretiens des hommes supérieurs ou les livres lui apportent journellement. Il les prend, les tient, les enchaîne avec habileté, les fait siennes.

Les intuitifs s'égarent quelquefois dans la vaste région de l'utopie et du rêve. Les déductifs se traînent souvent dans le lieu commun, qui leur plaît, parce qu'il ne demande pas d'efforts d'intelligence pour se caser dans les lobes du cerveau, encore moins d'efforts d'intelligence pour le défendre dans le public où il a éternellement droit d'asile. Cela va au plus grand nombre.

Il y a des déductifs qui sont des hommes de génie, des savants, des artistes, des inventeurs, des orateurs surtout. C'est une autre forme du mouvement intellectuel de l'âme humaine.

Dans toutes les écritures des déductifs, outre les lettres liées, il y a encore un autre signe graphique de grande importance, c'est le *d* minuscule qui, par sa destination, devrait s'arrêter dans sa courbe de droite à gauche, et qui, par un mouvement fort significatif, se replie sur lui-même en liaison descendante pour se joindre à la lettre suivante de gauche à droite.

Le *d* minuscule normal se termine isolément dans l'air; mais, ici, il quitte son mouvement vers la gauche pour se courber et retourner à droite se lier à la lettre qui vient ensuite. Ce mouvement est anormal ; il n'a jamais été enseigné par aucun maître d'écriture : mais il répond parfaitement à l'instinct qui fait lier les lettres ; et, par instinct, les déductifs l'adoptent.

Voyez dans l'écriture de Mazarin, page 133, plus haut, le *de* dans les mots : *prier de me ;* et dans l'écriture de Mme de Maintenon, première ligne, le mot *Madame ;* le *d* est toujours lié de gauche à droite avec la lettre suivante. Cette courbe dit nettement la liaison des idées, sans laquelle l'assimilation, le procédé déductif et logique ne se comprennent pas.

Il est évident que la faculté déductive peut n'être en nous qu'à l'état d'instinct, comme dans Henri IV, ou être développée par le long exercice de la pensée, comme dans Bossuet, dans Mirabeau. Ces choses-là se supposent. Il est évident aussi qu'il y a, dans cette faculté, une échelle de développement où certains esprits occupent le premier rang, ce qui constitue les forts déductifs, et où d'autres se trouvent à un échelon inférieur.

J'ai fait ce rapprochement curieux que, dans la famille des intuitifs où le cerveau est perpétuellement en activité pour produire, on ne trouve pas beaucoup d'écritures sensibles, pendant que, dans cette famille des déductifs, il y en a peu qui ne disent pas de la sensibilité. Tout se correspond dans l'âme humaine. Il y a des facultés qui n'anihilent pas nécessairement les autres, mais qui en arrêtent le développement.

RÈGLE GÉNÉRALE : Toute écriture où dominent les liaisons des lettres entre elles appartient aux déductifs, aux hommes d'assimilation et de logique, qui ne trouvent pas, ou trouvent peu, mais qui s'approprient facilement ce que d'autres intelligences ont trouvé, et qui souvent en déduisent plus énergiquement et surtout plus pratiquement les conséquences que ceux qui ont trouvé.

Ire CLASSE, FACULTÉS.

Ier ORDRE, MANIFESTATIONS INTELLECTUELLES.

Ve GENRE, ÉQUILIBRE DE L'INTUITIVITÉ ET DE LA DÉDUCTIVITÉ.

Développement des deux forces de conception et de comparaison.

Ce groupe intéressant des écritures correspond à ce groupe d'intelligences qui ont puissance égale d'intuition et de déduction, d'idéalisme et de logique. Ce sont des esprits équilibrés, capables de création d'idées et d'assimilation d'idées, qui conçoivent aussi facilement qu'ils raisonnent. Les hommes penseurs et raisonneurs ont reçu une organisation bien belle : ce sont presque toujours des encyclopédiques : ils sont aptes à se livrer à toutes les connaissances humaines, et ils peuvent y réussir.

Leur écriture est équilibrée, comme leur organisation intellectuelle. Elle comporte à peu près autant de lettres non liées (*puissance créatrice*) que de lettres liées (*puissance logicienne*). Le signe graphique est facile à saisir. Il n'y a pas à compter puérilement la quantité bien égale de lettres d'une façon et de lettres d'une autre façon. Il est bien facile de voir, sur une page d'écriture, *s'il y a à peu près autant de brisements que de ligatures de lettres.*

Quand ce signe se trouve, nous avons l'équilibré, le penseur raisonneur. Nous avons défini cet équilibre, *la faculté de développer simultanément et en harmonie les deux forces de conception et de comparaison.*

C'est une faculté brillante, assurément. Toutefois, elle porte en elle ceci, qu'elle a plus d'étendue que de profondeur. Le cerveau humain, chez les encyclopédiques, ne peut pas se rendre fort sur tous les points des connaissances humaines, objet de son étude. Il reste logiquement superficiel, s'il n'a pas l'habileté d'éliminer pour quelque temps ses mille connaissances variées, et de se rendre puissant sur l'une d'elles, c'est-à-dire de devenir spécialiste.

Nous pouvons donner comme type d'*écriture équilibrée*, celle de M. Thiers. Si nous examinons les mots dans lesquels se trouvent les deux signes de l'intuitivité et de la déductivité, nous avons la preuve d'une organisation cérébrale très-fortement équilibrée. En suivant tout l'autographe, il y a à peu près nombre égal de mots qui nous donnent l'intuition, l'idéalisme, le coup d'œil, la puissance de créer, et de mots qui nous donnent la forte déductivité, l'organisation logicienne, le sens pratique et réalisateur. La science nous dit donc un cerveau très-richement doué, une intelligence vaste, encyclopédique, s'étendant en largeur pour atteindre un grand nombre de connaissances humaines, et pouvant descendre en profondeur pour arriver aux conceptions grandes et difficiles, autant que le permet, dans la même organisation cérébrale, l'union des deux forces de conception et de comparaison.

Règle générale : Toute écriture en *mots liés et non liés de nombre à peu près égal*, donne les esprits équilibrés.

.... je ne suis pas en effet
consolé non du sacrifice que j'ai
fait en acceptant la députation. adieu
l'histoire, adieu les arts, l'histoire
qui apprend tout, les arts qui
consolent de tout ! ....
octobre 1863   A. Thiers.

On peut étudier encore l'écriture de Manin, page 133 ci-dessus (1).

Etablissons maintenant la série de nos espèces ou nuances d'écritures équilibrées. Elles nous donneront pour écritures-types.

17° *Equilibre de l'intuitivité et de la déductivité.* — Carnot, — Balzac, — Jules Favre, — cardinal Donnet, — Canrobert, — Mouravief, — Mac-Mahon, — David d'Angers, — Fouquier-Tinville, — Jean-Jacques Rousseau, — Félicien David, — Listz, — George Sand, — Morellet, — saint Vincent de Paul, — Taine, — Gambetta, — Rochefort, — Mad. Victor Hugo, — Berardi, — Gaillardet, — Scribe, — Legouvé, — Donizetti, — Houssaye, — cardinal de Bonald, — Paul de Cassagnac, — Francisque Sarcey, — Paganini, — la Guéronnière.

18° *Encyclopédicité.* Littré, — Renan, — Jules Janin, Alexandre de Humboldt, — J.-J.-A. Ampère, — Le Noir, — Louis Figuier, — Alexandre Dumas fils, — Michel Chevallier, — Piorry.

Ire CLASSE, FACULTÉS,

1er ORDRE, MANIFESTATIONS INTELLECTUELLES.

VIe GENRE. INTUITIVITÉ MÊLÉE D'UN PEU DE DEDUCTIVITÉ.

Faculté de développer les deux forces de la conception et de la comparaison, mais avec prédominance de la force de conception.

Cette belle série d'intelligences a l'immense avantage de l'intuitivité sans en avoir les excès, parce que ce qu'elles ont d'esprit logicien, raisonneur, positif et pratique, — quoique souvent dans une proportion peu forte, — corrige cependant ce que la faculté purement intui-

(1) Je renverrai aussi aux beaux spécimens de l'écriture équilibrée dans la *Graphologie* : Francisque Sarcey, collection de 1873, n° 13 ; Arsène Houssaye, collection de 1873, n° 6 ; — Piorry, collection de 1873, n° 2 ; Louis XIV, collection de 1873, n° 14 ; Paul de Cassagnac, *id. id.*, — Louis Blanc, collection de 1874, n° 2 ; — Le cardinal Regnier, collection de 1874, n° 21.

tive a de dangereux par son penchant à ne voir les choses qu'à leur point de vue idéaliste et théoricien.

Les intuitifs un peu déductifs forment une classe nombreuse et très-belle. Elle nous donne tous les penseurs un peu raisonneurs.

Selon notre principe de l'examen de l'*intensité du signe*, nous jugerons les écritures de cette grande famille graphologique sur le mélange plus ou moins fort de *lettres liées* dans l'écriture intuitive formée par les lettres non liées.

Nous prendrons pour écriture-type celle de Charlotte Corday. Partout le mouvement idéaliste se fait jour. C'est vigoureux de conception ; et cette âme est bien tout entière à la chaleur de la production de sa pensée. Cependant des ligatures viennent réunir des fragments de mots, quelques mots même entiers, tels que *Juillet*. C'est un très-beau spécimen.

Charlotte Corday fut pratique dans la combinaison qu'elle fit pour arriver chez Marat. Cette âme, taillée à l'antique, s'abaissa même jusqu'à écrire à Marat une lettre demandant une audience, qui était loin de faire soupçonner un assassin. Elle trompe aussi son père, en lui laissant croire qu'elle part pour l'émigration.

Nous n'avons pas de nuances à établir entre nos penseurs un peu raisonneurs, sinon celle du développement plus ou moins puissant du côté rationnel dont nous avons parlé. Nous pouvons donc indiquer ainsi nos écritures-types :

19° *Pensée un peu mêlée de logique.* Rouget de Lisle, — La Fayette, — Merlin, — Fouquier-Tinville, — Morellet, — Mad. Elisabeth, — Pie IX, — le président Séguier : « la cour rend des arrêts et non pas des services, » — Jules Sandeau, — Mad. Desbordes-Valmore, — Saulcy, — Berlioz, — Vaquerie, — Offenback, — Arsène Houssaye, — Bancel.

Cette faculté précieuse nous donne des poètes et des artistes enthousiastes comme Rouget de Lisle et Berlioz, des savants pleins de coup d'œil et à conception rapide comme Saulcy, des critiques incisifs comme Morellet, des natures vigoureuses comme La Fayette et le président Séguier.

plus en ce pays, le Ciel nous refuse le bien
de vivre ensemble comme il nous en a refusé
d'autres il sera pétetre plus clément pour nôtre
patrie. Adieu mon cher papa embrassés
ma sœur pour moi et ne m'oubliés pas

       Corday

Ce 9 juillet.

ÉCRITURE DE CHARLOTTE CORDAY.

Iʳᵉ CLASSE, FACULTÉS.
Iᵉʳ ORDRE, MANIFESTATIONS INTELLECTUELLES.
VIIᵉ GENRE, *DÉDUCTIVITÉ MÊLÉE D'UN PEU D'INTUITIVITÉ*

Faculté de développer les deux forces de la conception et de la comparaison, mais avec prédominance de la force de comparaison.

Nous nous trouvons maintenant au pôle opposé des facultés intuitives ; nous quittons l'idéalisme pour aller à la logique, mais non pas à la logique étrangère à tout idéalisme. Nous avons les raisonneurs un peu penseurs. C'est l'une des catégories les plus nombreuses dans le monde des intelligences cultivées : la vie ne se compose pas exclusivement de conception et d'idéalisme, mais de positivisme, de pratique.

Graphologiquement, rien n'est plus facile à constater que ce beau mélange de raison dominante et d'idéalisme. *Les mots*, dans l'écriture, *ont quelques séparations*. Les solutions de continuité sont l'indice rapide, mais réel des aspirations pensantes, tandis que la grande liaison du reste dit les aptitudes nettement logiciennes.

Voici l'écriture de Cuvier qui montre bien les deux mouvements que nous venons d'indiquer.

· Pour rendre du reste cette démonstration plus saisissable, nous pouvons citer l'écriture suivante, qui est aussi une écriture-type de déductivité un peu mélangée d'intuitivité.

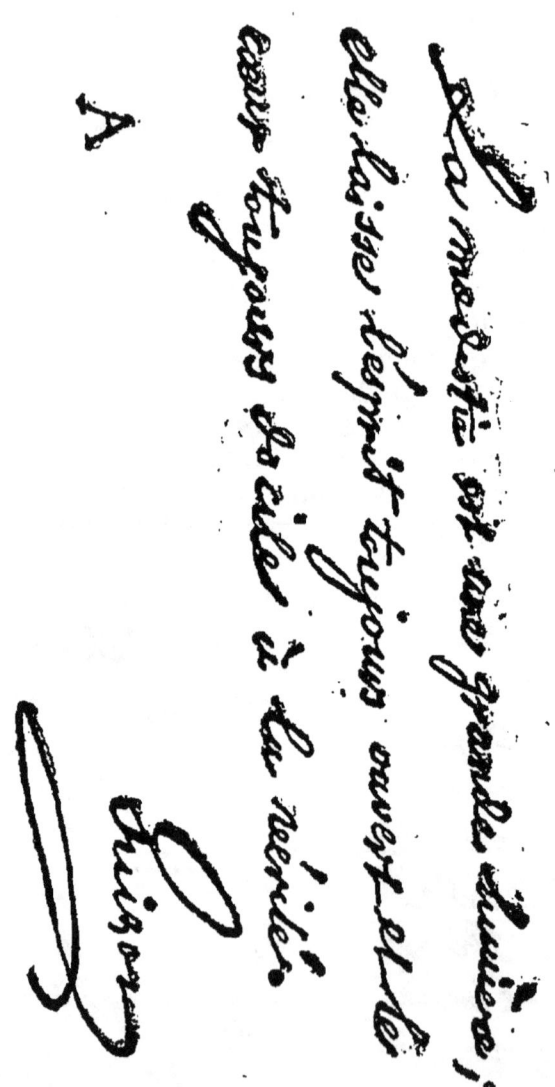

Les lettres liées dominent. Cependant quelques mots sont séparés en groupes ; les uns en deux, comme *modes-*

tie, ou-vert; d'autres en trois, comme *g-r-a-vée, es-pr-it;* d'autres en quatre, comme *lai-s-s-e.*

Nos deux écritures-types rendent très-bien le signe graphique ; et l'on ne se trompera jamais sur l'organisation cérébrale d'un homme qui a ainsi l'habitude d'écrire en liant fortement ses lettres, ce qui dit *logique,* mais qui laisse assez souvent des mots disjoints, ce qui dit *idéalisme.*

Une combinaison psychologique qui donne aux logiciens, aux raisonneurs, aux positifs et aux pratiques, un peu d'idéalisme pour ne pas trop se perdre dans le sillon de la réalisasion et de l'application aux affaires, se trouve être une combinaison splendide et qui correspond à l'une des catégories les plus nombreuses des esprits d'élite.

Nous avons donc :

20° *Logique un peu mêlée de pensée.* Ecritures-types : Mirabeau, — Gœthe, — Voltaire, — Cavour, — Sylvio Pellico, — Marat, — Corvisart, — Beaumarchais, — Boissy-d'Anglas,— Diderot, — duc d'Enghien,— Halévy, — Barbès, — Montlosier, — Turgot, — Bernardin de Saint Pierre, — Duguesclin, — Cervantès, — Moreau, — Napoléon III, — Byron, — Cooper, — Fénelon, — Quinet, — Montalembert, — H. de Larochejacquelein, — Rachel, — Hoche, — Goulard, — Ch. Nodier, — Rossini, — Gavarni, — Louis Veuillot, — Berryer, — Alfred de Vigny, — Maxime du Camp, — Buffon, — Ponsard, — Musset, — Barbaroux, — Sainte-Beuve, — Grétry, — Desaix, — Greppo, — Nadar, — duchesse de Berry, — Henri Murger, — Ney, — Meyerbeer, — Mad. de Staël, — H. Flandrin,— Ingres,— Lacenaire,— Mad. Campan, — E. Beauharnais,— Cornelius, — Vidocq,— Alexandre Dumas père, — Cham, — F. Lemaître, — Garibaldi, — Cavaignac, — Alfred de Musset, — Talma, — J. Simon, — O. Feuillet, — A. Blanqui, — Béranger, — E. Arago, — Ch.Dickens, — Gérard de Nerval, — Chanzy, — Prim, — Gounod, — G. Flaubert, — Mérimée, — Danie Stern, — Lamartine, — Enfantin, — Joseph de Maistre,

— Brillat-Savarin, — Mad. Swetchine, — Emilie de Vars, — Moreau, — Jourdan, — la reine Hortense, — Rouher, — Etex, — Albéric Second, — Mad. de Pompadour, — Jefferson Davis, — Jeanne d'Arc, — Charles Ier. — Kosciuszko, — A. Karr.

On voit quelle pléiade d'hommes de valeur appartient au groupe des logiciens un peu penseurs.

Nous venons d'étudier notre premier ordre, ou grande famille d'écritures nous donnant la manifestation intellectuelle. Nous avons vu les cinq grands groupes entre lesquels elle se divise. Tout cerveau humain entrant dans l'un de ces grands groupes, il n'y a que cinq manières de comprendre la production externe de la conception et de la comparaison et des trois combinaisons qu'elles produisent.

La psychologie, je le pense bien, viendra corroborer ce point de vue de nos études, et en acceptera la belle donnée, parce qu'elle est extrêmement claire, et que l'expression par les signes graphiques répond bien aux moteurs internes qui ont leur siège dans le cerveau.

C'est un trait de lumière que les sciences philosophiques ne repousseront pas. C'est de la philosophie, faite autrement, mais c'est toujours l'âme dévoilée dans ses brillantes manifestations. J'ai dit ma joie de cette découverte à l'aide du signe graphique ; je la répète ici naïvement. L'âme a sa volupté quand elle découvre ; et elle le dit, comme les mères heureuses se vantent de leur fécondité.

Terminons ceci par une remarque capitale, c'est que, le signe graphique étant mobile de sa nature, comme l'âme pensante est elle-même mobile, quand l'âme par un long exercice d'une faculté aux dépens des autres, vient à en faire prédominer une, ce changement presque étrange se reproduit instantanément. Si le logicien se livre avec plus d'intensité aux travaux de l'idéalisme, l'idéalité augmente rapidement dans son écriture ; si c'est un penseur, un idéaliste qui, durant de longues années, se jette avec ardeur dans l'exercice logicien, les idéalismes disparaissent lentement de son écriture. Dans le premier cas des logiciens devenus penseurs, l'écriture a perdu bon nombre de ses *mots liés ;* dans le second cas, l'écriture *non liée,* disant nettement le travail penseur, se met aux ligatures et nous donne le travail logicien.

On fera cette observation fréquemment sur l'écriture des grandes célébrités contemporaines. L'écriture de Mac-Mahon de 1859 (voyez la *Graphologie* 1872, n° 19), a bon nombre d'idéalismes qui disparaissent dans l'écriture de 1871. L'homme livré durant la paix aux travaux penseurs, prend le sabre, s'ouvre une voie nouvelle, après l'étouffement de l'insurrection de la Commune, et se jette dans l'élaboration logicienne et pratique des faits. Il sent que ce sabre peut avoir du poids dans les destinées de la France. L'écriture devient plus ascendante et plus déductive.

C'est plus saillant encore dans l'écriture de Louis Blanc.

Nous avons de lui un autographe de 1865 daté de Londres, et un autre de 1871, espèce de proclamation signée par plusieurs députés de la gauche. L'écriture de 1871, beaucoup plus déductive, indique un travail positif et pratique que le temps, la réflexion ont amené, pendant que celle de 1865 contient beaucoup plus d'idéalisme. Si nul travail ne se fait dans le cerveau, de nature à changer l'équilibre du procédé pensant, l'écriture étudiée intellectuellement ne change en rien (voyez les deux écritures du cardinal Regnier, *Graphologie* de 1874, n° 21).

On comprendra l'importance de cette remarque.

Ire CLASSE, FACULTÉS.

IIe ORDRE, MANIFESTATIONS AFFECTIVES.

Organisation sensible.

VIIIe GENRE.— SENSIBILITÉ.

Faculté de s'impressionner. — Développement de la force affective.

Nous avons donné plus haut (voir *Physiologie grapho-*

logique) la loi de l'affectivité. Le mouvement affectif est en raison directe de l'impressionnabilité. Aimer, c'est se donner. Se donner, c'est s'abandonner. Le mouvement par lequel l'âme se livre, se donne, s'abandonne, est rendu logiquement par le *trait incliné*. Sur cela, l'expérimentation est précise. Toutes les écritures des natures sensibles, impressionnables, sensitives s'inclinent de plus en plus, selon l'intensité de la sensibilité, de l'impressionnabilité, de la sensitivité.

En graphologie, le signe est très-facile à constater: *les traits de lettres s'inclinent et s'éloignent de la verticale*. Plus l'écriture se redresse, moins la sensibilité domine.

Prenez au hasard cent écritures de personnes qui vous sont bien connues pour leur sensibilité très-accentuée, leur écriture sera notablement en lettres inclinées. Prenez cent écritures de natures peu sensibles, leurs lettres se redresseront et prendront la direction verticale. Ce sont des faits d'une vérification facile, et qui, une fois nettement constatés, deviennent d'une certitude absolue.

Jetez seulement les yeux sur l'écriture de la jeune fille dont l'âme a prodigieusement souffert.

(Voyez page 167, cliché n° 60, l'écriture d'une sensitive.)

Remarquez la grande inclinaison des lettres, et comparez-les à l'écriture sèche, redressée du financier qui a écrit la ligne suivante (M. Magne)

Ou à l'écriture calme et froide du P. de la Colombière, le directeur de conscience de Marie Alacoque.

Jesus christ N.S. auquel je vous recommande tous les jours, connoist la grandeur de mon affection, et l'ardeur avec laquelle je vous souhaitte toutes les bénédictions des saints.

Le signe graphique de la sensibilité vous sera montré par le contraste seul de ces écritures. Et vous en trouverez où la sensibilité sera encore plus accentuée que dans le spécimen n° 60, et d'autres qui seront plus sèches encore, plus insensibles, s'il est possible, que celle du Père Jésuite.

Ici évidemment les nuances doivent être multiples. Nous les avons cependant réduites à trois bien tranchées.

1° *La sensibilité faible*, c'est la sensibilité indiquée;

2° *La sensibilité vraie*, sérieuse, nettement développée;

3° *La sensitivité*, ou sensibilité extrême.

Il faut y ajouter une nuance de sensibilité fort curieuse, *la sensibilité contenue*, celle des natures dans lesquelles il y a lutte contre l'impressionnabilité.

Etudions un peu ces quatre espèces de sensibilités :

21° *Sensibilité faible*. Toute écriture légèrement inclinée dit forcément une organisation sensible. Elle peut n'être qu'indiquée, mais elle existe. Le signe graphique est formel et ne trompe pas.

je me porte bien. — oui je me bien. très bien même, mieux.

ÉCRITURE DE M. THIERS. — *Les peu sensibles.*

Voici une écriture-type qui rend très-bien le premier degré de la sensibilité. L'inclinaison des lettres est très-faible. Cependant elle se constate : *me*, *même*, *mi* (la moitié de *mieux*) sont en inclinaison. M. Thiers ne passe pas pour un homme très-sensible. Mais le mouvement de sa plume conserve l'inclinaison qui dit toujours un mouvement affectif. L'exemple se trouve parfaitement choisi.

Voici des écritures-types de cette nuance : le P. Beckx, général des Jésuites ; — le cardinal Capalti, — Grétry, — Talleyrand, — Boieldieu, — Mirabeau, — Littré, — le comte de Chambord, — Louis Veuillot, — le cardinal Mathieu, — Laboulaye, — Boileau, — la reine Élisabeth, — Barbey d'Aurevilly, — Guizot, — Cavour, Mad. Razzi, — le grand rabbin Astruc, — Louis Blanc, — Mazzini.

22° *Sensibilité vraie.* Ici l'inclinaison des lettres est beaucoup plus accusée. Ce n'est plus seulement le mouvement affectif indiqué, c'est l'âme se livrant pleinement, sans réserve, sans lutte, aux penchants du cœur. Pas un trait de la plume ne se redresse et ne cherche à prendre la ligne verticale. Le cœur est maître ; il a son expansion normale, sans excès évidemment. Mais de telles écritures excessivement nombreuses nous donnent les natures aimantes qui ont le bonheur d'éviter la sécheresse d'âme des non sensibles, et l'impressionnabilité fébrile et extrême des sensitifs.

Prenons pour exemple l'écriture de M. de Goulard.

> *...avez raison, mon cher*
> *ami; de me dire que je suis sous*
> *l'empire d'une idée fixe, depuis mon retour*
> *à Francfort; je ne songe, en effet, qu'à la*
> *libération de notre territoire..........*

ÉCRITURE DE M. DE GOULARD.
Les vrais sensibles.

Ce n'est pas l'écriture tendant à se redresser de M. Thiers, ce n'est pas l'inclinaison excessive des sensitifs.

Parmi les écritures-types de cette nuance nous indiquerons celle de George Sand, — Maquet, — Balzac, — Cuvier, — Saulcy, — le roi Léopold, — Pie IX, — About, — Victor Hugo, — E. Augier, — Etex, — Victor Séjour, — Talma, — Eugène Delacroix, — Alexandre Dumas fils, — La Fayette, — Mazarin, — Berzelius, — le grand Condé, — Lecourtier, — Mad. de Maintenon.

23º *Sensitivité* ou *sensibilité extrême, impressionnabilité sans limites, passion qui emporte, féminité.*

Dans cette nuance de sensibilité, le mouvement affectif a atteint son plus grand développement. C'est l'impressionnabilité, quelquefois fébrile, et souvent nerveuse, qui est maîtresse du cœur. Toutes les déterminations sont prises en vertu des impressions reçues. Le cœur mène complètement la tête ; la raison est une humble servante de la passion.

Les natures de sensitives se trouvent généralement chez les femmes.

Mais bon nombre d'hommes sont des féminins, c'est-à-dire ont la nature impressionnable et sensitive de la femme. Les uns cèdent à l'empire de cette impressionnabilité et deviennent des hommes ardents, passionnés. D'autres, aidés par le fort levier d'une volonté ou résolue ou obstinée, réagissent contre les impressions, et se tiennent contre elles.

Une sensitive.

C'est une âme pure, une âme angélique mais portant toutes choses à l'excès, mettant la passion, l'impressionnabilité extrême en tout.

On se trompe difficilement sur ces écritures sensitives.

Chez les hommes, les ravages de la sensibilité en excès sont les mêmes. Si la politique s'en mêle, ce sont des passionnés, des fougueux, comme Paul de Cassagnac.

Donnons une écriture-type d'une nature également ardente, sensitive, passionnée, féminine. C'est celle d'un splendide vieillard, d'un professeur éminent, le docteur Piorry qui, à un âge avancé, a toute la vigueur intellectuelle et toute la chaleur juvénile d'un homme de trente ans.

L'âme est là, qui s'épanouit, dans le mouvement impressionnel, avec toute sa fougue.

Citons des écritures-types de sensitifs : Lamartine, — le général Chanzy, — Francisque Sarcey, — le cardinal Antonelli, — Dupanloup, — Freppel, — Dreux-Brézé, — la Bédollière, — Rachel, — Berryer, — Louise Collet.

ÉCRITURE DE PIORRY. — *Les passionnés.*

Etudions l'écriture d'un publiciste très-passionné.
L'excessive inclinaison des lettres (surtout pour un

homme) nous donne évidemment une nature que la sensitivité domine. De là, logiquement, le polémiste ardent, passionné, violent. que la fougue entraîne : C'est la passion politique, le fanatisme politique. impétueux, aveugle comme tous les fanatismes de la religion, de l'amour, de l'art, etc.

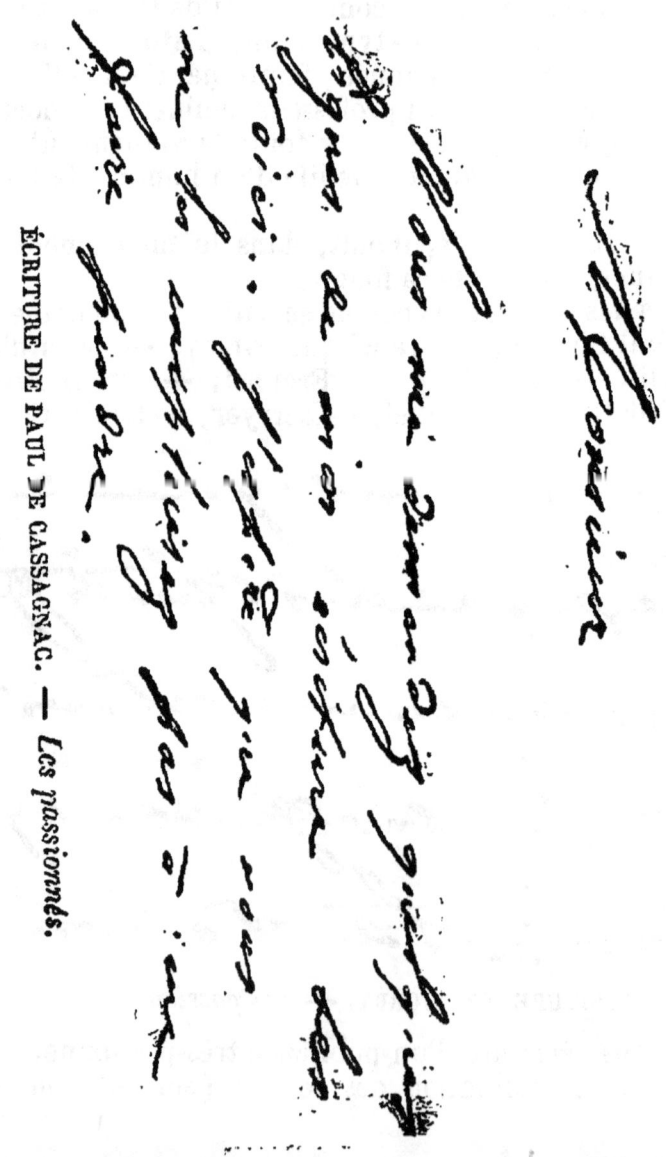

ÉCRITURE DE PAUL DE CASSAGNAC. — Les passionnés.

L'édition précédente contient l'écriture d'une sensitive où se lit le mot amer : « il faut se résigner à mourir. » Elle est de la même main que celle de la page 167. Mais elle est d'une époque antérieure, où l'âme était moins sous l'étreinte cruelle du désespoir, et se livrait à tout l'épanchement de sa faculté aimante.

Dans d'autres natures, ce sont des passions moins honorables qui dominent l'âme. Alors, elles ne connaissent plus de bornes. Le poète a voulu les peindre quand il a dit :

« C'est Vénus tout entière à sa proie attachée. »

Une fois devenu fort sur la manifestation de la sensibilité par l'inclinaison plus ou moins marquée de l'écriture, on aura un point de départ de première valeur pour juger les hommes. La faculté affective a, chez eux, une influence capitale. Le manque de cœur est bien significatif. On connaît bien un homme, quand on sait que c'est une nature passionnée, impressionnable, féminine, ou bien qu'il a le cœur sec, peu sensible. C'est l'une des grandes lumières que donne la Graphologie sur l'âme humaine.

24° *Sensibilité contenue.* Elle se manifeste par une écriture où les lettres *redressées, presque verticales, se mêlent à des lettres inclinées.* C'est l'écriture de toutes les natures impressionnables qui redoutent les mouvements sensibles de leur cœur, qui les compriment pour obéir à un plan de conduite ambitieux, à des scrupules de conscience, à des théories arrêtées. Pour de telles âmes, la sensibilité est une grande gêne. Elle vient s'interposer à tout moment. Elle fait des reproches que l'on travaille à ne pas écouter, ou bien elle a des entraînements auxquels la conscience ne veut pas s'abandonner. Dans tous les cas, il y a lutte. C'est généralement l'écriture des prêtres. Rien n'est curieux comme de voir, dans de telles écritures. le mouvement de raison et le mouvement du cœur se dresser en face l'un de l'autre.

L'écriture du cardinal Régnier rend bien cette lutte.

C'est un homme sensible, même de sensibilité nerveuse. L'écriture est très-caractéristique pour cela. Mais c'est un homme qui se tient prodigieusement en garde contre lui-même.

Aussi voyez les *a*, les *i*, les *u*, les *n*, les *d* minuscules qui prennent la verticale et présentent leur allure sèche et froide, au milieu du mouvement sensible, sensitif même du reste de l'écriture. Voilà comment la Graphologie porte si facilement son rayon de lumière dans l'intime de l'être.

Le moindre mouvement de la plume est une vibration de l'âme dans un sens ou dans l'autre. Dès que le signe graphique est connu, c'est un jeu, dans l'application, de dire ce que l'âme a produit, ce qu'elle a senti, ce qu'elle a voulu, etc., plus finement encore, qu'elle a été la nuance dans chaque façon de produire, de sentir, de vouloir.

De toutes les facultés de l'âme, la sensibilité est celle qui prête le mieux à ce travail délicat d'analyse, à cette anatomie du cœur humain, jusque dans les dernières fibres. Là, il est impossible à l'âme de se dissimuler : la moindre déviation est un indice. Rien ne se calcule dans cette merveilleuse impression de l'âme sur le papier à l'aide des traits.

Par exemple, en écrivant rapidement ces lignes qui ne sont vues de personne, sinon du modeste compositeur qui les reproduira en caractères typographiques, il ne m'est pas possible de songer à un déguisement quelconque de mon écriture, ce qui est du reste d'une extrême difficulté dans l'écriture rapide. Eh bien ! malgré moi, d'une manière inconsciente et que je puis appeler fatale, malgré cette grande impressionnabilité, cette féminité même qui est le fond de ma nature, il m'est impossible de ne pas produire cette écriture tourmentée, cette écriture de lutte où mes lettres sont tour à tour, et presque fréquemment dans les mêmes mots, tracées avec deux verticalités différentes.

J'aurais beau faire, il faut m'imposer le travail lent de la calligraphie pour écrire autrement. Mais, dès que je me mets à l'écriture courante, le naturel revient impétueusement et me montre à nu ce que je suis, avec tous les hommes de lutte, dont j'ai par instinct l'écriture.

L'on se tromperait en ne nous prenant pas pour des sensitifs ; mais l'on se tromperait encore en disant que, chez nous, l'impression est toujours dominée par la raison. Nous y travaillons bien ! Nous sommes des lutteurs contre nous-mêmes. Un duel intérieur et permanent constitue cette lutte morale, le choc de passions bonnes et mauvaises éternellement allant se briser les unes contre les autres, comme les vagues soulevées de la mer. Tantôt l'une triomphe ; mais tantôt l'autre revient furieuse.

Voyez l'écriture-type de tous les lutteurs. L'un, c'est

Pascal, une des âmes que le scrupule religieux a le plus tourmentées et qui se jette dans une casuistique farouche; l'autre c'est Cromwell, ce sombre lutteur politique toujours mécontent de lui-même ; ce sont des douteurs fatigués comme d'Alembert, Montesquieu, le grand Frédéric, Proudhon ; des politiques cruels attachés à un système d'implacable répression par le sang, et redoutant en eux le moindre murmure du cœur, comme Carrier et Fouquier-Tinville ; ce sont des prêtres comme Fénelon, Bossuet, le cardinal Regnier, acceptant le combat intérieur que Dieu seul voit, et usant la vie à ce combat ; ce sont des politiques comme Rouher; des hommes de lettres comme Scribe, Théophile Gautier.

Quelles révélations ne fait pas la graphologie à la seule inspection de ce mélange de lettres couchées et de lettres redressées !

Nous venons d'indiquer les signes graphologiques qui rendent avec une netteté si parfaite les diverses nuances de la faculté affective.

Il ne faut pas oublier que, nous conformant à la méthode analytique, nous considérons chaque nuance de faculté comme isolée et complètement indépendante des autres dispositions et manifestations de l'âme qui peuvent lui servir de contre-poids.

Ainsi par exemple, la sensitivité, l'impressionnabilité extrême emportent l'âme jusqu'aux dernières limites de la passion ; mais, si une écriture qui nous donne cette grande sensitivité, contient en même temps le signe graphique d'une grande puissance de *résolution*, si l'homme reconnu comme le sensitif et le féminin de premier ordre est en même temps un fort volontaire, il résultera ceci, qui est une précieuse remarque psychologique, que cet homme sera toujours, par le fond de sa nature, un sensitif et un féminin, mais qu'il y aura contre-poids en lui à l'aide de la force volontaire, et par conséquent réaction possible de l'âme contre les excès de la sensitivité. Ce ne sera plus le navire abandonné sans gouvernail au mouvement des vagues, mais bien la frêle nacelle humaine ayant un point d'appui pour se diriger sur les flots et éviter les écueils.

Réciproquement, si le fort volontaire que nous allons étudier tout à l'heure, manque de sensibilité, si le côté affectif n'est pas développé en lui, la puissance volontaire privée de contre-poids tombera dans les excès de la force. Si au contraire, — et c'est l'hypothèse précédente, — il y a simultanément beaucoup de sensibilité et beaucoup de résolution, l'influence affective adoucira la rudesse de la force volontaire.

J'ai dû dès maintenant indiquer ce point de vue qui est développé dans notre *Méthode pratique de Graphologie* où nous donnons la théorie des *résultantes*.

Ire CLASSE, FACULTÉS.

IIIe ORDRE, MANIFESTATIONS VOLONTAIRES.

IXe *GENRE, VOLONTÉ. (J).*

Développement de la force de détermination.

Si l'écriture rend d'une manière si parfaite, à la façon de la photographie, la présence ou l'absence de la sensibilité, de l'impressionnabilité, de la sensitivité dans les âmes, au point qu'au premier aspect, — quand l'écriture est bien naturelle, bien spontanée, — on puisse mesurer le degré de sensibilité de la personne dont on a l'autographe, comme on mesure le degré de la chaleur avec le thermomètre, elle rend avec la même exactitude, avec la même perfection, tous les mouvements de la volonté humaine, et nous rend un compte rigoureux de tous les phénomènes par lesquels se manifeste la liberté en nous.

Lorsque je voulus créer ce groupe graphologique, je suivis la méthode naturelle qui, dans toutes les sciences, conduit immanquablement aux résultats pratiques. Je commençai par la classification de mes autographes en *volontés fortes* et en *volontés faibles*. J'arrivai ensuite aux *volontés despotiques*, aux *volontés obstinées*, aux *volontés persévérantes*, etc.

C'est surtout la volonté qui fait la personnalité humaine. Elle est le gouvernail sans lequel l'âme va à la dérive. Et, quand ce gouvernail est bien tenu, l'être moral et libre suit fièrement et sûrement sa marche.

L'étude des écritures m'a porté à conclure que, de tous les traits de la plume, c'est la barre plus ou moins horizontale qui est le signe manifestant de la volonté.

Prenons ces mots :

faire, ton 39

Ils sont barrés par deux traits faibles, courts, amincis, et dans beaucoup d'écritures, à peine saisissables.

Voyons celui-ci :

en note 40

Il est barré par un trait ferme, rude, grossissant, terminé en massue.

Nous avons là deux manifestations opposées de la volonté humaine. L'étude comparée de milliers d'écritures démontre que toutes les volontés molles barrent mollement les *t* minuscules. C'est toujours un trait léger, filiforme, en pointe d'aiguille imperceptible. Par contre, toutes les volontés fortes barrent fortement, durement et en appuyant la plume, tous les *t* minuscules

Tel est le principe graphologique. Il ne s'applique pas seulement à la barre des *t* minuscules, mais à tous les traits sans exception, longs ou courts qui ont un point d'arrêt. Voyez la loi physiologique, page 95.

Ce sont là les données premières, les principes sur lesquels repose la théorie des manifestations de la volonté humaine. Ceci trouvé, le travail devenait affaire d'application et d'analyse.

Quant à la démonstration de ces principes, elle se produit avec son évidence dans la simple reproduction des documents sur lesquels j'ai opéré. Il est hors de toute discussion que, si toutes les natures douces, molles, de *volonté faible* ne font qu'effleurer de la plume les *t* minuscules qu'elles veulent barrer, si toutes les natures énergiques, obstinées, de *volonté forte*, appuient fortement la plume sur toutes leurs finales, au point de les terminer disgracieusement par un trait dur et carré qu'aucun maître d'écriture n'enseigna jamais, le principe est vrai et inattaquable.

C'est donc une constatation toute simple à établir, une exposition matérielle à faire. Ce n'est plus qu'une œuvre de loyauté, qui consiste à reproduire les autographes sur lesquels le travail primitif de la classification a été établi.

Voici donc comment nous procéderons. Nous prendrons au hasard les écritures des hommes très-connus par leur volonté forte, et nous verrons que les signes des barres dures arrivent toujours sous leur plume. Ce n'est pas une forme due à aucun enseignement d'école; car les élèves du même maître, arrivés à leur vie spontanée et libre, gardent les uns la ligne classique, et les autres improvisent, par instinct, si je puis parler ainsi, ces barres plus rudes et plus accentuées. La seule explication logique et irréfutable est celle-ci, que c'est l'âme elle-même qui traduit de la sorte, d'une manière inconsciente, ses impressions et ses instincts.

L'expérimentation, cette grande maîtresse dont on ne peut contester la parole, a fait voir que jamais les natures fortes, rudes, anguleuses, ne se servent, en écrivant, de la courbe, et que, par instinct, elles se complaisent dans les angles, dans les traits appuyés fortement, dans les traits terminés carrément, ce que j'ai appelé dans la terminologie graphologique: *le trait en massue*. Cette « massue » formidable m'apparaît dans toutes les écritures des hommes qui ont été, surtout à l'époque contemporaine, « les enfants de leurs œuvres, » c'est-à-dire qui sont parvenus à se faire leur place dans ce tourbillon immense d'esprits se heurtant et se coudoyant à qui arrivera le premier. Ils arrivent, mais en jouant de la *massue*, c'est-à-dire en écartant, par une volonté terrible, tous les obstacles qui se posent devant eux.

L'homme de génie qui fit le 18 Brumaire a la barre

en *massue*. L'honnête et doux Louis XVI a la barre fine, molle, en aiguille, *acutiforme* Mieux encore, la volonté est si faible que, souvent, il écrit un mot sans le barrer. Marie-Antoinette est plus énergique. Elle barre fortement.

Nous avons de nombreux spécimens de volontés fortes. Nos lecteurs qui possèdent nos collections de 1872-1877, peuvent vérifier sur les autographes qui y sont reproduits, si les hommes dont les noms sont devenus célèbres par leur énergie de volonté, ne sont pas des hommes ayant le trait *dur*, *carré*, terminé en massue. Ce sont toujours des écritures très-appuyées.

Citons seulement quelques exemples pris au hasard et dans différentes conditions.

} Napoléon 1er

} Thiers

Gambetta

Victor Hugo.

Alexand. Dumas fils

le Card. Antonelli.

Napoléon écrit à Joséphine : « *ta santé* » et le *t* minuscule est d'un trait long, ascendant, dur, terminé carrément. Même remarque pour le mot. « *j'étais* »

Thiers a la *massue*, en terminant le mot : « *effet.* » Cette massue est ascendante : c'est la plus terrible.

Et c'est celle de Napoléon, et, sauf respect, celle de Troppmann et de Lacenaire.

Gambetta est de la même famille des forts volontaires. Autre *massue* ascendante.

Est-il homme de volonté forte, ce Victor Hugo qui n'a jamais voulu se contenter d'être un grand poète et un grand prosateur? Voyez, à côté du signe de son immense imagination et du signe type poétique très accentué (la majuscule du mot : « *Rit* », cette massue carrée et ascendante, comme un petit fragment d'acier qui barre le *t* minuscule, l'*u* minuscule qui se termine par un trait brusque et carré, le *q* finissant en massue.

Et Alexandre Dumas fils, ce spontané qui se domine dans sa fougue, a-t-il aussi la forte massue? Elle touche à peine la hampe de la lettre qu'elle doit barrer : *vivacité, spontanéité*, mais surtout volonté d'une grande résolution.

Et ce sensitif, cet *impressionnable* du Vatican, l'ami de Pie IX, a-t-il dû sa fortune politique et le nom qu'il laissera dans l'histoire à côté de celui du prêtre-roi son maître, à autre chose qu'à cette longue *massue* de volonté implacable qui s'étale dans son écriture.

J'ai dû insister sur ce signe capital, expression si vive et si incontestable de la volonté humaine.

Il est logique de conclure que l'absence de ce signe, c'est-à-dire le trait léger, faiblement tracé, comme si la plume était une pointe d'aiguille trempée d'encre et se promenant sur le papier en formant le trait le plus léger qui se puisse tracer, nous rend l'absence de volonté, la volonté faible, facile à vaincre, facile à dominer et incapable de résolutions fortes. Exemple : l'écriture de Louis XVI :

et partager autant que les arciss.......
la partie la plus indigente de nos...
59

Ici la plume, au lieu de barres fortes, n'a que des barres à peine tracées. Bien plus, sur trois mots : *autant, partie, indigente,* qui demandent des barres pour les *t*, une seule barre se trouve à la fin de l'un de ces mots. Les faibles volontaires semblent repousser, par instinct, la barre un peu appuyée, au point, comme dans l'écriture de Louis XVI, de laisser même des *t* minuscules sans les barrer.

Ces exemples de *t* non barrés sont assez communs; et ceux qui ont la barre fine, *acutiforme,* d'une légèreté extrême, sont innombrables.

Etudions maintenant les espèces ou nuances de la volonté forte.

25° *Résolution.* Les hommes de déterminations fortes affectionnent la *massue.* Ils la placent aux finales des lettres, aux barres des *t* minuscules. Voyez dans le cliché (page 177), le mot *promptement* de Gambetta, le mot *state* du cardinal Antonelli, le mot *temps* de Dumas fils. Vous avez là des types d'hommes résolus. *Ecritures-types* Thiers, — Charles Rogier, — Guizot, — Pierre Napoléon — le prince Napoléon (Jérôme), — Barbey d'Aurevilly,— le capitaine Buonaparte (Napoléon Ier), — Balzac, — Préault, — Fouquier-Tinville, — Charlotte Corday, — Rachel, — Grétry.

26° *Persévérance.* C'est la constance des résolutions. La persévérance a pour signe graphique, *la ligne droite, le mouvement rectiligne des mots.* Chaque ligne, chaque mot semblent une petite tige d'acier inflexible.

Les persévérants.

C'est l'écriture d'une jeune femme très-persévérante.

Ecritures-types : le cardinal Régnier (*Graphologie* 1874, n° 21), — Ferdinand de Lesseps (*Graphologie* 1872, n° 10), — la princesse Mathilde (*Idem* n° 17), — Dupanloup, évêque d'Orléans (*Id.* n° 21), — Bazaine (*Id.* n° 39).

27° *Entêtement*. L'écriture des entêtés est nettement reconnaissable aux *minuscules anguleuses à la base*.

Voyez l'écriture du Cardinal Régnier, page 171, légèrement nuancée de mouvements sinueux qui nous donnent diplomatie, la ligne est cependant rigide.

Nous avons là un splendide échantillon d'écriture d'un homme de forte résolution (les massues), et d'entêtement, *les angles à la base des lettres*.

Ecritures-types : le P. Félix (*Graph.* 1872, n° 25), — le duc de Brunswick (*Graph.* 1873, n° 18).

28° *Obstination* (sens de la résistance). Les obstinés ne démordent pas de leurs idées. Le signe graphique de l'obstination consiste dans *la barre en retour* des *f* et des *t* minuscules

L'obstination a plusieurs nuances, selon le mouvement plus ou moins anguleux de la *barre en retour*. Nous avons indiqué ces degrés sur le cliché ci-contre :

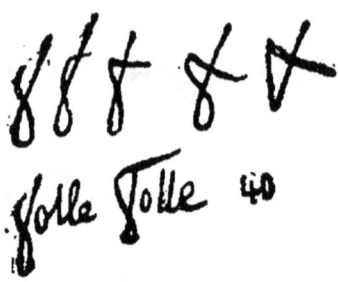

Les obstinés.

Le signe graphique de *l'obstination* est d'une importance capitale à étudier. Avec ceux de la *résolution* et de la *ténacité*, il donne l'expression la plus positive, la plus indiscutable, je dirai presque la plus mathématique de la force volontaire dans l'âme.

29° *Ténacité.* L'obstiné ne démord pas de ses idées une fois bien arrêtées ; le *tenace* suit ses plans sans lâcher prise. L'un rend la volonté forte pour les principes, l'autre pour la réalisation.

Les écritures-types de ténacité sont nombreuses. Celle que je cite fréquemment dans mes conférences est celle du comte de Chambord. (Voyez la *Graphologie* de 1872, n° 4.)

Le signe graphique qui rend si nettement la ténacité est le *croc* ou *harpon* qui termine les barres et certaines finales de lettres. Il y a même des obstinés qui terminent par un *croc* la barre en retour dont ils coupent le *t* minuscule. C'est fort étrange, mais bien significatif.

Voici la signature de Buonaparte « commandant de l'artillerie du midy, » écrite à Toulon pendant le siège (1).

(1) Archives nationales, A F H, 281. (Comité du Salut public, Guerre.)

Les deux crocs sont très-nettement indiqués, l'un au *t* minuscule, l'autre à la fin du paraphe en *lasso* affectionné par les coquettes et les ambitieux de renommée ou de gloire. Louis XIV signait royalement sans aucun paraphe; mais quelquefois, sous son nom, il faisait un long trait terminé par un énorme *croc*. Encore un ténace de première force. Voyez page 89.

Ecritures-types : Ingres, — Préault (*Graph.* de 1872, n° 6), — Déjazet, — baron Taylor, — Edgard Quinet, — Alton-Shée, — G. de Terrens, — Mad. Victor Hugo, — La Guéronnière.

Opiniâtreté. L'opiniâtreté est la plus grande et la plus forte manifestation de la volonté dans son mouvement d'obstination et de résistance. C'est une des formes étranges du développement de la force de détermination.

L'opiniâtreté a pour signe graphique dans l'écriture, *le trait qui coupe les t ou les f du haut en bas, en grossissant d'abord le trait et en le tirant brusquement aussi aigu qu'un fer de lance.* Beaucoup d'obstinés sont en même temps opiniâtres, et quand ils barrent les *f* ou les *t* en retour, ils font le trait de l'opiniâtreté, tel que le voici dans cet autographe.

Le premier type A est l'écriture d'un petit être d'une opiniâtreté incroyable.

PETITE FILLE DE SEPT ANS. — *Les opiniâtres*

L'écriture du comte de Chambord, déjà fort remarquable pour sa ténacité, porte également le signe de l'opiniâtreté. Voyez le mot *Frohsdorf* (B), où la barre du premier *f* est brusquement tracée du haut en bas.

Ecritures-types. Voir dans les écritures des *obstinés*, celles dont la barre descend du haut en bas, selon le modèle de ce cliché. Il faut citer parmi les opiniâtres Alexandre de Humboldt.

Ire CLASSE, FACULTÉS.

IIIe ORDRE, MANIFESTATIONS VOLONTAIRES.

Organisation volontaire.

Xe *GENRE, VOLONTÉ FAIBLE.*

Manque de développement de la force de détermination.

Tout à l'heure, en traitant de la volonté forte, nous avons mis en contraste la volonté faible. Au signe de la massue comme force, nous avons opposé, comme faiblesse, le trait *filiforme* terminé en pointe d'aiguille à peine saisissable à l'œil, *acutiforme*.

Cette forme générale d'écriture est très-commune. Les adolescentes de santé délicate, d'âme sans ressort, qu'un organisme débile enveloppe, ont leurs *t* minuscules barrés finement, mollement, exactement comme si ce trait était tracé par une pointe d'aiguille trempée dans l'encre.

A ce signe graphique il faut joindre *à la base des minuscules, des courbes fines, molles, irrégulières où la plume hésite ; l'absence complète d'angles à la base de ces minuscules, les f minuscules barrés à leur tour mollement.* Tout cela nous dit le manque de développement de la force de détermination, par conséquent l'indétermination, la mollesse, la faiblesse, l'indécision, l'irrésolution.

Généralement ces nuances se séparent peu. Les irrésolus sont indécis, sont faibles ; les mous n'aiment pas à prendre de résolutions ; les faibles sont faciles à dominer.

C'est un signe très-saisissable en graphologie. Il faut voir ce qui manque, dans une écriture, des signes graphiques par lesquels se manifeste la résolution, l'obstination, la ténacité, — ces trois grandes nuances de la volonté forte, — pour conclure de cette absence à la certitude d'une volonté faible, molle, indécise, irrésolue.

Voici une écriture-type :
Qu'on remarque surtout le *trait si acutiforme* des barres (1).

Il ne faut jamais hésiter à dire que des personnes qui ont une telle écriture sont extrêmement faciles à influencer, à se laisser conduire.

Les faibles de volonté.

Voyons les nuances de la volonté faible.

31 *Mollesse.* La mollesse se reconnaît spécialement aux *courbes des lettres et à leur forme nettement inaccusée.* La plume paresseuse n'aime pas à former le trait. On en trouvera partout des exemples par centaines.

Ecriture-type : Le cliché précédent. Il nous donne une volonté molle.

32° *Faiblesse.* Les faibles se laissent facilement dominer. Signe graphique : *Absence du signe de la force et de la fermeté, barre des lettres très-légère ;* quelquefois les t *minuscules non b irrés.* Ecriture-type : Louis XVI (Voyez plus haut, page 179.

33° *Indécision.* Signe graphique : *Absence d'angles dans le bas des minuscules et irrégularité de l'écriture.* Le cliché (page 179) nous donne une nature indécise.

34° *Irrésolution.* Signe graphique : *Absence de toute massue, soit aux traits, soit aux barres des* t *minuscules, soit à l'extrémité des lettres.*

---

(1) La gravure fait difficilement sur les clichés cette pointe fine des barres, et le tirage à l'imprimerie la rend toujours un peu pâteuse.

Parmi les autographes des personnages célèbres, on trouve très-peu d'écritures à citer, qui disent les volontés molles. Nul n'a joué un rôle dans l'histoire, nul n'a été puissant comme penseur, orateur, écrivain, inventeur, artiste, que par une force quelconque de volonté.

Par exemple, on peut être faible, indécis, irrésolu ; mais, si l'on a de la ténacité, cette seule force volontaire est une puissance de direction dans la vie.

Il ne faut pas oublier non plus de remarquer, dans une écriture, s'il y a çà et là quelques signes de force mêlés à des signes de faiblesse. De telles âmes alors, cela se conclut naturellement, ont leurs heures de volonté, de décision, de résolution, de fermeté.

Le signe graphique rend toutes ces nuances avec l'exactitude du procédé photographique.

Nous terminons ici la première classe des signes graphiques, ceux qui sont l'expression nette, précise, splendide des trois grandes manifestations de l'âme constatées avec tant de soin et tant de bonheur par la psychologie. La philosophie didactique, maintenant, viendra étudier, dans la graphologie, ce que j'ai appelé le relief des manifestations psychiques. J'ai pu dire que la graphologie réalisait la fable gracieuse de l'antiquité. Vulcain frappe de sa hache le front de Jupiter, et Minerve, la sagesse, en sort toute armée. La graphologie prend une écriture, et en fait jaillir toutes les manifestations intellectuelles, affectives et libres de l'âme. C'est un nouveau secours apporté aux investigations philosophiques. Les deux sciences s'expliquent, se démontrent l'une par l'autre. Mes études psychologiques m'ont immensément servi pour produire tout l'ensemble de mon système. Sans elles, je fusse resté à la surface, pour ainsi dire, de l'âme. Elles m'ont permis de la fouiller profondément.

Je dois ajouter que, lorsque le disciple de la graphologie sera fort, par un peu d'exercice, sur les trois ordres des facultés de l'âme qui nous donnent dix genres ou grandes familles graphologiques, il aura pénétré déjà loin dans le sanctuaire de la science.

Maître de sa matière par cette dissection analytique de

l'âme humaine, il aura les éléments essentiels de la belle synthèse pour reconstruire chaque personnalité dans son ensemble, et lui donner la physionomie qui lui est propre.

IIᵉ CLASSE.

INSTINCTS.

Par cette seconde classe de signes graphiques, c'est l'âme qui est rendue dans ses penchants primitifs, irréfléchis, dans les impulsions qu'elle trouve en elle-même sans avoir songé à les produire, parce qu'elles sont en elle à l'état de forces, dans ses sentiments non calculés et qui la constituent agissante, voulante, aimante.

Nous allons étudier à part les instincts, en les séparant psychologiquement de la nature et du caractère. Voici nos raisons :

Les instincts, dans l'homme, sont des forces natives. On peut agir sur l'instinct, en atténuer la puissance, le détruire, jamais. Il est donc, en graphologie, d'une très-grande importance de se rendre compte de ce que l'écriture trahit de ces forces natives, inhérentes à la personnalité et généralement prépondérantes sur tout l'ensemble de la vie.

La nature ou le naturel, comme on voudra, rend mieux que le mot instinct, ce qui est devenu la forme habituelle de la manifestation de la personnalité. On dit : C'est une bonne nature. On dit bien aussi : Il a de bons instincts. Mais ce mot « de bons instincts, » se rapporte aux mobiles qui font agir ; et le mot « bonne nature » veut dire l'âme dans son activité même.

Le caractère est plus mobile. A ce mot s'attache l'idée des qualités acquises bonnes ou mauvaises. Le mot caractère est plus général encore que ceux d'instincts et de nature. Ainsi on embrasse quelquefois l'homme tout entier dans ce mot : le caractère. Quand on dit, en parlant de graphologie : juger le caractère des hommes par leur écriture, on entend certainement la personnalité complète, facultés, instincts, nature, aptitudes, goûts, passions. Dans ce cas, il a le sens de la personnalité humaine. Et ce n'est pas celui que nous devons lui donner dans ce livre.

On le voit donc, il y a bien des rapports intimes entre ces trois idées : instincts, nature, caractère. On dit : *Une nature franche, un caractère franc. La franchise du caractère vient* plutôt à la pensée que *la franchise de la nature.* Il serait possible de n'en faire qu'une seule catégorie, mais ce ne serait pas une bonne classification.

J'ai dû adopter celle qui me paraît la plus naturelle, c'est-à-dire étudier successivement l'écriture dans ses trois grandes variétés de manifestations pourtant un peu similaires, les instincts, la nature, le caractère.

Le caractère se modifie. Les instincts, la nature changent peu. Les instincts sont des forces, la nature est un état. Le caractère, c'est davantage l'âme en exercice. Le caractère dépend beaucoup de la nature et des instincts. La volonté, le travail, l'expérience ont de l'action sur le caractère.

Ce sont des nuances, mais importantes toutefois : on les confond généralement. Cependant de mauvais instincts, une mauvaise nature, un mauvais caractère ne sont pas synonymes. On résiste à des instincts : on gâte une bonne nature.

Après ces considérations générales qui ont leur importance, nous abordons spécialement l'étude des instincts, tels que l'écriture nous les montre s'étalant, jaillissant pour ainsi dire au milieu du mouvement et de la variation si multiple des traits.

N'oublions jamais qu'en graphologie, le plus petit trait, la forme la plus insignifiante, qui échappe naturellement à l'œil du vulgaire, est une révélation. L'homme hardi, l'esprit puissant de conception ne fait pas ses accents et ses points comme un esprit hésitant et timide. Alexandre Dumas fils a des points nettement accentués, des accents longs et énormes. Un esprit de conception timide, pose à peine la plume pour former le point, et n'a que des accents légèrement formés. Il y a des écrivains qui, dans le mouvement rapide de la pensée, font des accents au lieu de points sur les lettres.

Tout est traduction des instincts dans l'écriture; et ce n'est pas la partie la moins curieuse et la moins intéressante des études graphologiques, que de s'exercer à bien découvrir les instincts sous toutes les formes de manifestation qu'ils peuvent revêtir.

Ajoutons encore une remarque.

Nous n'avons pas à parler ici de l'instinct premier de l'homme, commun à tous les êtres vivants, qui s'appelle l'*instinct de conservation*. Celui-là est tellement constituant de l'âme, il est tellement la loi de préservation que la sage Providence a mise dans les êtres libres, pour qu'à toute minute ils ne fassent pas fi de l'existence, comme on fait fi d'un vêtement usé, qu'il est dans tous ces êtres à peu près avec la même intensité. Il n'entre pas à proprement parler dans la vie morale, mais il fait le fond de la vie végétative. Il appartient plus à la physiologie, comme loi primordiale de continuité de l'être physique, qu'à la psychologie, comme loi de conservation de l'être spirituel qui sent, par instinct, qu'il ne mourra jamais.

Nous ne parlons pas davantage de l'instinct de reproduction, de l'instinct de nutrition, etc., tous instincts qui sont, comme celui de la conservation, inhérents à la vie purement physique. Si quelques-uns de ces instincts sont comme atrophiés dans certaines natures, ce sont des phénomènes à part dont la science ne tient aucun compte, et qui se perdent dans les anomalies générales des différents règnes.

11° CLASSE, INSTINCTS. — PENCHANTS IRRÉFLÉCHIS, IMPULSIONS, SENTIMENTS NON CALCULÉS CONSTITUTIFS DE L'AME.

IV° ORDRE, INSTINCTS BIENVEILLANTS.

Sens de l'expansitivité.

XI° GENRE, BONTÉ.

Abordons maintenant l'étude des instincts bienveillants.

La bienveillance est l'affection expansive, c'est le plus désintéressé de nos instincts. Il dérive de la sympathie. Il comporte, au fond de l'âme, le désir du bien de tous nos semblables La plus haute expression est le dévouement, qui porte l'âme à aimer le bien et à le faire jusqu'à se sacrifier.

Nous avons divisé les instincts bienveillants en cinq grands groupes qui viennent s'ajouter, dans la classification, aux groupes déjà étudiés. Ces cinq groupes sont : *Bonté, douceur, gratitude, vénération, amour.*

Le signe graphique général de la bienveillance est très-facile à saisir. C'est un signe complexe dont voici la formule :

Affectivité développée : *écriture inclinée*} bienvaillance.
Douceur de l'âme : *beaucoup de courbes*}

On peut ajouter *l'absence du signe de l'avarice*, parce qu'il est rare que les pingres soient bienvaillants.

Voici une écriture que Georges Sand, très-forte en graphologie intuitive, a déclaré rendre « une âme par dessus tout expansive et tendre,» une nature «dont l incomplet est encore un charme, une prodigalité de bons instincts. »

Nous la donnerons donc comme une écriture-type de l'instinct de bienveillance La plume qui a écrit ces quelques lignes se refuse généralement à ce qui n'est pas courbe. Elle écrit des *u* pour des *n* : *Michou* pour *Michon*, *intuitiou* pour *intuition* L'inclinaison est nette et bien indiquée sans donner cependant la sensitivité et la passion extrême. Toutes les conditions du signe graphique de la bienveillance sont là, et l'écriture est un bon type. Voyez à la page suivante.

L'écriture-type étant donnée, nous n'avons qu'à indiquer les nuances.

31° *Bénignité, Débonnaireté.* Les bénins et les débonnaires ont la bonté douce. Mêmes signes graphiques que pour la bienveillance. Autre signe graphique : *Plus les courbes domineront*, plus il y aura de bénignité.

32° *Bienveillance.* Les bienveillants sont à toute heure favorablement disposés pour autrui. Nous avons donné tout à l'heure les signes graphiques.

33° *Bonté*. Les bons sont indulgents, humains, faciles et commodes à vivre. Mêmes signes graphiques que pour la bienveillance. De plus, *moins il y aura d'angles dans une écriture*, plus le côté doux et bon augmentera.

34° *Cordialité*. Les hommes de cordialité sont à la disposition de tous. Même signe que pour les expansifs.

35° *Expansion*. Les expansifs livrent toute leur âme. Signe graphique de la bienveillance. Autre signe : *Plus le côté affectif indiqué par l'inclinaison des lettres augmentera, plus l'expansion sera grande*. Ecriture-type : voir le cliché de la page 167 : *Les sensitifs extrêmes*.

36° *Abandon*. Les hommes d'abandon ont l'expansion aimable et séduisante. L'abandon n'est donc qu'une nuance de l'expansion. Même signe graphique. De plus, le signe d'une nature primesautière, oublieuse d'elle-même. (Voyez *nature rayonnante*).

37° *Délicatesse* (instinct délicat, qu'il ne faut pas confondre avec esprit délicat). Les délicats ont la finesse du sentiment. Signe graphique de la bienveillance. De plus, grande accentuation du signe affectif.

ÉCRITURE DE JEAN-HIPPOLYTE MICHON. *Les Bienveillants*.

Je suis obligé de répéter ici, à propos de ces nuances si fines de la même manifestation bienveillante, qu'il est bien rare qu'une personne possède le noble instinct de la bienveillance et de la bonté, sans avoir quelque chose des nuances qui s'y rattachent généralement.

La graphologie serait tombée dans un défaut capital, dans lequel se laissent généralement entraîner tous les créateurs de systèmes, de diviser trop et d'arriver à des séparations dont les caractères indiqués sont à peine saisissables. Ce penchant des classificateurs a beaucoup nui à la vulgarisation de la science; et, pour nous en tenir au système graphologique, je comprends très-bien qu'on me dise : Montrez-moi le signe graphique des natures bonnes, bienveillantes, expansives. Mais s'il faut aller se perdre dans le dédale de différences à peine perceptibles, pour distinguer une nuance d'une autre nuance, l'esprit s'y refuse et s'arrête. On tombe alors dans le domaine de la subtilité. Et toujours la subtilité a tué la science.

IIᵉ CLASSE, INSTINCTS.

IVᵉ ORDRE, INSTINCTS BIENVEILLANTS.

XIIᵉ GENRE, DOUCEUR.

Une grande parole a été dite sur les doux : *Beati mites*. Cet instinct embellit tout autour de lui, et, selon l'expression de George Sand, il est un charme. Dans le monde mystique, on a appelé Jésus « le doux maître. » La douceur se trouve l'un des attributs les plus séduisants de l'âme humaine ; et il semble qu'il n'y ait plus rien à ajouter, quand on a pu dire d'une femme, n'eut-elle pas de beauté : Elle est bonne et douce.

La graphologie devait découvrir, dans les écritures, le signe permanent, éclatant, qui dit les doux. Cela ne lui était pas plus difficile que de trouver celui qui dit les rudes, les non doux.

Ces rudes, ces non doux nous étalent, sans vergogne, quand ils écrivent, les traits anguleux Et l'écriture est si bien sur cela l'expression du vrai, qu'on dit d'un homme peu commode : C'est un anguleux. Tout ce qui n'est pas rude, dur, anguleux, est doux. L'absence de traits anguleux dira la douceur. Mais ceci sera le signe négatif.

Nous demandons le signe affirmatif. Il est trouvé. C'est la courbe que n'aiment pas dans leur écriture les rudes, les non doux, et que, par une opposition bien dans la nature, affectionnent et semblent affecter les doux.

De là, le grand principe graphologique : toute courbe est génératrice de douceur.

Nous n'aurions pas besoin d'autre leçon à donner pour indiquer le signe graphique de la douceur, que de placer, près l'une de l'autre, deux simples lignes, l'une d'une écriture à courbes, l'autre d'une écriture à angles.

ÉCRITURE A COURBES. (Voyez l'autographe page 190).

ÉCRITURE A ANGLES. (Voyez l'autographe page 171).

Quel contraste entre ces deux mouvements de plume ! Comme les courbes s'étalent dans le premier, comme les angles dominent dans le second ! La loi graphologique se déduit logiquement de cette comparaison des deux mouvements graphiques.

Le signe graphique de la douceur est donc celui-ci : *mouvement de la plume affectionnant les courbes et évitant les angles.*

Selon l'intensité du signe, on aura les nuances suivantes :

38° *Indulgence.* Les indulgents excusent facilement les fautes. Les indulgents sont des doux qui sont bons. Toute écriture qui dira bonté et douceur dira indulgence. Ecriture-type : voyez plus haut le cliché de l'écriture des *bienveillants.*

39° *Douceur.* Les doux ignorent toute violence et se font aimer de tout le monde. Signe graphique : l'*écriture à courbes,*

40° *Mansuétude,* synonyme de la douceur. C'est la

douceur débonnaire. Signe graphique : *l'écriture à courbes et, dans l'écriture, la grande prédominance des courbes.*

41° *Clémence, pardon.* Les cléments sont portés à pardonner les offenses, et, les pardonnant, ne gardent aucun ressouvenir des injures.

Signe graphique complexe dont voici la formule :
Douceur : *les courbes.*
Absence du *moi : pas de crochets rentrants* } Clémence.
dans l'écriture.

Les natures oublieuses du *moi*, rayonnantes, qui en même temps sont douces et débonnaires, pardonnent avec bonheur. Voir le cliché de l'écriture des *bienveillants*.

Le signe graphique de la douceur joue un grand rôle en graphologie. Non-seulement il rend les nuances de la bonté, mais, joint à une foule d'autres signes, il est une atténuation permanente à la force de ces signes. Cette remarque est capitale. Heureusement que le signe est si reconnaissable qu'il doit frapper au premier aspect. « Vous êtes dans les doux,—vous êtes dans les non doux, » doit être l'une des premières remarques du graphologiste consulté sur une écriture.

II° CLASSE, INSTINCTS.

IV° ORDRE, INSTINCTS BIENVEILLANTS.

XIII° GENRE, GRATITUDE.

La reconnaissance n'est dure à porter que par les natures sèches, froides, et sans amour dans le cœur. Elle est bonne aux natures aimantes, rayonnantes. L'âme reconnaissante est nécessairement sensible. Elle garde avec bonheur le souvenir du bienfait.

Gratitude et reconnaissance sont synonymes. Cependant dans la langue il y a une nuance : la reconnaissance est un souvenir : on se rappelle ce que l'on doit. La gratitude est un sentiment.

Le signe graphologique de la gratitude est complexe.

Voici la formule :

Sensibilité bien accusée : *écriture très-inclinée*.
Absence du *moi* : *pas de crochets rentrants dans l'écriture*. } Gratitude

Nous n'avons que deux nuances de cette belle disposition de l'âme.

42° *Reconnaissance*. Les reconnaissants gardent avec bonheur le souvenir des bienfaits. Signe graphique indiqué plus haut.

43° *Gratitude*. Nuance de la reconnaissance. Même signe graphique.

Ecriture-type : Voir le cliché de l'écriture des *bienveillants*, page 190. Elle nous donne un bon spécimen d'une âme reconnaissante.

II° CLASSE, INSTINCTS.

IV° ORDRE, INSTINCTS BIENVEILLANTS.

XIV° GENRE, VÉNÉRATION.

Il faut compter l'instinct de vénération parmi ceux qui honorent le plus la nature humaine. Il arrache l'homme à la matérialité ; il l'élève au-dessus de la jouissance purement physique, pour lui révéler de splendides relations avec Dieu, le père des hommes, et avec les hommes nos frères, qui lui donnent des jouissances supérieures, moins bornées et plus durables. Il surnaturalise l'homme, même quand il reste dans les rapports de la fraternité humaine. Au lieu d'une agglomération, elle fait une famille d'hommes.

Les écritures qui traduisent au regard ce noble instinct, renferment un signe complexe dont voici la formule :

Sensibilité : *écriture inclinée.* } Vénération.
Douceur : *écriture à courbes.*

Il est rare que les natures aimantes, bienveillantes et douces n'aient pas en même temps l'instinct de la vénération.

Ecriture-type : voir plus haut, le cliché de l'écriture des *bienveillants*, page 190.

Les nuances de la vénération sont celles-ci :

44° *Respect*. C'est la nuance dominante de vénération. Les respectueux sont pleins de procédés à l'égard d'autrui. Signe-type indiqué pour la vénération.

45° *Vénération*. Les vénérateurs ont l'instinct de rendre hommage au mérite, à la vertu, à la sainteté. Signe-type indiqué plus haut.

46° *Piété*. C'est la vénération appliquée aux choses de la religion. Les pieux en remplissent avec soin les devoirs.

47° *Adoration*. C'est la plus haute expression de la vénération. Elle ne se donne qu'à Dieu, l'être infini. Dans le langage humain, le mot adoration est appliqué à nos affections les plus ardentes. On dit : « une femme adorée. » On dit encore : « il adore la musique, — il adore les arts. »

Toutes les nuances que nous venons d'indiquer, répondent évidemment au même instinct, et je ne les indique ici que pour donner une classification complète.

II° CLASSE, INSTINCTS.

IV° ORDRE, INSTINCTS BIENVEILLANTS.

XV° GENRE, AMOUR.

Cette grande manifestation de l'âme humaine a pour base la puissance affective (voyez, plus haut, la faculté sensible) que nous avons déjà étudiée dans la classe des facultés. Plus le mouvement affectif est développé, plus l'âme dépense de chaleur et de vie au dehors. La sensibilité étudiée en elle-même est une faculté primordiale de l'âme. On a beau faire, il faut qu'elle aime ; et les égoïste ne sont si forts que parce qu'ils s'aiment prodigieusement et qu'ils n'aiment rien en dehors d'eux ; car, quand ils aiment, ils confondent avec eux la chose aimée. Il y a des égoïstes qui ont une force prodigieuse d'amour : seulement, ils en sont le but exclusif, c'est-à-dire qu'ils ont la sensibilité concentrée.

L'amour, c'est la faculté aimante passée à l'état d'instinct. C'est alors un penchant irréfléchi qui est maître en nous, et qui nous porte à réaliser au dehors, par des actes, le sentiment affectif.

Tout ce que nous avons dit de la faculté affective comme manifestation de l'âme, il faut donc le dire de l'instinct aimant.

Le signe graphologique est logiquement le même, et les nombreuses nuances dans lesquelles se ramifie en quelque sorte ce noble instinct de l'âme, reviennent toutes au mouvement de la plume qui est familier aux sociables.

Ce signe, c'est l'*inclinaison des lettres*, qui dit si bien physiologiquement que l'âme se donne. Voyez le signe graphique, à la faculté sensible, plus haut, page 162.

Les nuances de l'instinct de l'amour sont nombreuses.

48° *Humanité*. Les humains sont sensibles aux maux de leurs semblables.

49° *Amour*. Les aimants se portent de tout cœur vers autrui.

50° *Charité*. Les charitables aiment à secourir leurs frères.

51° *Philanthropie*. Les philanthropes sont portés, par bonté de cœur, à aimer tous les hommes.

Humanité, amour, charité, philanthropie, sont presque synonymes; le même signe-type les exprime.

52° *Dévouement.* Les dévoués font du bien jusqu'à se sacrifier. Ici la manifestation s'accentue davantage. Il faut que le dévoué ait dans l'âme plus que de l'amour : il doit avoir de l'ardeur, de l'énergie, le sentiment de sa force.

Le signe graphique du dévouement doit donc être complexe. Une âme faible, molle, quoique portée par le cœur à tous les sentiments de l'humanité, n'arrive que difficilement, et par une surexcitation momentanée, à un dévouement.

Cependant, en graphologie, il faut dire que toutes les natures capables de passions, sont capables de dévouement. Voyez les mères :

« Et dans un faible corps s'allume un grand courage. »

Evidemment l'écriture-type du dévouement sera celle de ce grand Vincent de Paul, que la religion a placé sur les autels.

Nous avons là une nature sensible, impressionnable. Celui que j'ai appelé, dans la *Graphologie,* « le moins mystique des saints du calendrier, » n'est pas une nature au cœur froid. Ses lettres s'inclinent. Mais, à côté du signe de l'âme aimante, humaine, charitable, compatissante, se trouve une énergie incroyable. Il a des massues terribles qui disent la résolution, la volonté forte, énergique, implacable. Ce grand sauveur des âmes a la massue des violents, comme Pierre Bonaparte, des assassins, comme Troppmann. C'est donc un très-bon type à étudier et qui rend bien les deux forces par lesquelles l'âme arrive au sacrifice de soi pour autrui. Aussi saint Vincent de Paul n'eut pas fait ses œuvres héroïques s'il avait eu uniquement l'écriture des *sensibles.* Il devait avoir aussi celle des *forts*; et ici le signe de force est plus marqué que le signe de sensibilité.

Je vous prie Monsieur de faire [...]
l'interpretation de nostre [...] juilly un mois
en [...]. Son [...] [...] ny le jour
[...] de ce miserable pecheur [...] j'[...]
consolé de vous [...] fait [...] que je
[...]. Je la [...] je [...] sans [...].

Vincent Depaul 78
i p d t m.

53° *Pitié, compassion, commisération.* Les hommes de pitié ont un vif sentiment de douleur pour les maux de leurs semblables. La compassion et la commisération sont des nuances de la pitié.

Signe graphique : *Ecriture très-inclinée.* Toutes les natures sensitives sont compatissantes. On a fait cette remarque, que les Madeleines tombées sont pleines de pitié et de dévouement les unes pour les autres. Les faiblesses descendues jusqu'à la honte, n'ont pas touché à cette noble fibre qui est dans le cœur de la femme.

54° *Amitié, fraternité.* Les amis portent une vive affection. Ces fraternels voient des frères dans tous les hommes.

Même signe-type que pour les instincts aimants.

45° *Patriotisme.* Les patriotes ont une affection vive pour leur pays. C'est l'instinct de l'amour appliqué à la collectivité humaine. Quand cet instinct est à la plus haute puissance, il fait les grands dévouements. L'écriture alors a le signe-type que nous venons d'étudier dans saint Vincent de Paul.

On comprend que le dévouement, considéré comme une force de cœur appliquée, s'étende à tout et fasse les grands patriotes comme elle fait les grands saints, ceux qui se sont oubliés eux-mêmes dans les prodiges de la charité.

II° CLASSE, INSTINCTS.

V° ORDRE, INSTINCTS MALVEILLANTS. — SENS DE LA RÉPULSION.

XVI° GENRE. — DÉPLAISANCE.

En graphologie, la loi des contraires a son application constante. Une écriture n'a aucun des signes graphiques qui disent bienveillance, douceur, bonté, affection, amour, dévouement, etc. Vous êtes sûr que cette *absence de signes bons* devient logiquement un indice certain de *la presence de signes mauvais.* Et vous devez conclure à tous les instincts malveillants qui disent les non-doux, les aigres, les acariâtres, les disputeurs, les dédaigneux, etc.

Sensibilité et douceur sont les dominantes psychologiques des instincts bienveillants. Elles ont pour signe-type *l'écriture inclinée et des courbes.*

Peu de sensibilité, peu de douceur seront les dominantes des instincts malveillants. Elles auront logiquement, pour signe, l'*écriture redressée et les angles.*

Tout cela est dans la double donnée de la psychologie et de la physiologie. Il ne peut pas y avoir de désaccord dans les lois qui conduisent le monde moral. La négation d'un bien est certainement l'affirmation d'un mal.

Donc, pour rendre les instincts malveillants, nous avons à parler de l'observation, facile à faire, de l'absence de tous les signes de bienveillance, de bonté, de douceur que nous avons remarqués dans l'étude de la famille graphologique précédente.

Les écritures qui se *redressent*, qui *rejettent les courbes pour prendre les angles*, nous donnent le signe graphique des instincts malveillants. Quand ces signes se compliquent de ceux de l'égoïsme, de la vivacité, de la dureté, ils donnent plus d'intensité au mouvement malveillant.

Nous avons réuni sous le nom d'instinct de déplaisance le plus grand nombre des manifestations du sens de la répulsion.

56. *Dérision*, 57. *Raillerie*, 58. *Moquerie*, synonymies de la dérision. Les railleurs sont portés à la dérision. Les moqueurs sont des railleurs qui offensent.

59. *Brouille* Les brouillons mettent mal les gens les uns contre les autres

60. *Tracasserie*. Les tracassiers font toujours des difficultés dans les affaires. Ils sont souvent brouillons.

Ecriture des tracassiers, des brouillons.

61. *Pointillerie,* 62. *Dispute,* 63 *Querelle,* 64. *Bataille.* Synonymies. Les pointilleux disputent pour des riens. Les disputeurs contredisent sans cesse. Les querelleurs disputent avec provocation et animosité. Les batailleurs sont toujours en lutte avec quelqu'un.

Signe graphique commun pour toutes les nuances de la déplaisance : *l'écriture anguleuse, les barres vives ascendantes, qui disent les vifs, jetées quelquefois en dehors de la hampe des t minuscules,* qui disent les violents. S'il y a *les majuscules à crochets rentrants* qui disent les personnels, les jaloux, les susceptibles, vous avez des indications très-nettes de l'instinct déplaisant.

Le satirique Boileau, homme d'esprit, mais cœur sec, a l'écriture qui dit son cœur peu tendre et son esprit anguleux. Ses coups de plume sont autant de petits coups durs et secs ; son écriture presque relevée dit l'absence de cœur.

Ajoutez qu'il est content de lui, qu'il a une haute idée de sa supériorité. Son M majuscule s'épate avec luxe, et dit bien qu'il comprend que les autres poètes, sauf peut-tre Racine èou Molière, ne lui vont pas à la cheville.

ÉCRITURE DE BOILEAU *(les déplaisants, les railleurs,* etc.).

Nous avons la nature qui aime la querelle, la raillerie,

la dérision, même cruelle. Que d'honnêtes écrivains il a méchamment humiliés !

« Et libre du souci qui trouble Colletet,
« N'attend pas pour dîner le succès d'un sonnet: »

Colletet devait être un mauvais poète, puisque Boileau le dit ; mais insulter à sa pauvreté pour faire un vers piquant, c'est prouver une malveillance que repoussent les nobles cœurs.

Il a toujours de ces traits personnels qui disent un cœur dur :

« Passe l'été sans linge et l'hiver sans manteau. »

Le pauvre poète dont il parle n'est pas riche comme lui, Boileau, fils du greffier du parlement ; mais, franchement, ce n'est pas sa faute ; et sa garde-robe n'a rien à voir avec sa poésie.

IIe CLASSE, INSTINCTS,

Ve ORDRE. — INSTINCTS MALVEILLANTS.

Sens de la répulsion.

XVIIe GENRE. — DÉDAIN.

L'instinct dédaigneux est un des mauvais côtés de la nature humaine. Il suppose une haute estime de soi, une comparaison humiliante pour les autres, en raison de laquelle on les rabaisse.

Nous n'avons que deux nuances de cet instinct malveillant, et encore ces nuances se confondent presque.

65. *Dédain.* Les dédaigneux ne font aucun cas des autres.

66. *Mépris.* Les méprisants refusent aux autres les égards, les attentions, l'estime qu'ils leur doivent.

Signe graphique indiqué déjà pour la malveillance. Voir plus haut. Ajoutez à ce signe qui dit l'absence de sensibilité et de douceur, des *traits durs*, des *formes bizarres*.

> I send it as you direct to Mon.
> Diodati's by his Governess. —
> I have the honor to be y. v. ob.d.t. very humble Sert.
> Byron

L'écriture de lord Byron est un type pour cet instinct dédaigneux. Tout y est de travers, anguleux, sec, bizarre. Il a souvent des coups de plume qui sont de véritables bouts de lame d'acier.

Tantôt sa signature se termine d'une manière vulgaire, par un petit paraphe contourné et égoïste ; tantôt il signe royalement, — c'est un écrivain de génie, — mais il met un point après son nom, ce qui dit toujours défiance.

IIe CLASSE, INSTINCTS.

Ve ORDRE. — INSTINCTS MALVEILLANTS.

Sens de la répulsion.

XVIIIe GENRE. — AIGREUR.

Deux nuances nous sont données pour cet instinct malveillant.

67. *Aigreur.* Les aigres sont toujours d'humeur à blesser autrui.

68. *Acreté.* Les acariâtres sont dans la disposition d'être désagréables à autrui.

Même signe graphique que pour les deux genres précédents. L'écriture-type est celle de lord Byron, aigre, acariâtre, mauvais coucheur autant que dédaigneux. Le signe particulier de l'aigreur est surtout l'*écriture de travers, lettres hautes et basses, inclinées tantôt dans un sens, tantôt dans l'autre, et étrangement fabriquées.*

Voici l'écriture d'un acariâtre, mais qui luttait prodigieusement par religion et par vertu contre sa nature, pour en combattre l'humeur blessante et désagréable.

La sensibilité se fait jour au milieu de ces angles et de ces coups de glaive. Mais l'aigreur native perce toujours.

Ecriture d'un acariâtre.

De plus il est vif, despote ; son organisation est nerveuse. Tout cela est dit par l'écriture, et nous explique l'instinct d'aigreur du personnage, mais sert en même temps à établir, à l'honneur de l'espèce humaine, la grande puissance de l'âme humaine sur les instincts en apparence indestructibles. Cet homme dominait l'aigreur et l'âcreté terrible qui était en lui dès son enfance. Il y a certaines courbes.

Ces exemples suffisent amplement pour donner une notion sûre de la manifestation malveillante.

IIe CLASSE, INSTINCTS.

VIe ORDRE. — INSTINCTS PARCIMONIEUX.

Sens de l'épargne.

XIXe GENRE. — ÉCONOMIE.

Si nous suivons notre méthode d'observation, nous ne tardons pas de découvrir en prenant cent écritures de personnes très-économes, qu'au rebours des prodigues qui ont dans leur écriture de très-longues finales, qui espacent très-largement leurs mots sur les lignes, qui laissent des marges considérables et font beaucoup d'alinéas, les économes : 1° arrêtent brusquement les finales de leurs mots ; 2° mettent le plus qu'ils peuvent de mots dans une ligne et de lignes dans une page ; 3° détestent les marges ; 4° évitent de faire des alinéas ; 5° ne font pas de lettres qui demandent beaucoup d'encre.

Tout cela a son explication physiologique.

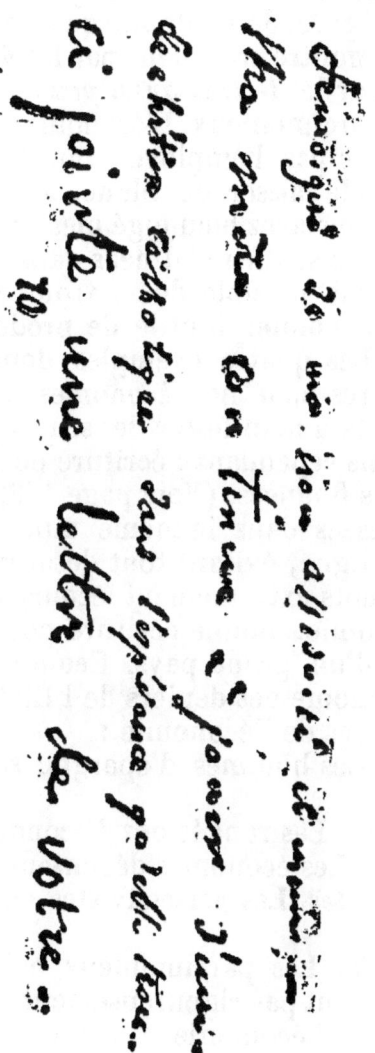

Les économes.

Je prends ici quatre écritures-types de personnes très-connues par leur instinct d'économie. Les signes graphiques indiqués plus haut s'y trouvent étalés. Le signe-type est si exactement vrai que les quatre écritures d'économes paraissent sorties de la même plume, du moins les trois premières lignes. Je ne donne qu'une ligne de chacune d'elles qui montre très-bien, par les *finales brusquement écourtées*, par les *lettres aussi peu étendues que possible*, l'instinct parcimonieux. L'économe doit économiser son encre, pour ne pas l'employer inutilement, son papier, pour ne pas le laisser en blanc. J'ai cité une dame qui m'a écrit : « Vous avez bien jugé mes instincts d'économie. Je ne puis pas souffrir d'alinéas dans mon écriture. »

Il n'est donc pas possible de se tromper sur le signe graphique de l'économie. Inutile de produire d'écriture-type nouvelle. Les quatre exemples donnés plus haut nous montrent très-bien nos économes dans le mouvement qui les porte à manifester le sens de l'épargne qui est en eux. Citons cependant l'écriture de M. Magne, ancien ministre des finances. (Voir page 163).

Les lettres tassées dans le même mot, les mots tassés dans la même ligne, évitant tout désordre de la plume, les finales des mots extrêmement écourtées, disent bien l'instinct d'économie. Bonne écriture pour celui qui manie les finances d'un grand pays. Économe de son bien, il devra être économe des deniers de l'Etat.

Voici les nuances de l'économie :

69° *Epargne.* Les hommes d'épargne se réservent des ressources.

70° *Rangement.* Les rangés ont l'économie ordonnée.

71° *Économie.* Les économes dépensent peu.

72° *Possessivistes.* Les possessivistes ont le penchant à garder.

73° *Parcimonie.* Les parcimonieux évitent toutes les dépenses qui ne sont pas rigoureusement indispensables.

Ecriture-type d'économie : Magne, — Thiers, — Louis XVIII (voyez *Graph.* de 1873, n° 24), — le cardinal Donnet (voyez *Graph.* de 1872, n° 13), Scribe.

Etudier, page 120, la loi physiologique des marges.

II° CLASSE, INSTINCTS.
VI° ORDRE, INSTINCTS PARCIMONIEUX.
XX° GENRE. — AVARICE.

Il est évident que l'avarice n'est autre chose que le sens de l'épargne porté à l'extrême. Un avare est un économe outré. Dès que nous avons un signe graphique bien nettement établi, qui rend bien le sens de l'épargne, nous n'avons qu'à examiner si ce signe se produit avec intensité, avec excès ; et nous ne nous tromperons pas à conclure, sur la production multipliée de ce signe, que l'écriture placée sous nos yeux, est bel et bien celle d'un avare.

Le célèbre Harpagon millionnaire, de Lyon, connu sous le nom du père Crépin, et qui périt misérablement assassiné, a l'écriture honteuse de l'avarice.

ÉCRITURE DU PÈRE CRÉPIN. (*Les avares*).

La *Graphologie* de 1872, n° 3, contient un splendide spécimen, reproduit ici en partie, de l'écriture d'un célèbre pingre, le grand diplomate Talleyrand. C'est l'idéal du genre, et la belle écriture d'avare que le graphologiste doit avoir pour type dans sa pensée pour juger de l'avarice mesquine, ladre, presque sordide (page 210).

Nuances :

74° *Mesquinerie*. Les mesquins dépensent au-dessous de leur condition.

75° *Avarice*. Les avares ont un amour excessif de la richesse.

76° *Ladrerie*. Les ladres ont l'avarice honteuse.

77° *Pingrerie*. Synonyme de sordidité.

78° *Sordidité*. Les sordides ont l'avarice grossière.

J'ai beaucoup connu un ladre qui n'achetait jamais de papier à lettres. Il ramassait sur la place, devant l'église de son village, les petits papiers sur lesquels les pâtissiers font le biscuit appelé *massepain*, papier que les enfants jettent quand ils ont mangé la pâtisserie. Il lavait proprement ce papier, le faisait sécher, le pliait en deux, écrivait sur cela ses lettres, pliait de nouveau en deux et cachetait avec le quart d'un pain à cacheter. J'ai eu dans ma possession l'une de ces lettres, précieux autographe que j'ai malheusement perdu.

Je calque sur un *massepain* la grandeur habituelle de ces morceaux de papier.

le même appartement qu'elles habitaient...
surprises ce printemps : rien de plus. ....
viendra coucher à la maison, il logera ....
d'albert. — l'appartement de charlotte
71

SYSTÈME DE GRAPHOLOGIE

II° CLASSE, INSTINCTS.

VII° ORDRE, INSTINCTS PRODIGUES.

Sens de la profusion.

XXI° GENRE. — DISSIPATION.

L'écriture qui n'aura aucun des signes indiqués pour l'économie, nous donnera de suite les instincts prodigues. C'est ce que j'appelle, en graphologie, le signe négatif. Le signe positif est tout aussi facile à saisir : 1° *les longues finales;* 2° *les lettres des mots, au lieu de se tasser, s'étendant longuement à côté les unes des autres;* 3° *les mots s'espaçant fortement et voulant couvrir le plus de papier possible;* 4° *des lignes souvent composées de deux mots;* 5° *des alinéas fréquents;* 6° *de larges marges;* 7° *beaucoup de blanc laissé dans le papier.* Voilà abondance de signes, sur lesquels il sera difficile de se tromper.

Il est très-important de remarquer que *les longues finales* disent la générosité, et qu'il y a des prodigues qui ne sont pas généreux. Ils ne dépensent pas pour satisfaire les besoins du cœur, les instincts de charité, de dévouement. Leur écriture très-lâche, très-espacée, dit très-nettement le sens de la profusion marqué des longues finales. C'est la nuance, bien digne d'être remarquée, des prodigues non généreux.

Voici l'écriture d'une prodigue qui emploie des finales tantôt écourtées, tantôt longues, par conséquent, qui avait des prodigalités quelquefois généreuses; et d'autres barrées longuement par l'instinct de la profusion.

Comme elle jette ses mots, comme elle espace ses lettres! C'est un beau spécimen d'écriture de prodigue.

Voici maintenant l'écriture d'une autre prodigue dont toutes les finales sont longues.

72

Nuances :

78° *Dissipation*. Les dissipateurs ne gardent ni règle, ni mesure dans leurs dépenses.

79° *Dépense*. Les dépensiers dissipent sans calculer.

80° *Prodigalité*. Les prodigues dépensent à l'excès, avec profusion.

Les écritures de dissipation se rencontrent perpétuellement. On les reconnaît à l'aide de cette formule : *lettres peu tassées dans le mot ; peu de mots dans une ligne ; peu de lignes dans une page.*

SYSTÈME DE GRAPHOLOGIE 213

IIIe CLASSE, INSTINCTS.

VIIIe ORDRE, INSTINCTS LUXUEUX.

Sens du faste.

XXIIe GENRE. — OSTENTATION.

ÉCRITURE DE LOUIS XIV. *(Les fastueux)*

L'instinct luxueux tient de deux sens qui se réunissent : le sens du faste qui porte l'homme à étaler sa richesse ; le sens *** qui le porte à la profusion. C'est donc, physiologiquement, un instinct complexe. Le signe graphique sera complexe également.

Écriture donnant le sens de la *profusion.* } Ostentation.
Écriture donnant le sens de la *grandeur.* }

Les prodigues nous sont connus.

Les magnifiques ont l'écriture grande, haute, signent sans paraphe vulgaire ; ont le *M* majuscule plus haut à sa première hampe qu'à la dernière, indice de l'amour de ce qu'on appelle la vie en grand, la vie brillante, aristocratique. En combinant ces deux signes graphiques, nous trouverons l'instinct luxueux.

Nous avons un beau spécimen de cette écriture : c'est celle de Louis XIV, roi fastueux et magnifique.

Nuances :

81° *Luxe*. Les luxueux, dans toutes les classes, font une dépense considérable.

82° *Faste*. Les fastueux font de la dépense par ostentation.

83° *Somptuosité*. Les somptueux font une dépense extraordinaire et généreuse.

84° *Magnificence*. Les magnifiques vivent dans les grandeurs et l'extrême opulence.

Ecritures-type : Le sire de Joinville (XIII° siècle), — Bertrand Duguesclin, — Tanneguy Duchâtel, — la dame de Beaujeu, — René d'Anjou, — Charles VIII, — Louis XII, — Chabannes, — Lautrec, — Coligny, — François Ier, — Anne de Montmorency, — Diane de Poitiers, — Guise, — Guy Chabot, — Diane de France, — le cardinal de Richelieu, — la princesse de Soubise, — le maréchal de Luxembourg.

II° CLASSE, INSTINCTS.

IX° ORDRE, INSTINCTS CRAINTIFS.

Sens de la peur.

XXIII° GENRE. — DÉFIANCE.

Le sens de la peur fait les défiants, les timides et les craintifs. Ces trois genres ne se confondent pas, quoique cependant bien voisins, comme on dit en histoire naturelle. Mais on peut être défiant sans être timide ; et il y a des timides qui sont braves, par conséquent ne sont pas craintifs. Ce sont donc des formes bien diverses du sens de la peur. Les signes graphiques ont dû les révéler parce que l'écriture les traduit infailliblement.

Nous avons trois nuances dans l'écriture des défiants.

85° *Défiance.* Les défiants se tiennent toujours sur leurs gardes.

86° *Méfiance.* Les méfiants craignent toujours d'être trompés.

87° *Ombrage.* Les ombrageux ont peur d'un rien.

Voici le signe graphique qui doit indiquer cet instinct.

Toute écriture où l'on place à la fin de la ligne, quand il se trouve un petit blanc trop étroit pour contenir le mot que l'on renvoie à l'autre ligne, un petit trait qui remplit ce blanc indique la méfiance. J'ai appelé ce trait : *le trait du procureur*, parce que les hommes d'affaires, de prudence extrême, d'extrême précaution, placent partout ce trait afin d'éviter que la plume d'un faussaire ne vienne intercaler un mot, une conjonction *et*, une simple virgule, un zéro auprès des chiffres, toutes choses qui changent le sens de la phrase.

Même règle graphique pour toute écriture où, avec la plume, on prolonge la finale du dernier mot de façon à remplir ce petit espace laissé en blanc, qu'on ne veut pas laisser aux falsificateurs.

Ce n'est pas d'aujourd'hui qu'il y a des défiants dans le monde. Voici l'écriture grecque d'un homme d'affaires de l'antiquité, trouvée parmi les papyrus, qui prolonge toutes les finales de ses lettres pour qu'on ne puisse rien y ajouter.

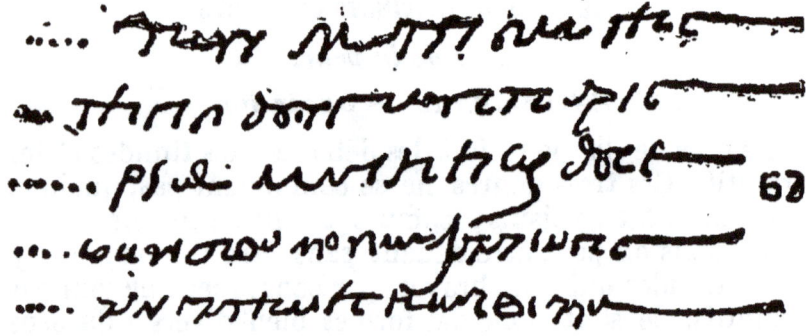

Partout où ils craignent, par instinct, qu'on ne fasse

un changement à ce qu'ils ont voulu écrire, ils font un trait.

Calvin, lord Byron, Alexandre Dumas fils, Barbès, Pierre Bonaparte, le cardinal Régnier sont des défiants. Voyez les autographes dans la *Graphologie* de 1872-73-74-75.

Le signe graphique indiqué plus haut, surtout le *trait du procureur* est tellement le résultat d'un instinct, et non pas une imitation, que je l'ai trouvé, à Londres, très-fréquemment, dans l'écriture des femmes du grand monde, qui certainement n'ont jamais pratiqué la chicane dans les études des hommes de loi.

IIe CLASSE, INSTINCTS.

IXe ORDRE, INSTINCTS CRAINTIFS.

XXIVe GENRE, TIMIDITÉ.

La timidité est produite par le sens de la gêne. On naît timide ; et il faut bien des années, même dans la vie du plus grand monde, pour vaincre un peu cet instinct.

88e *Timidité*. Les timides ont de la peine à se produire.

89° *Hésitation*. Les hésitants sont toujours en balance sur ce qu'ils doivent faire.

90° *Incertitude*. Les incertains ne trouvent pas de raisons qui les déterminent.

91° *Gêne*. Les gênés se trouvent mal à l'aise dans une situation qui leur impose de se tenir perpétuellement sur leurs gardes.

Une écriture-type de timidité, c'est celle du Père de la Colombière, jésuite, le directeur spirituel de sœur Alacoque. J'ai analysé cette écriture intéressante. *Graphologie* de 1875, n° 5. Il faut l'étudier, p. 164 de ce volume.

Le signe-type de la timidité est le *mouvement brisé, hésitant de la plume quand elle trace des courbes.* Voyez les *d* minuscules du cliché. La main, organe de l'instinct de l'hésitation, manquant de la hardiesse des natures sûres d'elles-mêmes, ne produit pas le trait hardi, la courbe rigoureusement tracée des esprits qui ne connaissent pas la timidité.

Par conséquent, signe négatif, *absence de tout mouvement hardi de la plume.*

On peut être hardi de pensée, de conception, et être timide, hésitant, incertain dans les choses de la vie.

La gêne a pour signe graphique *des lettres majuscules dont les hampes se pressent l'une près de l'autre.* Ce qui est le contraire de l'écriture des gens qui se sentent à l'aise et dont les lettres *s'étalent largement.* Toute signature dont la majuscule s'étiole en longueur et dont les deux hampes se resserrent, dit un esprit gêné.

Voici une majuscule type qui commence une signature :

Les Gênés.

Etudier, comme contraste, l'écriture des hardis.

Pendant que les hardis, les hommes de situation toute faite, élargissent leurs lettres et spécialement leurs majuscules, les hommes de situation gênée en rapprochent les hampes.

IIe CLASSE, INSTINCTS.

IXe ORDRE, INSTINCTS CRAINTIFS.

XXVe GENRE, CRAINTE.

Le sens de la peur fait les craintifs. C'est une faiblesse de l'âme, un manque d'ardeur, d'énergie, de force.

Les nuances de la crainte sont nombreuses, et plusieurs de ces nuances sont de pures synonymies.

92° *Crainte.* Les craintifs ont peur de toute difficulté, de tout mal.

93° *Respect humain.* Les hommes que domine le respect humain tremblent devant le jugement des autres.

94° *Poltronnerie.* Les poltrons ont la crainte du mal : ils ont peur de la souffrance.

95° *Lâcheté.* Les lâches, par manque de caractère, ne se battent pas ou se laissent battre.

96° *Peur.* Les peureux se troublent de tout ce qui leur paraît nuisible.

97° *Frayeur.* C'est la peur très-vive.

98° *Alarme.* Les alarmés sont dans l'inquiétude provoquée par de mauvaises nouvelles.

99° *Épouvante.* C'est la peur soudaine et excessive.

100. *Terreur.* C'est la peur qui abat par l'idée d'un suprême danger.

Si nous étudions l'écriture des hommes inaccessibles à la crainte, nous voyons les *traits fermes, accentués, les courbes hardies,* le trait que j'ai appelé *le coup de sabre,* généralement *l'écriture ascendante;* tous les signes que nous avons indiqués pour les forts volontaires : *résolution* (le trait en massue), *obstination* (les *f* et les *t* barrés fortement en retour), *énergie* (signature en glaive, en trait fulgurant).

L'absence de tous les signes qui constituent le courage, l'énergie, dans l'homme, donne le signe graphique de la crainte.

Selon l'intensité du signe, nous avons l'excès de la crainte qui fait les lâches. Si le signe est moins intense, nous avons les craintifs, les peureux.

Les écritures descendantes appartiennent presque toujours aux craintifs.

Ce sont des signes graphiques très-nombreux, desquels il sera facile de déduire l'instinct de crainte, de peur, et leurs nuances.

L'écriture féminine répond généralement à l'instinct de la crainte.

IIe CLASSE, INSTINCTS.

Xe ORDRE, INSTINCTS APATHIQUES.

Sens de l'indolence.

XXVIe *GENRE, INDOLENCE.*

La langue rend très-bien cette mollesse d'âme qui constitue l'indolence, l'apathie, etc. C'est un manque de ressort, Ce n'est pas, comme dans la famille précédente, le sens de la peur qui resserre l'âme et l'enchaîne dans l'épanouissement de sa vitalité, c'est un manque d'activité, une complaisance native à ne pas développer ses forces. C'est en cela que les instincts apathiques diffèrent des instincts craintifs. On peut être craintif sans être apathique, et l'écriture rend bien la différence.

101. *Lenteur.* Les lents n'ont aucune ardeur dans leurs mouvements.

102. *Indolence.* Les indolents ne veulent rien entreprendre.

103. *Nonchalance.* Les nonchalants ne se donnent pas les soins qu'ils devraient.

Le signe graphique de ce groupe est facile à saisir.

L'écriture des indolents *repousse tous les angles, tous les traits fermes, affectionne la courbe, aime les lettres mal formées, formées à moitié.* Le signe se rencontre fréquemment. *Le manque d'ardeur, du mouvement graphique* dit logiquement l'indolence du cerveau moteur. La plume dépense *peu de traits fermes,* parce que le cerveau ne dégage pas de fermeté.

C'est bien l'une des grandes preuves de la valeur scientifique de la science graphologique. L'énergique et l'apathique n'écriront jamais l'un comme l'autre, qu'ils tracent de l'hébreu, de l'arabe, du grec ou du français.

II° CLASSE, INSTINCTS.

X° ORDRE, INSTINCTS APATHIQUES.

XXVII° GENRE.—PARESSE.

Il est inutile de définir la paresse. C'est une notion que le mot rend mieux que la définition elle-même. L'Eglise a fait de la paresse un péché capital. Elle a eu raison. Seulement ce n'est pas l'instinct paresseux qu'elle songe à condamner, il est dans l'âme humaine, mais bien la négligence coupable de nos devoirs que cet instinct nous fait commettre, quand on ne lui résiste pas. La paresse, c'est-à dire l'oubli du devoir, c'est le péché, le mal ; la paresse, c'est-à-dire le penchant à ne pas aimer le travail, la peine, c'est l'instinct. Pour ne pas tomber dans le premier, il faut résister au second. La grandeur de l'homme libre c'est de résister à ses instincts, pour s'imposer la peine du devoir, et trouver son bien moral à l'accomplir.

104. *Apathie.* Les apathiques ne sont touchés de rien.

105. *Inertie.* Les inertes sont incapables de rien faire.

106. *Paresse.* Les paresseux aiment à éviter l'action, la peine, le travail.

107. *Fainéantise.* Les fainéants sont des paresseux qui se complaisent dans le dégoût du travail.

Nous ne chercherons pas le signe graphique spécial de toutes ces nuances qui se confondent presque. Nous avons, pour les distinguer, la loi de l'intensité du signe.

Le signe fortement indiqué nous donne l'excès La fainéantise est l'excès de la paresse. L'inertie est l'excès de l'apathie.

Le signe-type de la paresse comprend tous les signes que nous venons de donner pour l'indolence. La dominante de ces signes, ce qui constitue particulièrement le signe graphique de la paresse, c'est la courbe.

L'indolent affecte les courbes dans son écriture. Le paresseux ne prend pas la peine de donner aux lettres leur hauteur, leurs éléments, il indique les lettres : lisez si vous pouvez.

Voici une écriture-type de paresseux.

Un sensuel, un féminin, un timide, un paresseux Sa plume est aussi amollie que son âme. C'est l'écriture d'un homme ; et elle a toute l'impressionnabilité de l'écriture d'une adolescente sensitive. Il est faible au point de ne tracer que de petits points, des accents seulement indiqués, à peine perceptibles, que la gravure n'a certainement pas rendus dans leur excessive petitesse. Voilà l'écriture-type du paresseux.

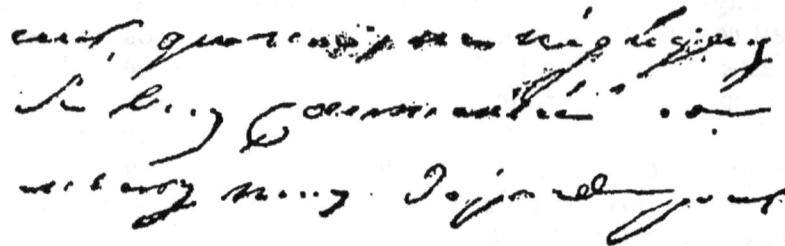

Les paresseux.

Ici se termine notre classification des instincts. Leur rôle, on vient de le voir, est considérable dans l'étude des signes graphiques. Quand on s'est rendu compte des facultés dominantes dans une âme, qu'on a bien saisi l'être intellectuel, sensible et libre, qu'on le tient dans ses instincts, la personnalité est déjà bien connue.

Nous avons maintenant à aborder la troisième classe des signes graphiques, celle qui nous donne *la nature*.

IIIe CLASSE, NATURE.

XIe ORDRE, DÉVELOPPEMENT DU SENS PERSONNEL.

XXVIIIe GENRE, ÉGOISME.

Il eût été très-beau de pouvoir élaguer du langage les mots trop crus qui blessent notre oreille française. Dites à un homme : Vous avez, très-marqué, *le sens de la personnalité*, ou bien *le sens personnel*, vous l'offensez peu. Il est plus difficile de lui dire : Vous êtes un égoïste. Autant vaudrait lui dire : Vous êtes un assassin. Il accepte donc très-bien qu'on lui dise : Vous avez très-marqué *le sens personnel*. S'aimer pleinement et par-dessus tout, adorer sa propre personne, ce que Lavater a appelé « le cher *moi*, » quoi de plus naturel ! Et bien exigeant serait celui qui voudrait qu'on ne découvrît pas en lui, ce sentiment légitime en apparence, par lequel nous nous aimons si bien.

Et cependant nul n'accepte de s'entendre appeler égoïste. C'est une injure que l'on repousse. Telle est la

misère humaine que l'on se paie de mots; on dit :
J'avoue bien que je n'aime pas mal ma chère personne,
mais je ne reconnaîtrai jamais que je suis un égoïste.

Cela explique à nos lecteurs qu'il faut rejeter les vilains
mots, comme *orgueil*, *égoïsme*, et en prendre d'autres
qui aillent mieux à la pauvre humanité. Le mot *personnalité* peut être adopté plus facilement que celui d'égoïsme.

Voilà pour la pratique.

Comme théorie et entre graphologistes, on dira toujours l'égoïsme.

L'égoïsme donc est le sens du *moi* de la *personnalité*.

Dans les affections humaines il y a un double mouvement. Il y a *les affections impersonnelles et rayonnantes*, par lesquelles on s'oublie pour les autres : alors on aime les autres pour eux, pour le bonheur qu'on leur procure, pour le bien qu'on leur fait. Il y a les *affections personnelles et convergentes*, par lesquelles on pense à soi, en aimant les autres : on les aime pour soi, pour les joies de cœur qu'on en retire, pour la vanité qui s'attache à leur appartenir, en raison de leur situation et de leur fortune.

L'étude de l'écriture des égoïstes m'a amené à découvrir qu'ils affectionnent le mouvement de plume pour lequel ils font *retour sur une lettre par un crochet rentrant*, que j'ai appelé *le crochet égoïste*. C'est surtout le *M* majuscule qui prête le plus à ce mouvement étrange révélateur du *moi*.

Mais on le trouve aussi dans beaucoup d'autres lettres ; particulièrement dans les suivantes : *N, R, T, C*.

Il y a même des écritures où toutes les finales des mots

par un *e* minuscule ont un crochet rentrant, indiquant l'égoïsme.

C'est un des signes graphiques les plus communs dans l'écriture.

J'ai une écriture dans laquelle est écrit avec beaucoup de soin le mot *Malboroug*. Le *M* majuscule a un crochet égoïste très-marqué. Le beau de l'affaire, c'est que la plume s'est arrêtée au *b* minuscule, pour faire un second crochet rentrant. C'est incroyable. Mais comme la bonne personne qui a écrit cela adore son cher *moi* !

Les nuances se classent ainsi :

108. *Personnalité*. Les personnels rapportent tout à eux-mêmes.

109. *Egoïsme*. Les égoïstes n'aiment qu'eux.

110. *Nature convergente*. Les hommes aux affections convergentes aiment autrui pour eux-mêmes.

Il y a donc une nuance entre les égoïstes qui n'aiment qu'eux, et les convergents qui aiment les autres, mais en faisant entrer cette affection dans leurs joies personnelles. C'est alors du dévouement intéressé.

L'égoïste qui n'aime que lui, a le crochet égoïste et l'écriture se portant vers la verticale.

Le convergent qui aime les autres a l'écriture inclinée, l'écriture des sensibles, par laquelle il est aimant, et le crochet égoïste par lequel il rapporte à lui-même ses affections.

Quelquefois le mouvement personnel n'est indiqué que par le simple retour de la plume.

Alors l'égoïsme est moins prononcé. Il n'est qu'à la plus faible puissance. Ces nuances sont faciles à saisir. Elles sont les mêmes pour tous les signes.

224 SYSTÈME DE GRAPHOLOGIE

III° CLASSE, NATURE.

XII° ORDRE, DÉVELOPPEMENT DU SENS IMPERSONNEL.

XXXI° GENRE, OUBLI DU MOI.

Cette qualité de l'âme qui fait les bonnes et belles natures, les cœurs nobles, dévoués, pensant aux autres pour eux, pour le bien qu'on leur fait, a son signe graphique très-marqué : *les majuscules M, N, T, toujours liées au mot et ne présentant jamais le crochet concentrique.*

111. *Impersonnalité.* Les impersonnels songent autant aux autres qu'à eux-mêmes.

112. *Nature rayonnante.* Les rayonnants aiment les autres pour le bien qu'ils leur font, pour les joies qu'ils leur donnent. Toute écriture sensible et non égoïste dit une nature rayonnante.

Les rayonnants.

Voyez comme la majuscule *M* se lie bien à la minuscule suivante.

Fait très-curieux à constater. Il y a des rayonnants qui sont surpris par un mouvement d'égoïsme. Au momoment où la plume va faire le crochet rentrant, ils font bien ce crochet, mais dans un second mouvement qui a honte du *moi* et qui le repousse, ils se mettent à lier ce crochet à la lettre suivante et continuent ainsi à rayonner.

III° CLASSE, NATURE.

XIII° ORDRE, DÉVELOPPEMENT DU SENS PETIT.

XXX° GENRE, PETITESSE.

113. *Minutie.* Les minutieux se perdent dans les plus petits détails.

114. *Petitesse.* Les petits s'occupent sérieusement de petites choses, et y attachent une grande valeur.

115. *Vétilles.* Les vétilleurs s'amusent à des bagatelles.

Le signe graphique des natures petites consiste dans *la forme commune des lettres, dans le peu de hauteur de l'écriture, dans l'importance donnée à certains détails que dédaignent les natures aux sentiments élevés.*

Les minutieux ne manquent pas de *soigner particulièrement les détails de l'orthographe : points sur les* i, *virgules*, etc.

Voyez écriture-type, celle de **Domergue**, vı^e classe, n° 337, cliché 90.

IIIe CLASSE, NATURE.

XIVe ORDRE, DÉVELOPPEMENT DU SENS ÉLEVÉ.

XXXIe GENRE, ÉLÉVATION.

L'élévation a pour signe graphique l'*écriture à grandes allures*, — *de haute dimension*, — jamais de mots *gladiolés* qui disent finesse et ruse ; — *la signature absolument sans paraphe*, ou accompagnée d'un simple trait, soit en glaive descendant, comme les hommes de lutte, soit en trait horizontal, souvent même détaché de la signature ; — *peu de soin des détails orthographiques ;* — l'écriture à large mouvement dans la ligne ; — *les lettres et les mots non tassés*, — absence de lettres inharmoniques.

116. *Elévation.* Les natures élevées ont une grande noblesse de sentiments.

117. *Dignité.* Les dignes ne font rien au-dessous de leur caractère.

118. *Grandeur.* Les grands excellent dans tout ce qui est noble et bon.

119. *Magnanimité.* Les magnanimes font les choses grandes, sans idée de sacrifice. « Soyons amis, Cinna ! »

Ecriture-type : L'écriture de Louis XIV, page 89 et 213.

Toutes les écritures des natures élevées, depuis le xve siècle où l'écriture commence à se répandre, ont les grandes allures. On peut étudier Henri IV, saint François de Sales, Fénelon, etc. (Voir dans la *Graphologie* de 1875. n° 9, l'étude sur la splendide écriture de saint François de Sales).

De telles écritures deviennent rares à mesure que s'abaisse le niveau des caractères. Nos écritures modernes sont généralement à la taille de nos idées et de nos sentiments, qui malheureusement ne brillent guère par l'élévation et la dignité. L'histoire de l'écriture est bien l'histoire du mouvement intellectuel et moral dans un peuple (1).

III° CLASSE, NATURE.

XV° ORDRE, DÉVELOPPEMENT DU SENS HUMBLE.

XXXII° GENRE, HUMILITÉ, ABSENCE D'ORGUEIL.

Le signe graphique de ce genre consiste dans *l'absence rigoureuse de tous les signes qui indiquent l'orgueil, la prétention, l'estime de soi, le mépris des autres,* — grande simplicité, — allures très-contenues de la plume ; majuscules, *M* et *N*, dont les jambages sont égaux en hauteur.

120. *Humilité*. Les humbles ont le sentiment de leurs imperfections et ne s'élèvent pas au-dessus des autres.

Cette vertu est si rare dans l'humanité toute pétrie d'orgueil, que la langue, si riche comme on va le voir pour donner les nuances du sens de la supériorité, n'a pas pu arriver à trouver un second mot qui fut une nuance de l'humilité.

Ecriture-type : Saint Vincent de Paul, page 198.

121. *Modestie*. Les modestes s'effacent et ne cherchent pas à se grandir devant les autres.

Signe graphique : *Majuscules de très-petite hauteur; souvent des minuscules pour des majuscules.* (K).

---

(1) Voyez mon *Histoire de l'écriture dans ses rapports avec la civilisation, le caractère et les mœurs des peuples,* in-4°.

III° CLASSE, NATURE.

XVI° ORDRE, DÉVELOPPEMENT DU SENS DE SUPÉRIORITÉ.

XXXIII° GENRE, ORGUEIL.

L'orgueil est la grande misère de l'âme humaine. Il naît cependant d'un sentiment vrai, la conservation personnelle qui est une loi de la nature. C'est la perversion d'un besoin social éminemment utile, l'estime de soi. Il n'est donc mauvais que lorsqu'il sort des justes limites du vrai. Il y a un noble orgueil, un légitime orgueil, un saint orgueil, chaque fois que l'âme a le sens intime de s'être élevée jusqu'aux actes du courage et du sacrifice, soit pour se vaincre soi-même, soit pour procurer le bien des autres. Quand on se dévoue à l'humanité, à la patrie, à la vérité, à la science, et tout cela au péril même de la vie, au sacrifice des plaisirs qui attirent toutes les âmes vulgaires, l'âme éprouve le sentiment de l'orgueil.

Ce qui constitue l'orgueil coupable n'est donc pas de ressentir, d'éprouver la satisfaction intime d'avoir bien fait, mais le sentiment personnel et égoïste qui nous grandit au-dessus des autres, et nous porte à les regarder comme nous étant inférieurs. L'essence de l'orgueil est la préférence de soi sur autrui. L'orgueilleux s'admire, il est plein de son mérite.

Les physiologistes ont remarqué que l'orgueil produit une sorte d'extension dans les fibres du corps. On dit : *gonflé d'orgueil*. Les extrémités nerveuses s'épanouissent, la démarche est assurée, la tête est haute, la direction des traits de la face est élevée.

L'orgueilleux se hausse.

L'écriture suit naturellement le mouvement physiologique, mieux que cela, elle en est l'expression immédiate, instantanée. L'écriture se hausse, l'écriture s'épanouit, l'écriture se gonfle, l'écriture est étiolée. De là comme signe graphique du sens de supériorité, *les lettres qui s'épanouissent en largeur, les lettres qui s'exagèrent en hauteur, les majuscules* M *composées de trois jambages dans le premier a souvent, dans certaines écritures, plus du double de hauteur que les deux autres* ; de même pour le *N* majuscule ; les lettres qui tendent perpétuellement vers la verticale, *qui s'etiolent en hauteur*, comme les tiges qui végètent trop à l'ombre et veulent atteindre, plus haut, soleil et lumière.

L'homme qui se laissa représenter sous l'image du soleil avec la devise : *Nec pluribus impar*, Louis XIV, a le visage fier, hautain, dédaigneux. Son écriture répond à sa physionomie. Elle se hausse, s'épanouit, se gonfle. Voyez cette écriture, pages 89 et 213.

Sa signature, Louis, qui dit les sentiments si élevés, est d'une exagération de hauteur de lettres presque choquante. Un signe noble, *grandeur de caractère*, se juxtapose à un signe mauvais, *l'orgueil*. Chez lui, l'orgueil s'épanouit avec une parfaite naïveté.

Le grand Frédéric est plus mesquin que Louis XIV. Il ne lui va pas à la cheville, en grandeur, en dignité, en magnificence. Son écriture est plus petite. Mais il signe royalement. Toutefois, cette grenouille se gonfle et se hausse ; et son *F* majuscule a un développement grossissant et épaté qui, non-seulement manque de goût, mais dit encore l'orgueil du personnage.

Calvin fait un curieux *M* majuscule aux trois hampes bien espacées, un *V* majuscule de même exagération en largeur. Tout cela dit son orgueil s'épanouissant en plein autographe. Mais il signe royalement, comme un des rois de la littérature de son siècle.

Guizot fait son *G* majuscule avec une telle exagération de hauteur, qu'on se demande comment un esprit sérieux a pu s'oublier à une forme de lettre qu'on excuserait seulement dans les prétentions graphiques d'un plumitif de bureau. (*L*).

ÉCRITURE DE GUIZOT (*Les orgueilleux*).

M. Thiers a sa petite écriture, d'une splendide limpidité, qui donne un jugement sûr, une vue nette et perçante des choses; mais comme il se jette avec bonheur dans la direction verticale des lettres par lesquelles, physiologiquement, le personnage se redresse et nous laisse apercevoir ce qu'il a d'orgueil!

Barbès a la grande écriture. Il y a dans cette âme des sentiments très-élevés. Mais la fioriture vient, en traîtresse, se nicher au-dessus de cette écriture magistrale, et dénoncer l'orgueil un peu poseur. Voyez son écriture *Graphologie de 1873, n° 4.*

Arsène Houssaye donne à ses *M* majuscules le mouvement de supériorité, et son *A* d'Arsène a une surélévation excentrique et bizarre qui dit l'orgueil étrange, recherchant tous les moyens de se produire avec éclat. L'écriture se hausse et semble se dresser sur des échasses. (*Id.* 1873.)

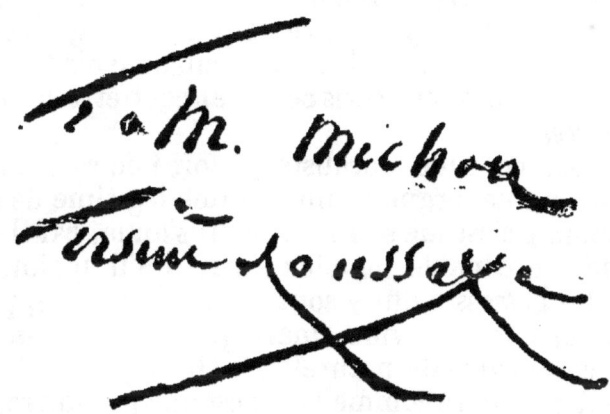

ÉCRITURE D'ARSÈNE HOUSSAYE. (*Orgueil excentrique*).

Un chef-d'œuvre en ce genre, et qui est l'écriture-type la plus éclatante, est celle de Barbey d'Aurevilly. Elle est analysée : *Graphologie* de 1872, n° 19. C'est incroyable d'orgueil extravagant.

Il me faudrait citer les autographes par centaines, où se développe nettement le sens de la supériorité.

Le *L* de Lamartine s'exhausse sur la liaison qui remonte en l'air et va se confondre avec la hampe de la lettre elle-même. Il en est de même du *L* de Lamennais. Et ces deux hommes si éminents ont eu leur dose de puissant orgueil.

On a fait cette remarque que les hommes sont plus portés à l'orgueil et les femmes à la vanité.

Larochefoucauld, brochant sur le tout, prétend que l'orgueil est égal chez tous les hommes, et que la seule différence est dans les moyens et dans la manière de les mettre au jour. C'est bien hardi. Il est fort douteux qu'il ait raison, et que l'humble saint Vincent de Paul ait eu autant d'orgueil que M. Guizot.

Pascal a dit un mot profond sur l'orgueil vaniteux : « Nous perdons même la vie avec joie, pourvu qu'on en parle. » Il dit encore, dans son admirable style : « La vanité est si encrée dans le cœur de l'homme, qu'un goujat, un marmiton, un crocheteur, se vante et veut avoir ses admirateurs. Les philosophes même en veulent. Ceux qui écrivent contre la gloire, veulent avoir la gloire d'avoir bien écrit, et ceux qui le lisent veulent avoir la gloire de l'avoir lu ; et moi qui écris ceci, j'ai peut-être cette envie. » (*Pensées*.)

Cependant, ce rude moraliste est forcé de reconnaître qu'il y a un noble orgueil, une estime légitime de soi : « Que l'homme s'estime son prix, qu'il s'aime, car il a en lui une nature capable de bien ; mais qu'il n'aime pas pour cela les bassesses qui y sont. Qu'il se méprise, parce que cette capacité est vide, mais qu'il ne méprise pas pour cela cette capacité naturelle. » (*Idem*.)

L'orgueil considéré comme vertu est une passion sociale et conservatrice, pour conserver dans les familles l'ordre et l'exemple des plus hautes vertus. C'est de ce noble orgueil que Lamennais a dit : « Il y a peu d'âmes faites pour s'élever jusqu'à l'orgueil, parce que toutes croupissent dans la vanité. »

Les constitutions sujettes à l'orgueil sont celles des sanguins, des sanguins-bilieux et des nerveux.

Les nuances nombreuses de l'orgueil se confondent beaucoup. L'arrogant, le fier, le dédaigneux, le méprisant, tout cela est tellement synonyme qu'on est tenté de blâmer la richesse de notre langue qui a rendu des différences si peu perceptibles, et qu'il serait absurde de rechercher rigoureusement dans les signes graphiques.

122. *Orgueil*. Les orgueilleux ont une estime déréglée d'eux-mêmes.

123. *Arrogance*. Les arrogants ont les manières hautaines et des prétentions hardies.

124. *Fierté*. Les fiers se croient seuls quelque chose.

125. *Dédain*. Les dédaigneux affectent une opinion injurieuse aux autres.

126. *Mépris*. Les méprisants n'ont d'égards, d'estime, d'attention pour personne.

127. *Suffisance*. Les suffisants ont l'orgueil présomptueux.

128. *Présomption*. Les présomptueux ont une idée exagérée de leur capacité.

129. *Importance.* Les importants veulent paraître plus qu'ils ne sont.

Il est évident que, pour toutes les nuances de l'écriture qui tiennent au développement du sens de supériorité, il faut tenir compte 1. de la *sensibilité* : une nature sensible pourra être orgueilleuse, mais dédaigneuse rarement; 2. de l'*égoïsme* : une nature personnelle sera méprisante; 3 de *la raideur* : une nature raide, dure, sera fière et arrogante. C'est la loi des signes complexes sur lesquels un peu d'habitude permet rapidement de se prononcer sans peine.

III° CLASSE, NATURE.

XVII° ORDRE, DÉVELOPPEMENT DU SENS RETENU.

XXXIV GENRE, MODÉRATION.

130. *Calme.* Les calmes sont maîtres de tous leurs mouvements.

131. *Modération.* Les modérés gardent dans toutes choses une sage mesure.

132. *Retenue.* Les retenus se contiennent perpétuellement devant les autres.

Le sens retenu a, pour signe graphique, l'excessive sobriété de l'écriture, des majuscules très peu mouvementées, des lettres tracées uniquement pour rendre la pensée dans son expression la plus simple et la moins tourmentée. Grande placidité des mouvements de la plume.

Absence complète des signes du genre suivant.

Ecriture-type, page 75,

Voyez page 100, la loi des lettres simples, c'est l'écriture des graves magistrats, des vieillards, des gens d'affaires bien posés, de toutes les natures froides et impassibles.

III° CLASSE, NATURE.

XVIII° ORDRE, DÉVELOPPEMENT DU SENS EXALTÉ.

XXXV GENRE, EXALTATION.

Le genre exalté est très-caractérisé en graphologie, par

le développement des lettres soit en dessus, soit en dessous des minuscules sans jambages, comme o, *m*, *n*, *i*. Les lettres qui sont affectionnées par les natures exaltées, sont d'abord les majuscules de toute sorte; ensuite le *d* minuscule qui va se perdant dans le blanc du papier avec une course capricieuse; les queues des *g*, des *j*; les finales où la plume a toute liberté de s'épancher en traits longs, crochus, contournés, ascendants, descendants, selon le caprice de la faculté désordonné appelée imagination.

Le signe graphique est donc celui-ci : *Tout mouvement de plume en dehors de la manifestation pure et simple de la pensée par la lettre régulière, sobre, officielle, dit un mouvement exalté de l'âme.* On peut indiquer spécialement les grands mouvements du *d* minuscule dans le blanc du papier, comme le montre l'exemple suivant :

133. *Enthousiasme.* Chez les enthousiastes, les uns se livrent à des sympathies outrées, les autres à un sentiment qui les emporte.

En signes graphiques, ils affectionnent, outre l'écriture très-mouvementée, *les longs points d'exclamation, — ces mêmes points multipliés, — une série de points à la fin des phrases, les longs points d'interrogation.*

Exemple : Rachel, le cardinal d'Andréa, Cham.

134. *Imagination (la folle du logis).* Les natures d'imagination voient toutes les choses à travers un prisme qui les montre autrement qu'elles ne sont.

On le comprend, il ne s'agit pas ici de l'imagination, faculté de produire des images, qui est particulière aux poètes, aux écrivains, aux artistes. Cette belle puissance productrice d'images a une autre manifestation graphique. Voyez *aptitudes*.

L'imagination que nous étudions, est un mouvement cérébral deu réglé, qui a sa longue échelle progressive, depuis le plus faible désordre jusqu'aux excentricités les plus incroyables. C'est donc l'intensité du signe qui marque le degré de désordre que l'imagination produit.

135. *Exaltation*. Les exaltés ont la tête dans un état de perpétuelle excitation.

136. *Extravagance*. Les extravagants ne connaissent de règle et n'agissent que par caprice. Un type de ce genre a été le duc de Brunswick, qui a fait la ville de Genève son héritière.

[illegible handwriting]

28 9bre 1873 1er Gre
conte de Lyon à Vichy
Chaudry de Vaux
des Blanchards
Ch. S. A. M. Denis

137. *Folie*. Les fous manquent de raison.

Il y a une folie purement accidentelle. C'est le résultat d'une lésion organique, d'un coup reçu, d'un transport au cerveau, d'une brusque surprise de joie extrême ou d'extrême douleur, etc. Cette folie ne tient pas à l'exaltation de l'âme. C'est la folie que j'appellerai physique, purement organique. Celle-là n'est pas amenée par l'exaltation. Une âme trop faible ne peut supporter un affreux malheur : la tête part, comme on dit. L'exaltation n'y est pour rien. Ici nous mentionnons la folie, hélas ? trop commune, qui est un des résultats de l'exaltation. L'écriture la traduit très-nettement par le dévergondage extrême des lettres. On peut passer toute sa vie sur la limite même de la folie et ne pas devenir fou ; comme aussi, cette limite étant si facile à dépasser, les natures exaltées peuvent devenir folles d'une heure à l'autre.

L'étude des écritures comparées dit très-bien si l'exaltation diminue ou fait des progrès ; c'est un véritable baromètre à consulter.

La page précédente nous donne une écriture-type : celle d'un fou inoffensif. Il a la *folie de la prodigalité*. Il est doux, bon, d'une excessive mobilité d'impressions. Voyez le mouvement désordonné de ses lettres.

IIIe CLASSE NATURE.

XIXe ORDRE, DÉVELOPPEMENT DU SENS ACTIF.

XXXVIe GENRE, ARDEUR.

Il est inutile de définir l'activité que déploie l'âme humaine. Le mot se définit tout seul. Il est bien évident que les natures actives ne doivent pas écrire comme les natures inactives, nonchalantes, sans ardeur, sans entrain.

Signe graphique : tous les mouvements vifs, brusques, aussi abrégés que possible de la plume, surtout des barres d'un trait d'une excessive rapidité ; une écriture absolument sans étude, très-abandonnée, où l'esprit ne se préoccupe pas d'être lu, de faire les mots lisibles, les lettres saisissables; le mouvement des lettres et des lignes plutôt ascendant que horizontal, et presque toujours une écriture portant le signe de la sensibilité, de l'impressionnabilité, Les ardents sont des sensitifs.

138. *Spontanéité.* Les hommes de mouvement spontané, les primesautiers agissent en vertu de la première impression.

139. *Vivacité.* Les vifs voudraient que leur désir s'accomplît immédiatement.

L'écriture hâtée des vifs dit leur activité fébrile.

140. *Activité.* Les actifs agissent avec promptitude.

141. *Ardeur, entrain.* Les ardents se portent avec véhémence à leurs entreprises.

Les longues barres aux t minuscules plus ou moins ascendantes disent la vivacité, l'ardeur.

Les vifs affectionnent aussi le mouvement brusque et ascendant de certains *p* et *v* qui ressemblent à un coup de sabre sur le papier. Ex. : Paul de Cassagnac, page 169.

IIIe CLASSE, NATURE.

XXe ORDRE, DÉVELOPPEMENT DU SENS ÉNERGIQUE.

XXXVIIe GENRE, COURAGE.

La langue est riche en nuances sur le sens énergique. Beaucoup de ces nuances ne sont guère que des synonymes : valeur, bravoure, vaillance; comme aussi : élan, force, vigueur, énergie.

Nous indiquerons cependant ces nuances, parce que les Graphologistes arrivent à les saisir, en examinant l'intensité du signe, et en cherchant d'autres signes qui viennent donner à cette nuance une accentuation spéciale.

142. *Courage.* Les courageux sont disposés à entreprendre des choses hardies et grandes, à supporter des choses pénibles, et à vaincre celles qui sont difficiles.

143. *Vigueur.* Les vigoureux ont une grande puissance de force.

144. *Virilité.* Les virils ont l'âme capable d'exécuter

tout ce qui est commandé par la dignité de la nature humaine.

145. *Fermeté*. Les fermes ne fléchissent pas.

146° *Force*. Les forts ont l'âme bien trempée.

147° *Énergie*. Les énergiques ont en eux le développement constant de la force.

148° *Élan*. Les hommes d'élan ont des mouvements subits de force.

149° *Valeur*. Les valeureux s'exposent sans crainte au danger.

150° *Bravoure*. Les braves font des actions d'éclat.

151° *Vaillance*. C'est la plus haute expression de la valeur et de la bravoure. On dit : « un vaillant capitaine. »

Signe graphique du sens énergique.

Ecriture d'ordinaire à lignes ascendantes ; — les signes de la forte volonté, soit l'obstination, soit la résolution, soit la ténacité ; — souvent l'écriture a des angles, — tend à la verticale, c'est l'énergie nuancée de sang-froid ; tantôt l'écriture est inclinée, dit la passion ; c'est l'énergie passionnée celle de Ney, de Cambronne, de Paul de Cassagnac. Voyez, pages 95 et 96, la loi physiologique de l'écriture des natures fortes.

Les énergiques sont rendu très-vivement par leur paraphe. Les uns, comme Gambetta et Paul de Cassagnac, ont un immense yatagan qui dit les hommes de grandes luttes ; les autres, comme le plus grand nombre des journalistes, ont le paraphe en glaive, soit aigu, soit recourbé, qui dit les batailleurs ; d'autres ont le paraphe fulgurant, c'est-à-dire formant après leur nom le sillonnement en zig-zag de la foudre.

Ce sont de très-bons signes graphiques dont il faut beaucoup tenir compte.

Ecriture-type d'une nature virile : Charlotte Corday, page 157.

III° CLASSE, NATURE.

XXI° ORDRE, DÉVELOPPEMENT DU SENS DÉCOURAGÉ.

XXXVIII° GENRE, ABATTEMENT.

Les nuances du sens découragé sont nombreuses :

151. *Inquiétude.* Les inquiets se troublent et appréhendent tout ;

151. *Tristesse.* Les tristes sont toujours dans un état de déplaisir.

153. *Langueur.* Les languissants ont des peines d'esprit et de cœur.

154. *Abattement.* Les abattus ne trouvent plus de force en eux-mêmes.

155. *Mélancolie.* Les mélancoliques voient les choses en noir et se font des craintes de tout.

156. *Découragement.* Les découragés n'entreprennent rien et s'arrêtent à tous les obstacles.

157. *Torpeur.* C'est l'abattement plus accentué.

158. *Désespoir.* C'est le dernier degré de l'abattement.

Comme toujours, nos nuances se confondent en réalité.

Le signe-type du découragement est le *mouvement descendant de la ligne.* C'est le signe inverse du genre précédent. L'âme courageuse monte. Son ardeur l'emporte. Elle gravit la montagne ; elle monte à l'assaut. L'âme découragée descend, elle se jette sur la pente, elle y glisse. Si l'abîme se rencontre, elle ne peut s'accrocher à rien, et elle y tombe. Le mouvement de la main traçant la ligne descendante, dit bien ce retrait timide du bras qui porte la plume à ne pas s'avancer vers la partie haute du papier.

Il y a même des découragés qui non-seulement ont la ligne descendante, mais encore *des mots descendants* sur la même ligne.

C'est évidemment défiance extrême de sa propre force ; l'âme s'affaisse sous le moindre poids.

Toutes les natures qui écrivent ainsi, redoutent l'insuccès ; elles craignent de hasarder.

Voir la loi physiologique de cette forme d'écriture, page 102, et étudier le chiché page 167.

Outre le signe graphique très-précis que nous avons donné, il faut ajouter ceux de *l'écriture impressionnable,* de la *volonté faible.* L'âme manque de ressort pour la soutenir. Les natures fortes, résolues, ne se découragent pas.

On comprend de quelle importance il est, en graphologie, de distinguer au premier coup d'œil, les natures que le courage, l'ardeur, l'espérance entraînent et font monter, de celles qui se laissent glisser sur la pente de l'affaissement, de la torpeur et du désespoir. La femme de cœur qui a tracé les deux lignes données comme type, a cessé d'espérer. Mais elle est toute jeune, et la nature, par un effet de réaction, lui fait écrire à la seconde ligne, des mots avec un mouvement ascendant, comme une dernière aspiration vers la vie. Voyez page 167.

Cette écriture rend admirablement toutes les nuances du combat suprême. Nature tenace, elle barre le *t* minuscule du mot et, avec une barre en retour, signe graphique de l'obstination. Elle ne se rendra qu'à l'épuisement de ses forces. Elle semble s'accrocher encore à l'existence.

IIIe CLASSE, NATURE.

XXIIe ORDRE, DÉVELOPPEMENT DU SENS CANDIDE.

XXXIXe GENRE, FRANCHISE.

159. *Ouverture d'âme.* Les natures ouvertes ne redoutent pas qu'on pénètre leur pensée.
160. *Sincérité.* Les sincères ne songent pas à déguiser.
161. *Franchise.* Les francs ont la sincérité constante.
162. *Confiance.* Les confiants ne soupçonnent personne.
163. *Naïveté.* Les naïfs disent tout ou laissent tout deviner de leur âme.
164. *Candeur.* Les candides agissent avec une âme pure.
165. *Ingénuité.* Les ingénus sont incapables d'un déguisement, d'une finesse.

Le signe graphique de la franchise consiste dans *la grande égalité de hauteur des lettres formant le même mot, et souvent même dans le grossissement de hauteur des*

mots, de gauche à droite dans les écritures occidentales, et de droite à gauche dans les écritures qui, comme l'hébreu et l'arabe, se tracent de droite à gauche ; ce que j'ai appelé des *mots grossissants*.
Ecriture-type :

IIIe CLASSE, NATURE.

XXIIIe ORDRE, DÉVELOPPEMENT DU SENS ARTIFICIEL.

XLe GENRE, DISSIMULATION

166. *Ruse, finesse, artifice, intrigue, astuce, rouerie.* Les rusés, les fins, les artificieux, etc., cherchent des moyens habiles pour tromper.

167. *Impénétrabilité.* Les impénétrables se tiennent de façon à n être jamais devinés.

168. *Dissimulation.* Les dissimulés cachent habilement leurs desseins.

169. *Déguisement.* Les déguisés prennent un masque pour paraître ce qu'ils ne sont pas.

170. *Fausseté, trahison, hypocrisie.* Les faux affectent de bons sentiments pour tromper.

171. *Mensonge, charlatanisme.* Les menteurs affirment des choses dont il savent la fausseté.

Signe grafique : c'est logiquement l'inverse du signe du genre précédent. Au lieu de l'écriture grossissante, c'est *l'écriture gladiolée*.

En voici le type.

Ce signe graphique si intéressant et si capital pour ré véler l'âme humaine dans ses plus profonds replis, est étudié dans la physiologie graphique, page 125 et suivantes.

Voici un splendide échantillon d'écriture d'un fin, d'un impénétrable. C'est celle de feu l'archevêque de Reims, M. Landriot, ancien évêque de La Rochelle.

Le fin, le rusé, a les mots gladiolés. L'impénétrable a tous les mots pour ainsi dire gladiolés. C'est une *série de petits traits* qui représentent les lettres aussi peu qu'il est possible de les rendre, comme, en parlant, la parole de tels hommes rend, aussi peu qu'il est possible de le faire, leur pensée intime.

LANDRIOT. — *Les impénétrables.*

Il faut ajouter au signe indiqué plus haut, « les *o* minuscules, les *a*, la tête des *g* fortement bouclés. »

Ce signe indique les natures qui non-seulement peuvent ne jamais dire leur pensée, mais à qui, au besoin, la non vérité ne déplaît pas, s'il y a des raisons graves d'intérêt et de passion à produire le mensonge. Ce sont des natures fausses.

Les natures ouvertes font souvent des *y* pour des *g*, des *u* et des *a* pour des *o*. Elles ne ferment ni les *g*, ni les *a*, ni les *o*. Voyez un exemple des plus curieux, dans l'écriture de Châteaubriand, pages 137 et 138, où toutes les lettres sont ouvertes. C'est une étude fort intéressante.

Châteaubriand était une âme élevée, ayant horreur de tout artifice, de tout mensonge.

Remarquez que l'impénétrable Landriot n'est pas un menteur. Il ne se laisse pas deviner, mais il n'a pas re-
u au mensonge : ses *a* et ses *o* ne sont pas bouclés.

III° CLASSE, NATURE.

XXIV° ORDRE, DÉVELOPPEMENT DU SENS DÉSINTÉRESSÉ.

XLI° GENRE, DÉTACHEMENT.

Nuances du sens désintéressé :

172. *Libéralité.* Les natures libérales sont portées à donner avec abondance.

173. *Générosité.* Les généreux donnent noblement, avec cœur.

174. *Détachement.* Les détachés ne tiennent pas à la richesse.

175. *Désintéressement.* Les désintéressés ne font rien pour un motif personnel.

Le signe graphique révélateur de cette belle nature, consiste dans les longues finales des mots, et dans les mots aux lettres peu tassées.

L'avare, l'intéressé, craignent de dépenser leur encre et la retiennent au bout des lettres. Les généreux ont le cœur ouvert, et leur plume étale les lettres, les mots, les finales sur le papier, comme leur main puise largement dans leur portefeuille.

Nous n'avons pas de plus beau type de nature libérale, généreuse, désintéressée, que notre grand et cher Lamartine. Son écriture contient le signe graphique nettement indiqué. Voir la *Graphologie* de 1874, n° 5. Ecriture-type des désintéressés, p. 212.

III° CLASSE, NATURE.

XXV° ORDRE, DÉVELOPPEMENT DU SENS CUPIDE.

XLII° GENRE, CUPIDITÉ.

176. *Avidité.* Les avides n'en ont jamais assez.

177. *Cupidité.* Les cupides ont le désir immodéré d'avoir.

178. *Rapacité.* Les rapaces sont ardents à acquérir.

L'avarice n'entraîne pas nécessairement la rapacité. Il

y a des avares simplement possessivistes, c'est-à-dire aimant l'argent pour le plaisir d'en avoir. Il y a des avares cupides, rapaces, desquels on dit qu'ils tondraient sur un œuf. Il y a des rapaces qui ont leurs heures de dépense, mais pour se satisfaire dans leurs goûts bas et grossiers.

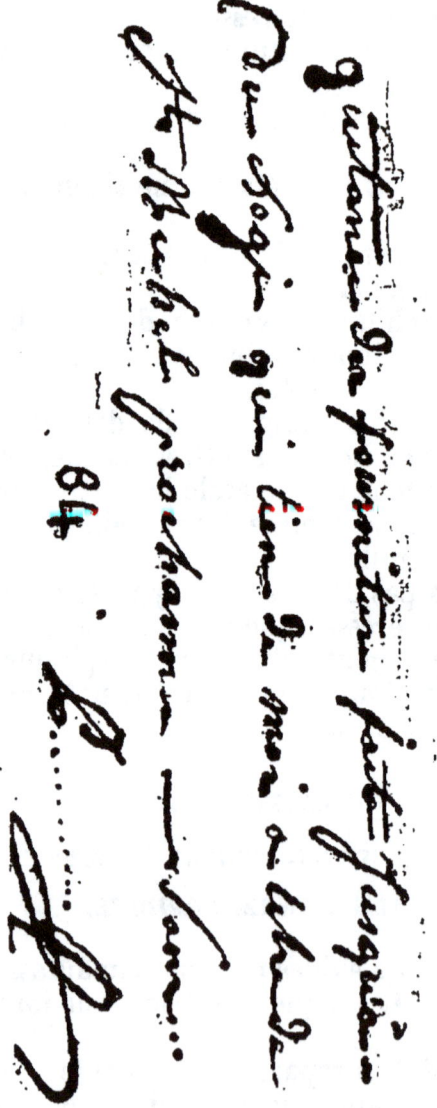

Les cupides

Signe graphique. Les cupides font de *tout petits crochets aux M majuscules au commencement et à la fin de la lettre* Ils affectionnent le *paraphe arachnéide,* quand ils ne craignent pas de dépenser l'encre d'un paraphe. Dans ce cas, ce sont les prudents, les mercantiles. Ils ont des *traits durs, des finales massuées;* l'écriture est sèche, *rigide.* Ils sont implacables pour quelques centimes.

L'écriture-type de la page précédente, est celle d'un pingre de première catégorie. Voyez la lettre *M* dans « saint Michel » : les deux crocs s'y crispent du bonheur d'accrocher quelque chose. Le *P* majuscule de la signature a une forme compliquée de chicaneur et de procureur qui est fort remarquable. Louis-Philippe, un peu pingre, ne signait pas autrement son nom de Philippe. Cela dit le cupide retors et entendu en affaires.

III° CLASSE, NATURE.

XXVI° ORDRE, DÉVELOPPEMENT DU SENS ADULATEUR.

XLIII° GENRE, ADULATION.

170. *Flatterie.* Les flatteurs donnent des louanges excessives.

171. *Flagornerie.* Les flagorneurs louent sans délicatesse.
172. *Adulation.* C'est la flatterie basse et lâche.
L'intensité du signe donne l'une ou l'autre de ces nuances.
Le signe graphique de l'adulation est complexe :
1° L'écriture manque du signe de la grandeur, *de la dignité.* Toute flatterie est une bassesse, au moins un abaissement de caractère, donc toujours *petite écriture;* 2° *écriture de la ruse, de la finesse.* Le flatteur est un rusé qui en veut à un fromage; 3° *écriture des cupides.* Le flatteur est toujours poussé par un intérêt.

Les flatteurs.

Ecriture-type portant des lettres initiales en croc, — écriture de la finesse. — Pas d'élévation dans ces lettres.

III° CLASSE, NATURE.
XXVII° ORDRE, DÉVELOPPEMENT DU SENS CONTINENT.
Natures peu sensuelles
XLIV· GENRE, PUDEUR.

173. *Pureté.* Les purs évitent de se souiller l'âme.

174. *Chasteté.* Les chastes observent les règles morales sur les plaisirs permis.

175. *Décence.* Les décents ne transgressent jamais la bienséance et l'honnêteté.

176. *Pudeur.* Les pudiques appréhendent de blesser tout ce qui tient à l'honnêteté.

Signe graphique du sens continent.

L'écriture est formée de traits légèrement appuyés; elle évite les traits pâteux, les lettres renflées, (c'est-à-dire épaisses au milieu des jambages). Elle est délicate, effleurant en quelque sorte le papier. L'âme pudique est la colombe qui craint d'appuyer le pied sur la vase terrestre. J'ai appelé cette écriture aérienne.

Ecriture-type : l'écriture de Landriot, archevêque de Reims, plus haut, p. 243 : tout y est aérien, pas un trait de plume ne trahit une nature sensuelle.

III° CLASSE. NATURE.
XXVIII° ORDRE. APPÉTITS PHYSIQUES.
XLV· GENRE, SENSUALITÉ.

177. *Sensualité.* Les sensuels ont un vif penchant pour les plaisirs des sens.

178. *Impureté.* Les impurs violent les lois de la chasteté.

179. *Impudicité.* Les impudiques sont des impurs qui ne rougissent pas de leur vice.

180. *Libertinage.* C'est la sensualité qui ne connait pas de frein.

Signe graphique. *Absence du signe genre précédent*: rien de léger, d'aérien dans le mouvement du trait. *Les points lourdement appliqués.* (Voyez, page 105, *du Point.*) La plume affectionne *les lettres renflées, épaisses au milieu du jambage,* l'écriture est appuyée.

> Petit Bien qui ne docile
> Petit Jardin, Petites table,
> Petit minois qui m'aime
> tout pour moi chose delect

NÉO LESPÈS. (*Les sensuels.*)

IIIᵉ CLASSE, NATURE.

XXIXᵉ ORDRE, APPÉTITS PHYSIQUES.

XLVIᵉ GENRE, GOURMANDISE.

Quoique les gourmands soient des sensuels, tous les sensuels ne sont pas gourmands. Il a donc fallu séparer les deux genres.

181· *Gastronomie*. Les gastronomes recherchent les mets délicats. Ce sont des gourmands par l'esprit.

182· *Gourmandise*. Les gourmands ne pensent qu'à satisfaire les appétits physiques.

— Les festineurs recherchent les joies des grands repas.
— Les gourmets sont de fins dégustateurs.
— Les viveurs ne connaissent qu'un bonheur dans la vie, les plaisirs de la table.

Signe graphique : l'*écriture appuyée, pâteuse*.

Ecriture-type : celle de Léo Lespès. Il avait le cou d'un Vitellius : l'organe pouvait largement ingérer.

IIIᵉ CLASSE, NATURE.

XXXᵉ ORDRE, DÉGAGEMENT DE L'APPÉTIT PHYSIQUE.

XLVIIᵉ GENRE. TEMPÉRANCE.

Les natures tempérantes partagent avec les natures peu sensuelles, le sentiment d'un grand détachement des sens. Les trois nuances suivantes se confondent presque.

183· *Sobriété*. Les sobres mangent uniquement pour vivre.

184· *Frugalité*. Le frugal se contente de tout pour sa nourriture.

185. *Tempérance*. Les tempérants évitent les excès quels qu'ils soient.

Signe graphique : même signe que pour les natures peu sensuelles. Voyez plus haut, page 243. Les natures peu portées aux plaisirs sont facilement frugales et tempérantes.

III ͤ CLASSE, NATURE.

XXXI ͤ ORDRE, DÉVELOPPEMENT DU SENS INFLEXIBLE.
XLVIII ͤ GENRE, CONSTANCE.

186. *Constance.* Les constants ont, dans leurs affections et leurs déterminations, une fermeté qui ne se laisse pas ébranler.

187. *Persévérance.* Les persévérants ont dans leur conduite une résolution qui change très-difficilement.

188. *Inflexibilité.* Les inflexibles ne se détournent jamais du but qu'ils se sont proposé, n'importe pour quelle raison.

C'est un des côtés de notre nature les plus importants à bien remarquer : le signe est très-net, très-facile à saisir; et, dans la pratique, il ne trompe pas.

Les natures en qui domine le sens inflexible ont dans leur écriture le signe suivant :

Leur ligne d'écriture est aussi droite que si elle était écrite sur du papier réglé. De plus, leurs *lettres* sont *de hauteur généralement régulière.*

Tel est le signe graphique, et s'il est très-marqué son intensité nous donne les grands inflexibles, ceux desquels le poète a pu dire : *Si fractus illabatur orbis, nunquam à proposito dimoveas.* Le monde entier s'écroulerait que de telles natures ne se détourneraient pas de leur but.

Ce sont des écritures très-remarquables. Non-seulement la ligne a la rigidité de la tige de fer, mais chaque *lettre anguleuse* dit l'entêtement. *Les coups de massue* disent l'obstination.

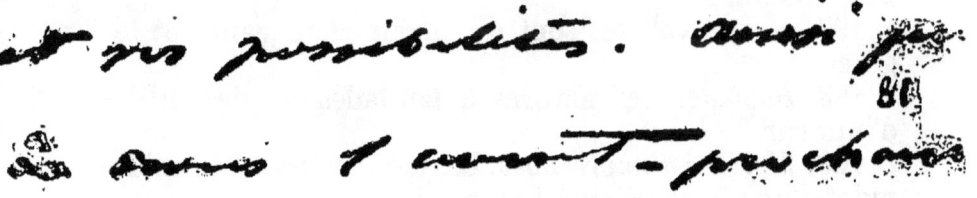

Les inflexibles extrêmes.

Les inflexibles à formes douces.

Dans les écritures anglaises on trouve fréquemment ces deux formes.

L'écriture de Bismarck (voyez page 90), doit être étudié comme type des inflexibles ; les coups de volonté résolue (*la massue*) y sont dominants.

IIIᵉ CLASSE, NATURE.
XXXIIᵉ ORDRE, DÉVELOPPEMENT DU SENS VERSATILE.

189. *Légèreté.* Les légers ne peuvent s'attacher à quoi que ce soit.

190. *Caprice.* Les capricieux ne se gouvernent par aucune raison.

191. *Fantaisie.* Les fantasques sont sujets aux idées étranges.

192. *Versatilité.* Les versatiles changent souvent d'idées.

193. *Changement.* Synonyme de la versatilité.

194. *Incertitude.* Les incertains ne savent à quelle idée s'arrêter.

195. *Inégalité.* Les inégaux se montrent tout à coup d'une façon, et tout à coup d'une autre.

196. *Étourderie.* Les étourdis agissent sans considérer ce qu'ils font.

197. — Les volages sont d'humeur changeante et légère.

198. *Boutade.* Les natures à boutades ont des saillies d'humeur.

199. *Mobilité d'impressions.* Les mobiles passent rapidement d'une impression à l'autre.

200. *Perplexité.* Les perplexes sont dans un état d'incertitude.

Signe graphique : *Tous les signes inverses des signes du genre précédent*. Jamais de rigidité ni dans le mouvement du mot, ni dans le mouvement de la ligne. — *Peu ou point de massues.* — *Peu de signes de ténacité et d'obstination. Les lesttre ont une variabilité perpétuelle de hauteur.*

Les versatiles.

Voyez, page 72, l'écriture si versatile du maréchal Ney.

III° CLASSE, NATURE.

XXXIII° ORDRE, DÉVELOPPEMENT DU SENS LOYAL.

L. GENRE, DROITURE.

201. *Droiture*. Les hommes droits ne s'écartent pas, même en apparence, de ce qui est juste.

202. *Loyauté*. Les loyaux portent loin le sentiment de la probité et de l'honneur.

203. *Justice, équité*. Les justes rendent à chacun ce qui lui est dû.

204. *Probité*. Les probes sont constants à observer les droits d'autrui.

205. *Honneur*. Les hommes d'honneur ne s'abaissent pas à de mauvaises actions.

206. *Honnêteté*. Les hommes honnêtes sont fermes dans la pratique du bien.

Signe graphique :

Signes graphiques de franchise. — Absence du signe de ruse. Quelquefois des *a*, des *o*, des *g* minuscules non bouclés par le haut. — Ecriture où ne se rencontre nul signe de pose, de recherche, de prétention.

Ecriture-type, voyez page 254.

Les natures franches, ouvertes, naïves, sont droites et loyales.

III° CLASSE, NATURE.
XXXIV° ORDRE, DÉVELOPPEMENT DU SENS FOURBE.
LI° GENRE, TROMPERIE.

Nuance du sens fourbe :

207. *Déloyauté.* Les déloyaux ne tiennent pas à se conformer aux sentiments de l'honneur et de la probité.

208. *Tromperie.* Les trompeurs usent d'artifice pour induire en erreur.

209. *Fourberie.* Les fourbes trompent avec adresse et manquent à la bonne foi.

210. *Perfidie.* Les perfides sont les fourbes qui abusent de la confiance et joignent la fausseté à la ruse.

Signe graphique : absence des signes qui donnent les natures droites, loyales, ouvertes. Ecriture des rusés, des fins. — Ecriture-type :

Les trompeurs.

Il serait trop long de raconter ici ma curieuse aventure avec la femme habile qui a cette écriture type. On peut la voir dans la *Graphologie* de 1872, n° 31 ; cela tient du roman. Le jour où j'eus son écriture, ses ruses furent dévoilées. Elle exploitait depuis plusieurs mois, une honnête famille. Elle passa en police correctionnelle, fut condamnée à la prison, et étonna les juges par son impudence.

III° CLASSE, NATURE.
XXXV° ORDRE, DÉVELOPPEMENT DU SENS NOBLE.
LII° GENRE, ESTIME DE SOI.

211. *Estime de soi.* Les hommes qui s'estiment ne font rien que la conscience puisse leur reprocher.

212. *Noblesse d'âme.* Les hommes qui ont l'âme noble, ont les sentiments élevés et ne cherchent à se distinguer que par le mérite et la vertu.

213. *Noble fierté.* Les hommes qui ont l'âme fière, ont le sentiment des efforts qu'ils font pour conserver la probité et l'honneur.

Signe graphique : tous les signes graphiques de la droiture et de la loyauté. — Le signe graphique du caractère élevé : grande allure de lettres. Lettres généralement hautes. Absence absolue de finesse, de ruse. — Absence du signe diplomate. Ecriture droite sans rudesse.

FÉNELON, — *Noblesse d'âme.*

Les dégradés.

Nuances du sens vil :
214. *Bassess d'âme*. Les âmes basses font des actes méprisables 215. *Vilenie*. Les vils font tout ce qui est contraire à l'honneur. 216. *Avalissement*. Les avilis mènent une vie abjecte. 217. *Dégradation*. Les dégradés sont tombés au dernier degré de l'avilissement. Signes graphiques : Absence complète des signes graphiques de la noblesse de l'âme. — Vulgarité extrême. — Désordre de l'esprit. — Cupidité.

Ecriture d'un misérable qui a été un second Troppmann en Belgique. Quelle ignoble écriture !

III° CLASSE, NATURE.

XXXVII° ORDRE, DÉVELOPPEMENT DU SENS CIRCONSPECT.
LIV° GENRE, PRUDENCE.

Signes graphiques : 1° Les prudents de négligent rien de l'orthographe, les points sont sur les *i*, la ponctuation est irréprochable ; 2° l'écriture est posée, calme, sobre, c'est-à-dire sans de grands mouvements de plume qui disent l'imagination désordonnée : 3° les lignes sont bien espacées ; 4° rien n'est omis dans la formation des lettres, même quand elles sont de mauvaise écriture ; 5° ils emploient fréquemment le petit trait (—) qu'ils mettent souvent à la fin des alinéas, signe remarquable de prudence, puisque c'est le signe de la défiance, et les défiants sont prudents ; 6° l'écriture bien rarement rapide, ce qui est le propre des irréfléchis, des natures du premier mouvement.

218. *Reflexion*. Les réfléchis considèrent attentivement toutes choses. 219. *Vigilance*. Les vigilants pensent à tout. 220. *Discrétion*. Les discrets se règlent conformément aux égards et aux bienséances. 221. *Discernement*. Nuance du jugement. 222. *Circonspection*. Les circonspects ne parlent et n'agissent qu'à propos 223, *Jugement*. Les hommes de jugement prévoient les effets et les suites, et prennent toujours le meilleur parti. 224. *Prudence*. Les prudents pratiquent tout ce qui convient dans la conduite de la vie. 225. *Réserve*. Les réservés évitent tout ce qui peut blesser ou compromettre. 226 *Temporisation*. Les temporisateurs diffèrent à propos et savent attendre les occasions. 227. *Précautions*. Les précautionnés prennent à l'avance des mesures pour éviter le mal et les inconvénients des choses.

Les prudents *aiment à ne pas faire enchevêtrer les jambages des lettres d'une ligne dans l'autre; et il y a des blancs entre leurs mots et entre leurs lignes.* Il est rare que leur écriture soit très-inclinée, ce qui dit toujours *passion, entraînement du sentiment*. Et les prudents se tiennent contre le cœur. Leur écriture se redresse par instinct. Jamais un désordre graphique dans leur écriture. Les femmes du Nord, très-réservées, très-prudentes, mettent un point après leur signature. Les hommes d'affaires, les notaires, les hommes en dignité, les chefs de communauté ont l'écriture prudente.

Voyez page 164 l'écriture du jésuite La Colombière ; — p. 154, celle de M. Thiers.

III° CLASSE, NATURE.

XXXVIII° ORDRE, DÉVELOPPEMENT DU SENS IRRRFLÉCHI.

LV° GENRE, IMPRUDENCE.

Toute écriture où manqueront les signes graphiques de la réflexion, de la prudence, que nous venons de donner, dit l'imprudence, l'irréflexion.

L'étude de l'écriture des brouillons, des étourdis, des irréfléchis, des cerveaux *tohu-bohu*, est l'inverse logique de celle des prudents, des réfléchis.

Leur écriture est rapide, peu soignée. Les lettres, ou sont mal faites, ou souvent sont *mangées par la plume*, expression proverbiale. C'était une remarque graphologique déjà faite, et due à l'expérience sur l'écriture des irréfléchis. La *ponctuation est négligée.* Les points et les accents sont rarement placés au-dessus de la lettre qui les demande, et vont toujours se jeter deux ou trois lettres plus loin.

Cette écriture est généralement passionnée, par conséquent *aux lettres inclinées.* Souvent beaucoup d'imagination Grands *jambages en haut et en bas des lignes.* Souvent mots illisibles Voyez le spécimen page 233. C'est l'écriture d'une femme de cœur, mais d'une imagination désordonnée. Il y a gâchis dans cette cervelle. Le jugement fait absolument défaut. Son écriture est un écheveau de fil mêlé.

228. *Imprévoyance.* Les imprévoyants ne soupçonnent aucune difficulté devant eux. — 229. *Imprudence.* Les **imprudents agissent sans mesurer la portée de leurs actes.**

— 230. *Irréflexion.* Les irréfléchis agissent sans penser à ce qu'ils ont à faire.

Ce groupe est très-facile à étudier, parce que le signe graphique est bien caractérisé.

IIIe CLASSE, NATURE.

XXXIXe ORDRE, DÉVELOPPEMENT DU SENS VANITEUX.

LVIe GENRE, POSE.

Le propre de la vanité est de ne pas trouver en soi le noble contentement du peu que nous valons et que nous sommes, et de le chercher hors de nous. Toutes les nuances du sens vaniteux indiquent le désir de se faire remarquer et d'attendre d'autrui un hommage par lequel on pense se grandir. Notre langue est riche pour exprimer ces nuances.

231. *Recherches.* Les recherchés se plaisent à ce qui est étrange et peut les faire remarquer. — 232. *Coquetterie.* Les coquets ont le penchant à attirer les regards et à se faire aimer. — 233. *Fatuité.* Les fats adorent leur propre personne. — 234. *Vanité.* Les vaniteux recherchent une sotte gloire. — 235. *Pose.* Les poseurs veulent se faire admirer. — 236. *Prétention.* Les prétentieux se croient plus qu'ils ne sont. — 237. *Jactance.* C'est la prétention impudente. — 238. *Vanterie.* Les vantards se donnent perpétuellement des éloges. — 239. *Hâblerie.* Les hâbleurs parlent d'eux-mêmes avec exagération et ostentation. — 240. *Gloriole.* Les glorieux tiennent à avoir une grande place dans l'opinion publique.

Le signe graphique de la pose, de la recherche, de la prétention est très-facile à saisir. C'est *le plaisir d'employer toutes les superfluités de l'écriture.* Tous les *enjolivements* qui ôtent aux lettres leur simplicité, leur sobriété, leur gravité, vont aux plumes vaniteuses. Elles s'y complaisent. Elles arrivent souvent à des *contournements* tellement bizarres, qu'ils sont comme la caricature des lettres.

La *recherche de l'écriture* doit logiquement correspondre à la recherche de l'esprit.

Le signe est donc spécialement *la fioriture employée constamment, avec prédilection, bien contournée, formant bien la petite volute, la petite crosse à l'intérieur,* ou *la très-large volute*, comme dans le *D* majuscule du Duc de Brunswick, l'un des poseurs modernes les plus notoires, page 235. Chez cet homme, la recherche va jusqu'à la fatuité, jusqu'à la jactance. On a vu ce vieux coquet, tout maquillé, les cheveux teints, poser, dans sa loge, au théâtre, et chercher à attirer les regards.

Voici un poseur, d'allure moins princière. Remarquez la petite crosse mesquine de son *d* minuscule contourné.

Plus le signe a d'intensité dans ses formes extravagantes, plus il est répété bizarrement et avec affectation, plus il faut déduire la fatuité et la jactance.

Quelques petites fioritures gracieuses dans les lettres des jeunes filles, veulent dire leur coquetterie innocente. Ces juvénilités disparaîtront de leur écriture, quand elles seront épouses et devenues mères heureuses. Voyez plus haut, page 54.

Ecritures-types des poseurs : Barbey d'Aurévilly, — Jules Vallès, — Bertron, candidat surhumain, etc. Voyez page 77, différents spécimens de fioritures.

Il ne faut pas confondre le signe graphique de la pose et de la prétention avec celui de l'imagination, de l'exaltation. Ce dernier se compose de très-grands mouvements de lettres en dessus et en dessous des lignes, pendant que le signe de la pose est dans la *recherche des formes*, dans *le contournement des volutes* des lettres, et nullement dans leur grandeur.

III° CLASSE, NATURE.
XL° ORDRE, DÉVELOPPEMENT DU SENS MODESTE.
LVII° GENRE, SIMPLICITÉ.

La belle, l'adorable simplicité éclate dans l'écriture, comme la blanche fleur sur une touffe verdoyante qui en fait ressortir la fraîcheur et l'éclat. Même la vilaine écriture rend parfaitement le sens modeste qui est dans l'âme.

Le signe graphique est la négation absolue du signe qui indique le genre précèdent, le genre non simple. Là, il y a eu recherche d'enjolivements, de traits contournés et bizarres, ici il y a répulsion de la plume pour tous les traits prétentieux et bizarres.

L'absence absolue de la fioriture, tel est le signe graphique de la simplicité.

Toute écriture donnant le sens modeste et simple indique par là un esprit de valeur. Les sots sont prétentieux.

La langue si riche pour le sens vaniteux ne nous donne que deux nuances pour ce genre.

241. *Simplicité*. Les simples n'ont ni prétention ni pose, et ne cherchent pas à se faire remarquer. 242. *Modestie*. Les modestes s'oublient et ne songent jamais à parler d'eux-mêmes.

Donnons une écriture-type de bonne et vraie simplicité. Le *d* minuscule qui se contourne en fioriture dans l'écriture citée plus haut, est d'une admirable sobriété dans celle de Cavour Quand on étudie les écritures, il faut aller de suite au *d*. C'est la lettre critique.

CAVOUR. — *Les simples, les modestes.*

III° CLASSE, NATURE.
XLI° ORDRE, DÉVELOPPEMENT DU SENS SÉVÈRE.
LVIII° GENRE, RIGIDITÉ.

Les natures graves, froides, sévères, qui arrivent à la rigidité, se rendent dans leur écriture par la *sobriété extrême des traits*, la *forme anguleuse des lettres*, le *mouvement redressé* qui porte à faire les lettres verticales, la *sécheresse générale* de l'écriture de laquelle disparaît toute courbe douce et gracieuse. Les mots sont *alignés*, nettement indiqués, et souvent ces rigides arrivent à l'inflexibilité. Tel est le signe graphique, et il est difficile qu'on s'y trompe. On connaîtra bien vite l'*écriture glaciale*.

243. *Gravité* Les graves ont des manières sérieuses et ne badinent jamais. 244. *Froideur*. Les froids ne sont émus en rien et accueillent avec indifférence. 245. *Sévérité*. Les sévères n'excusent pas et condamnent facilement. 246. *Raideur*. Les raides ne savent pas céder. 247. *Rigidité*. Les rigides ne mollissent pas et ne se prêtent à rien. 248. *Rigueur*. Les rigoureux ne se relâchent pas et ne sont pas traitables.

Voyez, page 171, l'écriture du cardinal Régnier qui nous donne les *rigides*.

C'est le type d'une nature, au fond sensible, mais très-maîtresse d'elle-même, et devenue froide et raide.

Voyez page 98, la loi physiologique de la rigidité dans l'écriture.

III° CLASSE, NATURE.
XLII° ORDRE, DÉVELOPPEMENT DU SENS FLEXIBLE.
LIX° GENRE, SOUPLESSE.

Nous avons ici le mouvement opposé à celui de l'ordre précédent. Les flexibles repoussent tout ce qui est rigidité. Aussi le signe graphique, *les courbes*, *les lettres molles*, *l'absence d'angles, de traits durs et forts*, jamais de massues, — se montre à toutes leurs lignes, à chacun de leurs mots.

Ecriture-type. Voyez, page 179.

249. *Flexibilité*. Les flexibles se prêtent à tout et ne

heurtent jamais. 250. *Souplesse*. Les souples ont l'humeur accommodante. 251. *Docilité*. Les dociles se laissent conduire facilement.

Voyez, page 98, la loi physiologique des courbes.

IIIe CLASSE, NATURE.

XLIIIe ORDRE, DÉVELOPPEMENT DU SENS VULGAIRE.

LXe GENRE, VULGARITÉ.

Ici nous descendons dans l'échelle du développement de la nature. Nous la trouvons triviale, grossière.

252. *Vulgarité, sottise*. Les vulgaires n'ont rien qui les distingue 253. *Grossièreté*. Les grossiers sont mal polis, peu civilisés. 254. *Rusticité*. Les rustres ont de la rudesse et ne ménagent rien. 255. *Trivialité*. Les natures triviales sont communes en toutes choses. 256. *Stupidité, ineptie*. Les stupides manquent d'intelligence et de capacité.

Le signe graphique est *l'absence complète de l'harmonie des lettres*, les formes *grossières des majuscules*.

Une écriture peut être laide, — c'est-à-dire, rapide, mal formée, — et ne pas être vulgaire. L'écriture vulgaire a des *mouvements de plume de travers*, des *liaisons de lettres sans proportions*, des *jambages impossibles*, une inharmonie perpétuelle.

Le n° 2 est d'un duc appartenant à l'une des plus anciennes familles de France, et dont l'écriture est si vulgaire, qu'un de mes disciples la voyant, s'est écrié : Quel pignouf ! Le n° 5 est d'une nature vulgaire, fort prétentieuse.

L'écriture de Marat est fort vulgaire. Mme de Pompadour, le cardinal de Rohan, Charles X, le cardinal Dupont, ont des écritures d'une certaine vulgarité.

IIIe CLASSE, NATURE.
XLIVe ORDRE. DÉVELOPPEMENT DU SENS DISTINGUÉ.
LXIe GENRE, DISTINCTION.

Le sens distingué est l'inverse du sens vulgaire et grossier. C'est un mélange d'élévation et de grâce. Le signe graphique de la distinction est l'*harmonie de l'écriture*. Toute écriture harmonique est distinguée : l'esprit et l'art ont passé là. Nous n'avons qu'un terme précis pour bien rendre ce charme de la nature, qui est refusé souvent à des hommes qui se sont assis sur un trône, et qui est donné à l'humble enfant sortant de son village.

257. *Distinction*. Les distingués font toutes choses simplement, avec élévation et avec grâce.

Prenez tout le contraire des signes de l'écriture du genre précédent, et vous aurez celle des natures de distinction.

SAINT FRANÇOIS DE SALES. — *Les distingués*.

Rien n'est distingué, rien n'est noble et princier comme l'écriture de ce bon saint qui s'appele François de Sales.

Ici s'arrêtent nos groupes d'écriture rendant ce que nous avons appelé *la nature*, dans l'homme.

IVe CLASSE. — CARACTÈRE.

Nous arrivons à une étude qui n'a pas moins d'intérêt que celle de la classe précédente. Nous nous rendrons compte, d'après l'écriture, de ce développement en nous, que nous avons défini : l'âme active, la résultante des instincts et de la nature, c'est-à-dire le *caractère*, plus mobile que les instincts et la nature, et pouvant se modifier par l'empire que l'âme exerce sur elle-même.

IVe CLVSSE, CARACTÈRE.
XLVe ORDRE, DÉVELOPPEMENT DU SENS FORT.
LXIIe GENRE, HARDIESSE.

Dans l'étude physiologique du *trait*, page 94, nous avons donné la loi de la manifestation, par l'écriture, de la *force*, de la *hardiesse* de l'âme. Il faut relire cette loi et s'en pénétrer. Plus loin, page 97, nous avons donné la loi des *angles* et nous l'avons appliquée à l'énergie du caractère. Les races du Nord sont très-énergiques de caractère. Elles affectionnent l'angle dans leur écriture.

Il faut partir de ces notions basées sur une expérience qui n'est pas à contester, pour se faire une idée précise du grand élément de la manifestation de la force dans le caractère de l'homme.

258. *Bravoure*. Les braves affrontent le danger sans réflexion. 259. *Courage*. Les courageux ne reculent pas. 260. *Intrépidité*. Les intrépides ne connaissent pas d'obstacles ; ils les bravent, dussent-ils succomber. 261. *Fougue*. Les fougueux entreprennent avec impétuosité, mais ne se soutiennent pas toujours. 262. *Audace*. Les audacieux ont la hardiesse excessive. 263. *Hardiesse*. Les hardis sont inaccessibles à la crainte. 264 *Force* Les forts ont la fermeté du courage. 265. *Virilité*. Les viriles font des actions de vigueur, dignes d'un grand caractère d'homme. 266. *Contentement. désir, satisfaction de soi-même, présomption.*

Les présomptueux entreprennent au-delà de leurs forces.
267. *Témérité*. Les téméraires ont la hardiesse imprudente.

Le signe graphique du sens fort est l'*emploi du trait net*, accentué, de la *massue* qui donne la résolution, de l'*angle* qui donne la fermeté, des *lettres barrées en retour*, qui disent l'obstination, des *crocs* ou *harpons*, qui disent la tenacité.

La signature est fort caractéristique dans ce genre. Tantôt c'est celle des hommes que j'appelle *militants*, et qui font un paraphe d'un seul *coup de plume, vif, aigu*, descendant, quelquefois en ligne rigide, quelquefois un peu recourbé, rappelant à s'y méprendre le dessin de la lame d'un sabre. Le paraphe *ensiforme* à lui seul dit un caractère hardi. Jamais les faibles ne songent à signer ainsi. Tantôt c'est celle des hommes que j'appelle *fulgurants*, dont le paraphe est une imitation parfaite, un vrai dessin du sillonnement brisé de la foudre qui tombe.

Voici l'écriture-type de Beulé qui termina par le suicide une carrière brillante, dont l'origine était due à son ambition excessive, à sa hardiesse que rien ne rebuta. Il voulait arriver, n'importe à quel prix. Il y mit une audace, une fougue qui semblaient téméraires, et qui furent couronnées du succès. Il aime le glaive dans son écriture. Il a le paraphe-type des militants, *le coup de glaive*. Il termine par ce coup de glaive le mot *reverrez* ; le *z* final disparaît.

Etude graphique, le mouvement ascendant est très marqué.

Le caractère se forme aux dépens des instincts. S'il s'améliore, il prend sur les instincts mauvais qu'il corrige; s'il devient mauvais, il cède aux mauvais instincts.

IV° CLASSE, CARACTÈRE.

XLVI° ORDRE, DÉVELOPPEMENT DU SENS RÉSISTANT.

LXIII° GENRE. — FERMETÉ.

Le sens de résistance qui donne les caractères fermes, constants indépendants, pouvant aller jusqu'a la révolte, a sa manifestation permanente dans l'écriture, par *l'emploi* presque rigoureux *de l'angle à la base des lettres*.

Il y a un peuple bien remarquable par sa fermeté, c'est le peuple anglais. L'écriture anglaise, chez les Anglais qui ont le caractère de la race anglo-saxone, est une série d'angles. Au contraire, ceux des Anglais qui manquent de fermeté, dont le caractère est doux et s'approchant un peu d'une certaine mollesse, ont les courbes molles là où les autres ont cette forme si caractéristique de force qui va jusqu'a la raideur, quelquefois même à la rudesse et à la brutalité.

Il ne faut pas dire, ce qui est une niaiserie, que toutes les écritures anglaises se ressemblent. Il faut dire que les caractères anglais ayant généralement fermeté, angulosité, affectionnent l'*emploi de l'angle* qui donne une ressemblance apparente a toutes les écritures. Mais la ressemblance n'est que sous ce seul point de vue. Quand les individus diffèrent ensuite pour l'imagination, l'idéalisme, la logique, la finesse, la franchise etc., l'écriture anglaise, comme toute autre, donne parfaitement les signes graphiques qui disent ces différences.

268. *Constance*. Les constants sont toujours les mêmes.
269. *Fermeté*. Les fermes ne se laissent jamais abattre.
270. *Indépendance*. Les indépendants n'acceptent pas qu'on enchaîne leur liberté. 271. *Insubordination*. C'est un excès

de l'indépendance. 272. *Révolte.* Synonyme de l'insubordination. C'est le refus de se soumettre à l'autorité légitime.

Etudier comme type de fermeté, l'écriture du Cardinal Régnier, page 171.

Tout cela nous donne la force de résistance. Voyons maintenant la force de l'attaque.

Les signes de l'angulosité que nous avons étudiés vont apparaître; mais il y en a un spécial qui est fort remarquable, et qui fait surtout les violents : c'est la *massue relevée*, c'est-à-dire des finales qui se redressent fortement et se terminent carrément, ce que nous appelons *massue*.

273. *Angulosité.* Les anguleux sont difficiles, raides et peu aimables. Ils ont toujours un penchant à être violents; c'est-à-dire à user de la force. Ce sont les violents les moins rudes. 274. *Rudesse.* C'est de l'angulosité et de la fermeté. 275. *Dureté.* Les durs sont peu sensibles et peu humains. 276. *Violence.* Les violents sont disposés à agir par la force. 277. *Brutalité.* Les brutaux font le mal grossièrement, par instinct bestial.

PIERRE BONAPARTE. — *Les violents.*

Cette écriture rude, pâteuse, accentuée, tracée d'une main pesante, dit la prédominance du sens bestial, de la force physique. La *massue relevée*, qui termine le mot *Pierre*, dit spécialement la volonté à sa plus haute puissance de *résolution*, qui, poussée par un instinct quelconque, par une passion surtout, arrive à *la violence*. Cette massue relevée fait les forts volontaires, comme Thiers, Barbès, Robespierre, Marat. Elle fait les assassins comme Troppmann, Lacenaire.

Les écritures où la massue est fréquente, n'importe sous quelle forme elle se présente, disent toujours résolution forte, par conséquent caractère rude, dur, pouvant aller jusqu'à la brutalité, quand rien ne vient faire contre-poids à cet excès du sens de l'attaque, né de l'instinct bestial commun aux hommes et aux bêtes. Quand l'écriture en même temps est sèche, anguleuse, redressée, qu'il y a absence de sensibilité, la violence du caractère n'a pas de contre-poids du côté du cœur; de là les assassins comme Troppmann, Lacenaire, etc.

Quand les signes ne sont qu'indiqués, ils donnent la simple vivacité. Quand ils sont intenses, multipliés, fortement accentués, ils donnent les emportés qui se possèdent peu.

Il y a un signe graphique très-marqué pour indiquer les caractères vifs; c'est ce que j'ai appelé le *coup de sabre*. Il se produit par un mouvement brusque de la plume qui fait en l'air comme le dessin d'un sabre légèrement recourbé. Les P, les V majuscules ont souvent, chez les vifs, le *coup de sabre*.

Quand les barres du *t* sont excessivement longues, mais terminées finement, comme dans l'écriture de beaucoup de femmes, c'est la vivacité qui n'a pas de dureté, qui n'est pas accompagnée de résolution Quand la barre est terminée par un trait dur, carré, — *petite massue*, — c'est la vivacité résolue.

IVᵉ CLASSE, CARACTÈRE.

XLVIIº ORDRE. — DÉVELOPPEMENT DU SENS DOMINATEUR.

LXIVᵉ GENRE, DESPOTIVITÉ.

Le caractère despotique tient à l'excès de la résolution. Le despote ne peut supporter que sa volonté ne soit pas faite, souvent même que l'on ne pense pas comme il pense.

Le signe graphique est la *barre très-haute des t minuscules*. Il y a même des écritures de femmes où cette barre est jetée en l'air au-dessus de la hampe de la lettre et ne la touche pas. C'est alors un *l* surmonté d'une barre.

Il faut bien noter que, si la barre est très-longue, c'est le *despotisme vif*, que, si elle est terminée finement, c'est le *despotisme doux*, que, si la barre est terminée carrément en massue, c'est le *despotisme résolu* et qui n'entend pas raison, le despotisme *implacable*, pouvant briser brutalement toute résistance.

278. *Maîtrise.* Les hommes de maîtrise ont le sentiment du commandement. **279.** *Commandement.* Les hommes de commandement savent imposer l'obéissance. **280.** *Domination* Les dominateurs veulent que tout cède, raison ou non. **281.** *Despotivité.* Les despotes imposent une volonté absolue. Voyez l'écriture, page 253.

IVe CLASSE, CARACTÈRE.

XLVIII° ORDRE, DÉVELOPPEMENT DU SENS IMPLACABLE.

LXVe GENRE, INEXORABILITÉ.

Nous avons ici la plus haute expression du sens fort, du sens violent et dominateur.

Audace, hardiesse, fermeté, angulosité, violence, domination prise en excès donnent les caractères implacables.

Le signe graphique sera donc l'*accumulation sur la même écriture de tous les signes que nous venons d'étudier.* L'écriture sera froide, glaciale, d'une résolution qui ne supporte pas de résistance. Il y aura absence complète de cœur, ou forte réaction contre le cœur, pour ne pas en écouter les bonnes inspirations.

Voyez, page 90, l'écriture d'une fermeté si terrible, d'une obstination si accentuée, de M. de Bismarck. C'est *une accumulation, un entassement de traits en massue.*

Mais ce terrible est grand et royal dans son écriture à l'allure magistrale. Il signe en roi. Aussi, quand l'empereur de Russie va à Berlin, une heure après les devoirs de l'amitié ou de l'étiquette remplis au palais du nouvel empereur d'Allemagne, il va saluer le vrai maître, Bismarck, celui qui, à l'heure présente, tient cette formidable force de l'épée si bien maniée par Napoléon, au commencement de ce siècle, et sous laquelle trembla l'Europe.

282. *Implacabilité*. Les implacables n'écoutent rien dans leur ressentiment. 283. *Inexorabilité*. Les inexorables ne se laissent toucher par aucune raison. 284. *Impitoyabilité*. Les impitoyables sont inaccessibles à la clémence.

Les grands avares sont impitoyables. Voyez l'écriture glaciale de Talleyrand page 210. Voyez aussi l'écriture à massues du sombre, ardent et implacable Louis XI, page 89.

IVe CLASSE, CARACTÈRE.

XLIXe ORDRE, DÉVELOPPEMENT DU SENS SYMPATHIQUE.

LXVIe GENRE, ATTRACTIVITÉ.

Les caractères sociables, sympathiques, affables se composent de douceur, de bonté et d'affectivité. Aimants, ils se donnent; doux, ils se font rechercher; impersonnels, ils n'ont rien qui fasse qu'on les repousse. Ce sont des attractifs.

Le signe graphique de ce genre est complexe.
Ecriture inclinée, *sensibilité*,
Beaucoup de courbes, *douceur*, } attractivité.
Absence du crochet égoïste, *impersonnalité*,

285. *Affabilité*. Les affables accueillent avec bienveillance. 286. *Sociabilité*. Les sociables ont le commerce de la vie aisé. 287. *Sympathie, attractivité*. Les sympathiques attirent et sont portés à se lier. Ecriture-type page 190.

IVe CLASSE, CARACTÈRE.

L^e ORDRE, DÉVELOPPEMENT DU SENS JOYEUX

LXVIIe GENRE, GAIETÉ.

Les caractères enjoués sont la négation logique des caractères tristes, sombres, froids, abattus. Ce sont des impressionnables, des sympathiques, des doux. Le rire épanouit les lèvres; la gaieté épanouit les lettres dans l'écriture.

Signe graphique. *Beaucoup de courbes dans l'écriture- Ecriture inclinée et de grand abandon. Lettres mouvemen tées, jetées rapidement.* Les enjoués barrent généralement les *t* minuscules avec des *traits de forme recourbée* et légère. Lettres jamais tassées. Absence complète des signes que nous avons donnés aux natures froides, tristes, inquiètes.

288. *Joie.* Les joyeux ont le cœur toujours content. 289. *Gaieté.* Les gais ont l'humeur belle. 290. *Enjouement.* Les enjoués ont l'esprit gai et charmant quand ils sont en compagnie. 291. *Gaillardise.* C'est l'enjouement en excès. Les gaillards ont la gaieté bouffonne et licencieuse.

Ecriture-type celle du genre précédent, page 190.

IVᵉ CLASSE, CARACTÈRE.

LIᵉ ORDRE, DÉVELOPPEMENT DU SENS BIZARRE.

LXVIIIᵉ GENRE, ORIGINALITÉ.

Les bizarres de caractère ont naturellement l'écriture bizarre. Ils oublient vite la calligraphie; et une foule de *traits à forme étrange, que les autres ne font pas,* viennent parader dans leur écriture. Les originaux sont parents des toqués. Et les toqués touchent de près les fous.

L'écriture-type d'Arsène Houssaye nous donnera bien *un original*, avec cette nuance particulière que, chez lui, l'originalité est voulue, recherchée, pendant que, chez beaucoup d'autres, elle est inconsciente, et qu'ils seraient blessés si on leur disait à brûle pourpoint : Vous êtes un original. Voyez le spécimen, page 230.

La lettre A du mot *Arsène* composée d'un coup de plume lancé dans l'espace, la lettre H du mot *Houssaye* si étrangement fabriqué, le petit *y* qui se bifurque en deux énormes coups de glaive, disent bien que cette écriture remplit merveilleusement les conditions du signe graphique : *des lettres bizarrement tracées.*

292. *Singularité.* Les singuliers cherchent à se distinguer de tout le monde. 293. *Originalité* Les originaux ne font pas les choses comme tout le monde. 294. *Bizarrerie.* Les bizarres sont portés aux choses étranges.

IVᵉ CLASSE, CARACTÈRE.

LIIᵉ ORDRE, DÉVELOPPEMENT DU SENS IRASCIBLE.

LXIXᵉ GENRE, COLÈRE.

Le caractère irascible se rend, en ecriture, par le *mouvement vif, brusque, ascendant des traits*, spécialement des *barres qui coupent les t minuscules*. Le signe-type est très-marqué. La première fois que je vis l'écriture du malheureux duc de Praslin, devenu assassin de sa femme dans un mouvement d'irascibilité extrême qu'il ne sut pas maîtriser, je cherchai de suite les barres de ses *t* minuscules. Ces barres sont tracées si impétueusement, la plume obéit à un mouvement cérébral si impatient, si emporté, qu'elles ne touchent même pas la lettre et qu'elles sont jetées vivement sur le côté, en avant. Proverbialement, on raconte ceci des gascons qui sont vifs : quand un gascon vous dit « je te donnerai un soufflet », vous l'avez déjà reçu. Il semble que la main de l'emporté se hâte d'obéir à cette excitation si terrible de l'irascibilité, et produit immédiatement la menace contenue dans ce trait rapide. Je regrette de ne pouvoir donner un calque de l'écriture du duc de Praslin.

Tous les coups de plume *montants, brusques*, les lettres devenues de *simples barres aigues*, disent l'irascibilité.

Etudier l'écriture de Byron, page 203 et celle de Paul de Cassagnac, page 169.

IVᵉ CLASSE, CARACTÈRE.

LIIIᵉ ORDRE, DÉVELOPPEMENT DU SENS SUSCEPTIBLE.

LXXᵉ GENRE, SUSCEPTIBILITÉ

295. *Susceptibilité.* Les susceptibles sont dans la disposition de se choquer de tout de la part d'autrui.

Le signe graphique est complexe.

Ecriture couchée : *grande impressionnabilité,*

Crochet égoïste : *personnalité,*

} Susceptibilité.

Généralement, les grands impressionnables, par là même qu'ils sentent si vivement, sont susceptibles.

Pour l'écriture-type, voyez toutes les écritures des sensitifs que nous avons données, page 166 et suivantes. L'écriture de Paul de Cassagnac, page 169, est un bon type du caractère susceptible. Sa nature passionnée le domine : de là cette puissance militante qu'il a dans la polémique au plus haut degré : il sent très-vivement. Il se blesse et il s'irrite.

Quoique nous ayons eu raison de faire des classes distinctes du caractère, de la nature et des instincts, il n'en faut pas moins remarquer que, dans l'âme humaine, la séparation ne se fait pas avec la rigueur du travail d'analyse que le psychologiste apporte dans son étude. Instincts, nature, caractère, tout se tient dans l'âme. Le caractère vif, irascible, emporté, répond à une nature de force exubérante, à des instincts de violence, par un certain côté. La science est obligée de séparer ces choses qui se tiennent, s'enchaînent, agissent les unes sur les autres pour accentuer ou pour adoucir. L'homme est complexe. De là la nécessité d'étudier à part chacune de ses forces ; mais, toujours, il faut se rappeler que ce n'est qu'un procédé d'analyse, et qu'il y a merveilleuse unité dans l'être que nous avons soumis, par le moyen de l'analyse psychologique et graphologique, à l'opération d'une anatomie détaillée.

V° CLASSE. — ESPRIT.

Nous abordons maintenant notre cinquième classe. Elle comprend ce qu'on appelle, dans l'homme, l'*esprit*, ce que nous avons défini : les facultés de l'âme. Il y a souvent dans l'homme de grandes choses par de nobles instincts, une nature franche et loyale, un beau et bon caractère ; mais tout cela peut être comme de l'or dans sa gangue, et ne pas se manifester avec des dehors aimables, gracieux, plaisants, faciles. L'esprit en nous est donc bien distinct des qualités. On peut être plein d'esprit et n'être qu'un misérable, qu'une nature égoïste, glaciale, et manquer complètement de ce sens droit et honnête qui fait l'homme digne de ce nom, en commandant autour de lui le respect. Notre classification eut été bien incomplète sans ce large point de vue, qui nous montre sous un aspect nouveau, admirablement traduit par les signes graphiques, l'un des côtés les plus saisissants de l'âme humaine.

V° CLASSE, ESPRIT.

LIV° ORDRE, DÉVELOPPEMENT DU SENS CLAIRVOYANT.

LXXI° GENRE, SAGACITÉ.

Le sens clairvoyant s'exerce par deux procédés de l'esprit : la lucidité et la pénétration. Pour l'une, les choses apparaissent bien ce qu'elles sont, comme dans un miroir où l'esprit les saisit tout entières; pour l'autre, l'esprit a un regard investigateur et sagace qui ne laisse pas un recoin des objets sans les examiner dans le plus minutieux détail. Il y a des esprits très-lucides qui manquent de sagacité ; et il y a des sagaces très-pénétrants, qui ont peu de lucidité. Les signes graphiques disent bien ces nuances.

296. *Netteté*. Les esprits nets n'ont rien de confus.
297. *Justesse*. Les esprits qui ont de la justesse, mesurent bien toutes choses dans une parfaite porportion. 298. *Clairvoyance* Les clairvoyants voient exactement les choses ce qu'elles sont. 299. *Sagacité*. Les *subtils* (ne pas confondre avec les *raisonneurs subtils* que nous avons étudiés, p. 149) ont de l'adresse dans l'investigation des objets et voient minutieusement les moindres détails, mais souvent ils s'y perdent. Ils manquent de largeur de vue. Ils se servent trop de la loupe; et l'ensemble peut facilement leur échapper. 300 *Pénétration*. Les pénétrants voient loin et en grand. 301. *Discernement*. Les hommes de discernement savent choisir et juger les choses sous leurs aspects divers. 302 *Sens*. Les sensés ont raison et jugement. 303. *Sagesse*. Les sages sont judicieux et avisés.

Toujours, on le voit, grâce à la richesse de notre langue, beaucoup de synonymies.

Le signe type de la lucidité dans l'esprit, lucidité qui prépare le jugement, consiste dans *le grand espace qui sé-*

pare *les mots et les lignes*, et qui ne laisse pas la plume enchevêtrer les jambages des lettres d'une ligne dans ceux des lettres de l'autre ligne.

Etudiez l'écriture de Cavour : elle est un type pour cette belle nuance de l'esprit. L'air circule bien entre les lettres, entre les mots, entre les lignes. C'est le signe infaillible d'un grand jugement.

C'est très-remarquable dans l'écriture de M. Thiers, page 164.

Dans ces deux types, pas un jambage d'une lettre en haut et en bas des lignes ne va s'enchevêtrer avec les lettres des autres lignes. Comparez ces types à celui du cliché 83, plus haut, page 252, où toutes les lignes s'enchevêtrent, et vous verrez le contraste entre l'écriture des esprits nets et lucides, et celle des esprits embrouillés auxquels manque le jugement.

Plus l'écriture des lucides a de hauteur dans les lettres (*l'écriture magistrale*), moins il y a de subtilité, de sagacité fine, mais plus il y a de grande netteté, de justesse dans la vue des choses. Voyez l'écriture de Fénélon, de Louis XIV, etc.

Ve CLASSE, ESPRIT.

LVe ORDRE, DÉVELOPPEMENT DU SENS APPLIQUÉ.

LXXIIe GENRE, ATTENTION.

Les esprits inattentifs, inappliqués, ne peuvent s'astreindre à la moindre régularité dans les traits. Leur plume suit fatalement la ligne inégale, produit un mouvement inégal dans les mêmes lettres, et en néglige les détails. C'est l'écriture de l'iréflexion, du caprice ; c'est l'écriture hâtée, brusque, vive, désordonnée.

Prenez l'inverse, et vous aurez l'écriture des esprits appliqués. Ils ont toujours la même écriture. Quelquefois plus belle calligraphiquement, quelquefois moins belle, mais constante dans sa forme. Toute écriture où il y aura *ordre, proportion, constance dans les mêmes formes,* quelque rapide qu'elle soit, vous dira un esprit appliqué, attentif.

Le premier signe graphique trouvé, en remontant à quelques siècles avant nous, a été celui de l'attention poussée jusqu'a la minutie. Nos pères faisaient de la graphologie, lorsqu'en parlant des attentifs, des ordonnés, des appliqués, des minutieux, ils disaient de l'un de ces hommes : « Il met les points sur les *i*. »

304. *Ordre.* Les ordonnés disposent tout selon la règle. 305. *Arrangement.* Les rangés donnent à toutes choses une bonne disposition. 306. *Attention.* Les attentifs ne laissent rien qui puisse leur échapper. 307. *Soin.* Les soigneux ne négligent rien dans leur attention. 308. *Exactitude.* Les exacts observent ponctuellement jusqu'aux moindres choses. 309. *Application.* Les appliqués sont tout entiers à leur travail, et y attachent vivement leur esprit.

Etudier comme type l'écriture de M Thiers, page 154.

V° CLASSE, ESPRIT.

LVI° ORDRE; DÉVELOPPEMENT DU SENS FRIVOLE.

LXXIII° *GENRE, LÉGÈRETÉ. (esprit)*

L'esprit léger, ce qu'il faut bien distinguer de la nature légère, a son signe graphique diamétralement opposé à celui de l'esprit attentif et appliqué. *Absence de régularité, d'ordre, dans l'écriture; les points non mis sur les* i, *mais à côté ; ponctuation très-négligée; lettres formées sans* soin; penchant à abuser de la fioriture; écriture généralement rapide.

310. *Légèreté (esprit).* Les léger n'approfondissent rien. 311. *Frivolité (esprit).* Les frivoles ne s'attachent qu'aux choses sans importance. 312. *Esprit superficiel* Les superficiels ne saisissent des choses que l'apparence. 313 *Inattention.* Les inattentifs ne font aucun effort pour bien voir. 314. *Désordre.* Les désordonnés ouvrent leur esprit aux choses les plus incohérentes. 315. *Inapplication.* Les inappliqués s'ennuient de fixer leur esprit sur une chose.

Écriture type, pages 184 et 221.

Comparez ces écritures d'un laisser-aller absolu, avec celle des *appliqués*, et le contraste vous fera mieux saisir encore ce qu'elles disent de légèreté, d'inconsistance, de frivolité.

Ve CLASSE, ESPRIT.

LVIIe ORDRE, DÉVELOPPEMENT DU SENS DÉLICAT.

LXXIVe GENRE, DÉLICATESSE.

Nous étudions ici la délicatesse, non pas au point de vue des sentiments (délicatesse, noblesse d'âme), mais au point de vue de l'esprit.

316. *Finesse (esprit).* Les esprits fins ont l'art de ne pas exprimer directement leur pensée, mais de la laisser apercevoir. 317. *Délicatesse (esprit).* Les esprits délicats expriment des sentiments doux et agréables, et ont le sens de ce qui est pur et parfait.

L'écriture de M. de Villemessant nous donne un type d'esprit fin.

Il y a quelque chose de la délicatesse de la femme; un peu de recherche, de la grâce, de l'harmonie. La délicatesse, la finesse de l'esprit, ont pour signe graphique des *formes d'écriture gracieuses, harmoniques,* et spécialement, *absence de toute lettre vulgaire, de mauvais goût.*

8*

*Le plaisir du lecteur
doit passer avant tout*

S. de Villemessant

1864

Vᵉ CLASSE, ESPRIT.

LVIIIᵉ ORDRE, DÉVELOPPEMENT DU SENS GRACIEUX.

LXXVᵉ GENRE, GRACE.

L'écriture de Racine, de Fénelon. de saint François de Sales, (voyez ces écritures, dans la *Graphologie*,) disent la grande délicatesse de l'esprit.

318. *Agrément*. Les esprits agréables ont de l'enjouement et du charme qu'ils répandent sur tout. 319. *Grâce*. Les esprits gracieux rendent tout avec une parfaite harmonie et une séduction particulière.

La grâce se sent mieux qu'elle ne se définit; et c'est ici qu'il faut dire surtout, que la notion réveillée dans l'esprit par le mot simple rend mieux la chose que la définition qu'on essaie d'en faire. La grâce c'est de la grâce. Cela se comprend à merveille, et c'est la meilleure des définitions.

Le signe graphique de l'esprit gracieux est dans la *forme à la fois simple et artistique des lettres*, et leur *agencement harmonique*.

Rien n'est gracieux comme l'écriture de saint François de Sales. Voyez plus haut, page 263. Celle de Voltaire a une grâce parfaite. Il y a de la grâce toute française, dans celle de Louis Blanc. (Voyez ces écritures, *Graphologie*.)

Vᵉ CLASSE, ESPRIT.

LIXᵉ ORDRE, DÉVELOPPEMENT DU SENS GROSSIER.

LXXVIᵉ GENRE, VULGARITÉ (esprit).

C'est le contraire de l'esprit délicat, gracieux. Le signe graphique est très-saisissable. Il suffit de l'indiquer : *l'accumulation de formes disgracieuses, inharmoniques, grossières dans l'écriture.*

On peut avoir une nature honnête, noble, élevée, et un esprit vulgaire. Il y a des hommes de la plus haute situation dans le monde, dont l'esprit est d'une effrayante vulgarité. Voyez le n° 2 du cliché de la page 262.

320. *Vulgarité (esprit)*. Les vulgaires ont l'idée qui se traîne. 321 *Confusion*. Les esprits confus manquent de netteté et d'ouverture. 322. *Bêtise*. Les bêtes manquent d'intelligence. 323. *Ineptie*. Les ineptes ont l'incapacité absolue. 324. *Idiotie, imbécillité*. Les idiots n'ont notion de rien. 325. *Lourdeur*. Les lourds n'ont aucune vivacité dans l'esprit. 326. *Stupidité (esprit)* Les stupides manquent de conception. 327. *Sottise*. Les sots manquent de bon sens. 328. *Grossièreté (esprit)*. Les esprits grossiers ne s'occupent que d'idées basses.

On voit la richesse de la langue sur toutes les nuances du sens grossier. Les écritures ont exactement des nuances semblables pour rendre l'écriture du sot, du lourd, du grossier, de l'esprit confus. L'usage fera rapidement saisir ces nuances, du moment que l'on a le signe type graphique, si simple et si facile à reconnaître : *la grossièreté, la vulgarité de la forme des traits*, correspondant si bien à la grossièreté, à la vulgarité de l'esprit.

Vᵉ CLASSE, ESPRIT.

LXᵉ ORDRE. — DÉVELOPPEMENT DU SENS AFFECTÉ.

LXXVIᵉ GENRE, PRÉTENTION (esprit).

Encore un mot qui se définit tout seul : se croire plus

que l'on n'est. Ici, nous ne considérons la prétention qu'au point de vue de l'esprit, mais nous sommes forcés de dire que les natures prétentieuses ont généralement l'esprit prétentieux.

Le signe graphique est commun : *recherche des ornements superflus de l'écriture, amour de la fioriture, de ces petits crochets en volutes,* par lesquels l'esprit se replie sur lui-même et est content de ce qu'il fait ; — quelquefois un soin particulier de l'écriture ; — quelquefois des lettres combinées autrement que ne l'indique la calligraphie. Les prétentieux sont ingénieux pour arranger les lettres qu'ils étalent, surtout dans la majuscule de leur signature. Ils adorent les beaux paraphes. Jamais un prétentieux n'a signé simplement son som sans un paraphe.

329. *Recherche, affectation.* Les esprits recherchés manquent de naturel. 330. *Prétention.* Les esprits prétentieux veulent que l'on croie à des talents extraordinaires qu'ils se supposent 331. *Préciosité.* Les esprits précieux sont composés dans ce qu'ils disent et dans ce qu'ils écrivent.

Molière a flagellé si rudement *les précieuses*, qu'il en a un peu guéri notre nation. Chez nous, le ridicule tue jusqu'à nos travers.

Sous ce point de vue, notre nature française a la fibre si impressionnable, qu'il n'y aura bientôt plus qu'un procédé pratique de nous faire entendre raison, celui de se moquer de nous. Les autres méthodes réussissent moins.

Il faut étudier, comme excellent type, le spécimen de la page 259 C'est l'écriture d'un petit esprit recherché et prétentieux. Quel P majuscule au mot Pradier ! Quel B au mot Bayard !

Mais cela est encore de la simplicité à côté de l'écriture du duc de Brunswick que nous avons donnée, page 235, Celle-là est de la prétention touchant à l'extravagance et à la folie·

Jules Vallès se tortillonne des *d* minuscules accusateurs qui crient sa prétention à tous les vents du ciel.

Barbey d'Aurevily est encore un idéal du genre.

Vᵉ CLASSE, eSPRIT.

EXIᵉ ORDRE, DÉVELOPPEMENT DU SENS SIMPLE.

LXXVIIIᵉ GENRE, SIMPLICITÉ

L'absence rigoureuse de toute fioriture, de toute forme recherchée dans l'écriture donne le sens simple, le naturel.

332 *Simplicité (esprit)*. Les simples n'ont absolument aucune recherche. 333. *Naturel*. Les esprits naturels ont horreur de tout ce qui est affectation, prétention, et adorent le vrai. C'est par centaines que nous pourrions citer les écritures-types des esprits qui ont la belle simplicité. Elle est la compagne obligée du vrai talent.

Quelle belle simplicité que celle de l'écriture de Fénelon, de Bossuet, de Racine, de Lamennais ! Partout où se trouve un esprit de valeur dans quelque genre que ce soit, là se voit la simplicité. Les écritures de Gambetta, Jules Simon, Philarète Charles, Deschanel, Chanzy, le Noir, Affre, Darboy, cardinal Donnet, cardinal Guibert, Louis Blanc, Lavertujon, Albert de Broglie, Thiers, Belcastel, Ventavon, Mᵐᵉ Victor Hugo, Emilio de Vars, Daniel Stern, etc., sont d'une admirable simplicité.

Cavour, l'un des hommes politiques de la plus grande valeur de notre temps, a l'écriture des simples. C'est l'écriture-type de la simplicité. Voir page 260

Cette partie de notre classification qui embrasse les manifestations capitales de l'âme, que nous sommes convenus d'appeler *esprit*, aurait pu s'étendre encore. Il faut toujours la compléter par l'étude approfondie des facultés qui forment notre première classe graphique.

VIᵉ CLASSE.
APTITUDES

Nous appelons aptitudes les dispositions naturelles de l'âme. Ces dispositions sont inégalement réparties entre les hommes. Souvent elles s'associent et forment de curieuses résultantes ; par exemple : l'aptitude commerciale et l'aptitude poétique. Rien de cela n'est contradictoire.

Ce sont des instincts mis en exercice dès l'enfance, que des circonstances particulières ont développés simultanément.

VIᵉ CLASSE, APTITUDES

LXIIᵉ ORDRE, DÉVELOPPEMENT DU SENS ESTHÉTIQUE.

Sens du beau.

LXXIXᵒ GENRE, POÉSIE. LITTÉRATURE, ART.

Le sens esthétique, — sens du beau, sentiment de la forme, aptitude poétique, artistique, — a pour signe graphique *les majuscules harmoniques, les majuscules se rapprochant,* par instinct, *des majuscules typographiques.* Toute forme graphique gracieuse, ordonnée, symétrique, *sans affectation de calligraphie,* dit de suite le sentiment de la forme, le sens du beau, les aptitudes de l'art.

334. *Poésie.* Il y a des esprits qui ont l'aptitude poétique, qui développent cette aptitude en écrivant, sans s'assujettir à la forme consacrée, à la forme rythmique, qui sont poètes comme écrivains, comme orateurs, de même qu'il y a des versificateurs habiles qui font des vers et qui ne sont pas poètes. Ces derniers sont de purs rimeurs. Les autres sont des poètes véritables.

Le *penchant à employer la belle majuscule typographique* est le signe graphique spécial de la poésie. — Il faut y ajouter l'emploi des *majuscules bien harmoniques.*

Etudiez l'écriture de Boileau où s'étalent ces majuscules, page 201. Voici celle de l'Arioste.

L'Arioste. — Des poètes.

335. *Imagination.* Production des images. Voir *Facultés* Evidemment l'aptitude à produire les images en littérature, en poésie, dérive de la faculté première de créer.

Aussi le signe de l'intuitivité est-il dans l'écriture des poètes et généralement des artistes.

Voyez, page 177, la splendide majuscule tirée d'une lettre intime de Victor Hugo où il parle de l'*Homme qui Rit*, et où, sans s'en douter, il a donné une preuve que la pensée agit physiologiquement sur la forme de l'écriture.

336. *Sculpture, peinture, musique.* Ce sont des formes diverses de l'art. C'est toujours le sens du beau qui s'épanouit, qui se traduit par des manifestations diverses aux regards, ou arrivant à l'âme par des sons.

Toujours, pour les interprètes divins de l'art, dans l'écriture, le bonheur de produire la lettre harmonique, la lettre sacrée, la lettre divine.

Dans une conférence à Montpellier, on me montre une tablette en ivoire sur laquelle on a griffonné quelques lignes au crayon. Et je m'écrie : « Quel sentiment esthétique ! Quel sens admirable de l'art. » Et l'on me répond : « C'est du Canova. »

L'homme de goût, qui possédait ce bijou, me présente le lendemain une autre écriture. Je m'écrie encore : « Splendide écriture ! Sentiment exquis de l'art ! Un grand artiste ! » Et il m'est répondu : « Du Raphaël. »

Voyez le *L* splendide et si original de *Loretto*, le *V* de

Veturino, le *C* de *Cativeria*. Notez que c'est très-rapidement écrit au crayon. Et le sens esthétique s'échappe avec éclat de cette note sur un carnet de voyage.

RAPHAEL. — *Les peintres.*

C'est encore un brouillon d'écriture, une pure improvisation, le fragment d'un sonnet. Sur ces huit vers, les majuscules harmoniques sont partout. Voyez comme Raphaël, improvisant des vers, a été artiste en traçant presque typographiquement le S majuscule de *Si mi tormenta*. Voyez les Z si gracieux de forme de *belezza* et de *Vagheza* Il fallait une minuscule à vageza, comme il y en a une a *splendore*, mais le sentiment de l'art l'emporte et la majuscule s'étale.

Ingres affectionne les majuscule italiques typographiques. Etex, signe *ETEX*, avec quatre majuscules italiques.

337. *Littérature, éloquence.* Les littérateurs, les orateurs, sont des poètes et des artistes, au même titre que ceux qui cisèlent des poëmes comme la *Divina comedia*, ou des groupes divins comme les trois Grâces. Le sens esthétique s'échappe de leurs formes graphiques exactement comme il s'échappe de la plume des poètes. Lamennais est éminemment poète: il affectionne la majuscule typographique; il a des lettres d'une sobriété gracieuse, exquise. Les *Paroles d'un croyant* sont un poëme qui traversera les siècles. Hyacinte Loyson, qui est un orateur, affectionne la majuscule poétique. Probablement, il n'a pas fait dix rimes de toute sa vie; mais quels éclairs de poésie il a jetés du haut de la chaire de Notre-Dame!
J'ai analysé, dans la *Graphologie*, n. 9, 1875, quatre lignes de la belle écriture de saint François de Sales dont je cite un fragment plus haut, page 263; j'ai compté sur ces quatres lignes, quatorze majuscules typographiques venues sous la plume de cet écrivain si charmant de XVIe siècle, par un instinct de poésie et d'art.

Fénélon, *nommé* archevêque de Cambrai, signe une lettre, avec un *A* majuscule splendide.

Calvin signe Iehan, avec une très-grande majuscule typographique qui dit, pour un réformateur, plus de poésie que de raison froide.

Tous ces hommes ont le sens esthétique, le sentiment de la forme, et affectionnent, en écrivant, les majuscules et les lettres harmoniques.

Prenez l'écriture des esprits vulgaires qui n'ont pas le premier sentiment de la poésie et de l'art, leurs majuscules disgracieuses et inharmoniques vous disent de suite le manque total de poésie. La pensée rendue par de telles écritures sort toujours sous une forme triviale, vulgaire.

SYSTÈME DE GRAPHOLOGIE

VI° CLASSE, APTITUDES.
LXIII° ORDRE, DÉVELOPPEMENT DU SENS ABSTRAIT.
Sens du vrai.
LXXX° GENRE, DIDACTIQUE, PHILOSOPHIE, THÉOLOGIE.

Le sens abstrait est l'inverse du sens poétique, il va au vrai, au vrai absolu.

L'écriture de ces abstraits, de ces philosophes, de ces théologiens, n'a rien qui rappelle la recherche du beau, le sens de la forme ; il faut arriver à des formules sèches, brèves, positives. Il faut matérialiser, algébriser en quelque sorte ces merveilleuses et savantes analyses, ces anatomies métaphysiques, qui ont, pour objectif, de purs êtres de raison. On ne fait pas de l'ontologie comme on charpente un grand poëme, comme on cisèle un splendide bas-relief.

L'écriture répondra pleinement à cette notion physiologique des travaux du pur esprit, qui embrassent tout le domaine psychique.

338° *Didactique, philosophie, théologie.*

Le signe graphique sera : *l'emploi exclusif de lettres très simples, très sobres, aussi peu mouvementées que peut les produire la plume.* Elles ont bien rarement une aspiration vers la grâce de la forme, quoique le travail sur le vrai ne soit pas la négation de l'amour du beau. Mais le travail purement spéculatif demande trop de tension au cerveau, pour que la plume ait, pour ainsi dire, des distractions artistiques. Voyez l'écriture de Pascal.

SYSTÈME DE GRAPHOLOGIE 287

Quelle sécheresse ! Quelle forme dépouillée de tout orment. Ce sont presque des hiéroglyphes et il faut être graphologiste pour lire cela : « La synagogue a précédé l'Eglise. Les juifs, les patriarches, les prophètes, ont précédé les chrétiens, S. Jehan, J. C. » (1)

Le grammairien Domergue, tout occupé d'abstractions, a la petite écriture sèche, d'une sobriété excessive, et nous dit la négation absolue de toute imagination.

VI° CLASSE, APTITUDES.

LXIV° ORDRE, DÉVELOPPEMENT DU SENS PRÉCIS.

LXXXI° GENRE, SCIENCES NATURELLES.

339° *Histoire naturelle, physique, science générale.*

Dans ces travaux de l'esprit, il y a moins de sécheresse que dans ceux de l'abstraction pure. Un naturaliste, un physicien ne se perdent pas dans les sécheresses de la métaphysique. La nature, même inanimée, présente des formes et prête à une espèce de poésie.

Les écritures des savants n'ont donc pas toute la sécheresse, toute la sobrité froide des didactiques et des philosophes.

Nous pouvons étudier celle Cuvier, qui est d'un logicien mêlé d'un peu d'intuitivité. Voyez page 158. Il y a *sobriété* cependant. Le côté imagination ne se montre bien que dans la signature qui nous rend l'homme intime. Le savant se contient ; il est à son œuvre d'investigation ; mais il arrive à ses belles découvertes, plutôt par

(1) Mais Pascal n'est pas seulement un mathématicien, nous avons de lui, une écriture de sa jeunesse qui est merveilleuse de graphisme comme poésie et sentiment de l'art

sa grande puissance de déductivité, que par celle de l'intuivité.

L'écriture de Saulcy (voyez la *Graphologie* de 1872, n° 34) se rapproche de celle de Cuvier, par l'ardeur, l'entrain, la passion presque, — Cuvier est très passionné, surtout très ambitieux : l'ambition a dévoré sa vie ; — mais elle est plus intuitive que celle de Cuvier. Elle dit plus l'homme de pénétration que le logicien. J'ai fait cette curieuse remarque sur l'écriture de cet aimable savant, qui est pour moi depuis de longues années un ami de cœur, qu'à mesure que son cerveau s'est absorbé dans les recherches de la numismatique, qui demandent un sens de perception si exquis et si sûr, son écriture a pris un grand développement des signes de l'intuivité.

Voir l'écriture de Beulé (*Graphologie* de 1874, n° 10), et page 265 de ce livre. L'écriture de ce malheureux savant a de la netteté, de la précision, et dit une grande lucidité.

VI° CLASSE, APTITUDES.

LXV° ORDRE, DÉVELLOPEMENT DU SENS PRÉCIS.

§XXXII° GENRE, SCIENCES EXACTES.

340. *Mathématiques.* Les mathématiciens affectionnent les *lettres courtes, sobres, peu mouvementées. L'habitude du chiffre et des signes algébriques* se reproduit dans leur *petites lettres prismatiques.* Leurs chiffres n'ont rien de l'élégance et de la fioriture qui va si bien aux teneurs de livres et aux marchands. Ceux qui se livrent beaucoup au chiffre, font souvent le *r* en forme de 2, le *g* en forme d'*y*, le *z* en forme de 3, leurs *b* sont des 6 très sobres ; le *j* minuscule au commencement des mots est un 7.

L'écriture de d'Alembert nous donne la *sobriété*, la *sécheresse* d'un esprit accoutumé aux études de la géométrie, plutôt que celle d'un homme de calcul.

D'ALEMBERT. — *Les mathématiciens*

VIe CLASSE, APTITUDES.

LXIVe ORDRE, DÉVELOPPEMENNT DU SENS UTILITAIRE.

LXXXIIIe *GENRE, TRAVAIL DE PRODUCTION.*

341. *Industrie.* Les industriels ont l'aptitude des travaux de production. 341. *Commerce.* Les commerçants ont l'aptitude à faire circuler les produits de l'industrie.

L'écriture commerciale et industrielle prend toutes les formes selon les facultés, l'esprit particulier, les habitudes de vie des individus. Il n'y a donc point, à proprement parler, d'écriture qui désigne un commerçant, un industriel. Mais *leur paraphe* a une forme spéciale qui les caractérise, et se trouve un bon signe graphique. C'est le *paraphe contourné* que j'ai appelé *arachnéide*, parce qu'il rappelle assez bien la toile compliquée que fabrique l'araignée pour prendre les insectes. Voici la signature d'un industriel très entendu.

Les commerçants, les industriels.

C'est à la fois une petite toile d'araignée et en même temps un lasso. Certains commerçants n'ont que le lasso ; d'autres ont des toiles d'araignées beaucoup plus compliquées que celle de cette signature.

Dans les grandes villes de production et de commerce, comme Lyon, Anvers, les paraphes en toile d'araignée et en lasso sont presque dominants.

Puis vous avez des hommes du monde qui sont tout le contraire des commerçants, mais qui ont les instincts habiles, industriels.

Tous les habiles, qu'ils soient sur le trône, qu'ils aient des hôtels splendides, des châteaux, qu'ils mènent la vie aristocratique, la vie savante, la vie littéraire, sont des industriels d'une autre sorte et ont le paraphe des industriels. C'est parfaitement logique. Mais jamais ce paraphe n'est venu rabaisser la royauté intellectuelle de Châteaubriand, de Lamennais, de Corneille, de Gœthe, de Wellington, de Cavour, de Mazzini.

La sœur Patrocinio est une habile. Elle a un paraphe en toile d'araignée qui est un indice très-net d'habileté. Mais elle sanctifie cela. Sa toile si bien tissée se termine bizarrement par une croix.

VI° CLASSE, APTITUDES.

LXVII° ORDRE, DÉVELOPPEMENT DU SENS NÉGOCIATEUR.
LXXXIV° GENRE, NÉGOCIATION.

Les négociateurs sont des esprits à ressources, qui se possèdent beaucoup, qui avancent un peu, reculent à temps, avancent ensuite et par mille tours sinueux, se servant tour à tour de la stratégie de la ruse ou de celle de la franchise, arrivent au but de la conclusion des affaires Il faut pour cela des esprits flexibles, des natures onduleuses

Le signe graphologique est très-remarquable. Ces esprits sinueux ont la *ligne sinueuse*, l'allure serpentine dans leur marche en avant, *latet anguis in herbâ*. C'est donc *la ligne serpentine, sinueuse*, tantôt à larges ondulations, comme dans Brougham, tantôt à *sauts de lièvre*, par des mouvements brusques de la marche curviligne de la plume, qui caractérise l'aptitude diplomatique.

Etudier l'écriture de Talleyrand, page 210.

Celui-là est le roi des diplomates. Aussi son écriture est l'écriture-type. Le mouvement serpentin semble presque affecté. Il a quelques petites lettres fines qui cachent son secret. Il a des mots grossissants comme *qu'elles* et *Charlotte*. On disait de lui : « Il a tant d'aimable abandon, tant de naïve franchise, ce bon M. de Talleyrand, qu'on ne le suspecterait pas d'une ruse »

342. *Diplomatie, négociation.* Les diplomates, les négociateurs entendent l'art de traiter les affaires difficiles. Voyez aussi la ligne serpentine de Thiers, page 154.

Saint Vincent de Paul, — Mazarin, un autre roi de la diplomatie, — le cardinal de Retz, quel serpentin ! — M⁽ᵐᵉ⁾ de Sévigné, etc., toutes ces personnalités historiques nous donnent les nuances diverses de l'aptitude diplomatique. Voir la *Graphologie* de 1872 où se trouvent leurs écritures.

VI° CLASSE, APTITUDES.

LXVIII° ORDRE, DÉVELOPPEMENT DU SENS CRITIQUE.
LXXXIV° GENRE, OBSERVATION.

Cette aptitude donne les érudits, les polémistes, les critiques. Tous ceux qui ont fait marcher l'esprit humain, qui sont arrivés à des découvertes, étaient doués de l'aptitude de l'observation.

Le signe graphique du sens critique est celui-ci : des *écritures petites, sèches, à formes anguleuses*, à mots *souvent gladiolés* qui disent finesse, à *allure brusque*, à lignes ou mots espacés, *clarté*.

343. *Observation, Erudition.* Les observateurs saisissent les moindres détails Les érudits conservent les connaissances acquises. 344. *Polémique.* Les polémistes soutiennent des luttes politiques, philosophiques, littéraires, artistiques, etc. 345 *Critique.* Les critiques jugent les œuvres de l'esprit. Voyez l'écriture de Boileau, page 201.

VII° CLASSE.

GOUTS.

Les goûts sont des inclinations, des prédilections de l'âme. Elle éprouve tels ou tels entraînements; elle suit telles ou telles attractions. *Trahit sua quemque voluptas* peut se dire des goûts autant que des passions.

Seulement, ce que l'étude des écritures nous révèle sur les goûts dans l'âme, c'est qu'il tiennent à la fois de nos aptitudes et de notre esprit, de même que nos aptitudes et notre esprit tiennent à la fois de nos inctincts et de notre nature, tandis que nos passions tiennent de nos facultés et de nos instincts. Admirable enchainement moral d'effets et de causes, qui, mis à jour par le relief des signes de l'écriture, nous permet de saisir au vif, bien mieux qu'il n'a été possible de le tenter jusqu'à nous, la personnalité humaine dans ses forces intimes.

Nos goûts tenant immensément de nos aptitudes et de notre esprit, pour éviter des répétitions oiseuses, nous renverrons aux chapitres déjà traités, l'étude des signes qui sont communs aux goûts et aux aptitudes, ou bien aux goûts et à l'esprit.

VIIe CLASSE, GOUTS.

LXIXe ORDRE, PRÉDILECTIONS SIMPLES.
LXXXVe GENRE, SIMPLICITÉ

346. *Simplicité*. Les hommes aux goûts simples fuient tout ce qui est ostentation.

Signe graphique : Par instinct, la plume des personnes simples évite tout mouvement qui s'éloigne de la forme naturelle de chaque lettre. Sous l'influence de cet instinct, elles vont plus loin : ne voulant rien affecter, elles négligent. Elles ont des *lettres uniquement indiquées, qui ont ce qu'il faut rigoureusement pour qu'on distingue l'une de l'autre*, et jamais, au grand jamais, elles ne se permettent quoi que ce soit qui puisse rappeler une ornementation superflue et affectée.

Écriture-type. Quelle admirable simplicité dans l'écriture de M. Thiers ! Pas une superfluité dans une seule lettre. Voyez page 154.

Comparez cette écriture à celle du groupe suivant, : l'affectation de l'une rendra plus saisissant le caractère simple de l'autre.

VIIe CLASSE.

LXXe ORDRE, PRÉDILECTIONS AFFECTÉES.
LXXXVIe GENRE, AFFECTATION.

347. *Affectation*. Tout ce que nous avons dit de l'esprit prétentieux s'applique aux goûts affectés. Il y a des âmes à qui plaît uniquement ce qui n'est pas simple. Quelle horrible affectation que celle de cette écriture-type !

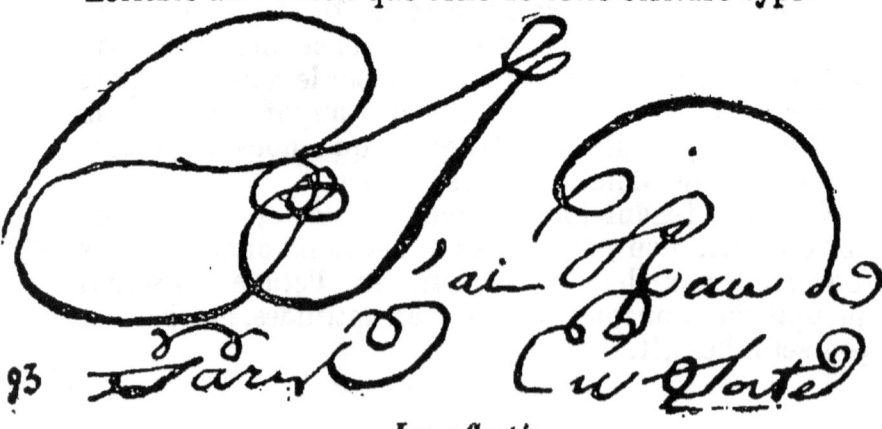

Les affectés.

Cette recherche d'ornements ridicules dit bien l'affectation de cet esprit. C'est l'écriture d'une personne du xviii° sècle, qui voulut être libraire et tenir un cabinet de lecture, afin de pouvoir lire toute la journée des romans. L'écriture répond bien à un esprit mal fait de ce genre.

Etudiez l'écriture des esprits d'élite, des grands écrivains, des hommes supérieurs dans tous les genres. Le cachet de leur valeur intellectuelle est dans l'absence de tout ornement superflu, ridicule, recherché. Toute recherche dit infériorité intellectuelle.

VII° CLASSE, GOUTS.

LXXI° ORDRE, ATTRACTION DU BEAU.

Voyez *aptitudes*, développement du sens esthétique.

LXXII° ORDRE, ATTRACTION DU VRAI.

Voyez *aptitudes*, développement pu sens abstrait.

LXXXVII° GENRE, ATTRACTION DE L'UTILE.

Voyez *aptitudes*, développement du sens de l'utile.

Tout ce qui a brillé dans la poésie, l'art, la littérature, dans les sciences exactes, dans les grandes productions industrielles, a obéi des attractions puissantes, à un goût particulier dont le développement a amené le succès.

VII° CLASSE, GOUTS.

LXXIII° ORDRE, INCLINATIONS ARISTOCRATIQUES.

LXXXVIII° GENRE, VIE BRILLANTE.

350. *Goûts de vie brillante*, aimer la vie en grand. Les goûts de vie brillante, élevée, aristocratique, les aspirations à être au-dessus de la foule, — ce que signifie ce mot *aristocratique* (1) pris dans son sens philosophique le plus

---

(1) En appelant *lettres aristocratiques* celles qui indiquent graphiquement des aspirations intimes portant l'âme à s'élever, à se placer au-dessus de la foule, nous n'avons pas voulu faire la

large, — se traduisent dans l'écriture par un signe graphique, en apparence fort étrange, mais qui s'explique très-bien physiologiquement : le besoin, en quelque sorte, de monter plus haut. Dans les majuscules, spécialement le *M*, la première hampe a une hauteur excessive, anormale, disgracieuse. Elle dit un effort de la plume, un besoin de partir de très-haut. On se classe en quelque sorte dans la première catégorie sociale; on se met aux premières places.

Souvent ces goûts de vie brillante, élevée, se rencontrent dans des âmes nobles et pures. Alors le signe est nuancé par tous les nobles instincts qui se trouvent dans l'écriture : absence de personnalité, bonté, dévouement etc.

Etudier les cinq autographes *A*, *B*, *C*, *D*, *E*, où la *majuscule aristocratique* a son développement considérable.

VII° CLASSE, GOUTS.

LXXIV° ORDRE, INCLINATIONS ORDONNÉES.

LXXXIX° GENRE, GOUTS D'ORDRE.

351. *Goûts d'ordre.* Les hommes de goût ordonné cherchent tous l'arrangement, le soin, l'attention, l'application.

moindre allusion aux *instincts nobiliaires*, ce que rappelle spécialement ce mot : *aristocratie*.

Un démocrate de conviction et de principes peut très-bien avoir les goûts aristocratiques.

Le signe graphique est, logiquement, l'écriture *soignée, régulière, quelquefois même jolie*, - autant qu'on peut la faire sans produire de la calligraphie. — écriture *où tout est à sa place, où nul désordre des jambages en dessus et en dessous des lignes ne se rencontre*.

L'écriture de M. Thiers, page 154, a beau être rapide, elle dit un homme aux goûts d'ordre, d'arrangement et de symétrie.

VIIe CLASSE, GOUTS.

LXXVe ORDRE, INCLINATIONS DÉSORDONNÉES.

LXXXXe GENRE, NÉGLIGENCE.

352. *Négligence*. Les négligents aiment à ne faire aucun effort, et ne tiennent en rien à l'ordre, à l'arrangement des choses. Les goûts désordonnés doivent être rendus graphiquement par une écriture désordonnée. Il y aurait contradiction qu'un esprit qui ne tient en rien à l'arrangement, eut de l'arrangement dans son écriture en soignât les détails. Donc, signe graphique des goûts désordonnés : écriture où il n'y a *aucun soin, aucun arrangement, aucune proportion des lettres, aucun souci des détails, de la ponctuation*, — absence par conséquent de tous les signes qui frappent dans les écritures ordonnées. Voyez le laisser-aller de l'écriture page 221.

353. *Bizarrerie*. Les goûts bizarres ont pour signe-type dans l'écriture, *des traits bizarres*, c'est-à-dire s'éloignant par des formes insolites des lettres ordinaires, et présentant, dans le détail, *des lettres ou des parties de lettres que les autres n'ont pas*.

Voyez pour types de bizarrerie, page 259, l'écriture signée *Pradier Bayard ;* mais surtout celle du bizarre duc de Brunswich, de la page 235. L'écriture de tous les excentriques est formée de traits étranges. Barbey d'Aurevilly, un bizarre, fait des *e* minuscules dont la petite boucle supérieure est à gauche au lieu d'être à droite. Arsène Houssaye, voyez page 250, a une bizarrerie presque affectée dans les jambages étranges de certaines lettres.

CLASSE GOUTS.,

LXXVIe ORDRE, INCLINATIONS DÉLICATES,

LXXXIe GENRE, DÉLICATESSE.

354. *Délicatesse.* Les hommes de goûts délicats ont horreur de tout ce qui est commun, bas, vil, honteux.

Le signe-type est l'*écriture aérienne*, c'est-à-dire à lettres très-légèrement, très-faiblement appuyées. — *Majuscules simples et gracieuses.* — Ecriture où nul trait n'indique la trivialité, l'inharmonie.

Ecriture-type : voyez celle de Fénelon, page 254, et celle de saint François de Sales, page 263.

L'écriture des femmes a d'ordinaire ce beau signe graphique.

Quand on a déjà étudié une écriture au point de vue des facultés, des instincts, de l'esprit, des aptitudes, on saisit vite les goûts qui en sont les résultantes. Cela frappe au premier coup-d'œil dans une écriture. J'ai cru cependant devoir indiquer les aspects les plus généraux que révèlent les signes graphiques. L'exercice rendra rapidement fort sur ce sujet. On dira de suite : Que de goûts nobles et élevés ! ou bien : Absence complète de goûts nobles et élevés. Un homme est jugé sur l'une ou l'autre de ces affirmations, que les signes graphiques permettent de faire sans crainte d'erreur. C'est la première chose qui frappe les yeux dans une écriture.

VIIe CLASSE. — PASSIONS.

Manifestation en excès des forces de l'âme

Les physiologistes se sont naturellement occupés des passions. Attribuant beaucoup à l'influence de l'organisme sur l'âme, ils ont bien compris que toute influence en excès amenait un excès dans le développement du sentiment et de l'instinct. La meilleure notion que nous puissions avoir de la passion me semble être celle-ci : *un sentiment instinctif devenu extrême et exclusif.*

Si la définition est acceptable, elle établit ce fait, que tout mouvement passionnel en nous, avant d'être à son état extrême et exclusif, c'est-à-dire un brisement de l'équilibre moral, par conséquent un mal, est un développement normal et légitime de nos forces, et ne devient passion que par l'excès de son développement. Magendie (Traité de physiologie I, page 211), a dit : « L'homme passionné ne voit, n'entend, n'existe que par le sentiment qui le presse; et, comme la violence de ce sentiment est telle qu'il est pénible et même douloureux, on l'a nommé *passion ou souffrance.* »

Aussi ai-je défini les passions un développement excessif et violent de nos instincts et de notre nature, ou plus simplement, *la manifestation en excès des forces de l'âme.*

Donc, en graphologie, ce trait de lumière sur la connaissance des hommes, voir l'*excès* pour juger de la *passion.* Dès lors rien de plus simple que notre méthode Chercher chaque développement de l'instinct et de la nature, en constater le mouvement excessif, violent, extravagant même, et conclure à l'état passionnel de l'âme qui s'est livrée à ce mouvement.

Tout ce que nous avons dit des instincts, de la nature, du caractère, constitue donc l'état de l'âme dans ses manifestations. Dès que l'une de ces manifestations dépasse les limites, elle devient passion. Quel plus noble sentiment que celui de la générosité ! Ajoutez l'excès, elle devient passion prodigue. Ajoutez encore l'excès à la passion prodigue, elle devient folie prodigue. — Il y a des fous de prodigalité, inoffensifs en tout le reste, mais que leur famille a été amenée à conduire dans des maisons d'aliénés. (1)

Nous n'avons, dans notre classification des passions, établi que les familles des signes les plus dominants. Il aurait fallu recommencer notre travail, pour voir toute manifestation de l'âme qui peut deviner un excès, par là même une passion.

Le bien peut être porté à l'état de passion. De grandes âmes se sont dévouées aux œuvres de la charité avec un excès qui est allé jusqu'à l'héroïsme. Aussi on a eu raison

(1). J'ai cité l'écriture d'un fou de ce genre page 236.

de dire qu'il y a des passions sociales. Ce sont des besoins sociaux portés a un degré très-élevé. Celui qui verse son sang pour la patrie a la noble passion de l'héroïsme patriotique, comme d'autres ont l'héroïsme du dévouement aux misères de leurs frères (1).

Le bien, exercé avec cette élévation de l'âme, devient une passion noble. Il y a donc de bonnes passions. C'est la manifestation la plus parfaite de la beauté de l'âme, le sens moral à sa plus haute puissance. L'Eglise a fait des saints de ceux qui se dévouent aux misères de l'humanité. La societé a fait des héros de ceux qui s'immolent pour la défendre, ou qui exposent leur vie pour accroître le domaine de la science.

Ces choses bien expliquées, nous n'avons qu'a établir la loi graphologique. *Toute écriture où des signes graphiques s'entassent, ont une intensité puissante, excessive, dit un instinct, une force de l'âme poussée à la passion.*

VIIIe CLASSE, PASSIONS.

LXXVIIe ORDRE, PASSIONS ORGUEILLEUSES.

LXXXXIIe GENRE, ORGUEIL

355. *Orgueil*. Les orgueilleux ont un développement excessif de l'instinct de supériorité.

Signe graphique: le mouvement en hauteur des lettres majuscules Dans le *M* majuscule, le premier jambage s'élevant inharmoniquement au-dessus des autres et avec une disproportion choquante. — « Je suis plus que vous ! » — Telle est l'expression de ce mouvement, de ce gonflement pour ainsi dire du trait. Dans la lettre *L*, deux parties bien proportionnées sont nettement indiquées par la loi calli-

---

(1) « Les passions ont le même but que l'instinct. Elles portent comme l'instinct, à agir, selon les lois de la nature vivante. Quand l'homme a des besoins animaux exagérés, il a des passions animales. Elles se rapportent au double but qui constitue l'instinct naturel, c'est-à-dire la conservation de l'individu et la conservation de l'espéce. » (Magendie, *Physiologie* I, page 211).

graphique : son jambage élevé, et sa liaison inférieure à l'aide de la *partie bouclée*.

Ce que nous disons de la lettre *L*, il faut le dire de toutes les majuscules à développement extravagant. Il faut le dire de l'allongement affecté en hauteur de l'écriture. Les écritures hautes indiquent les sentiments nobles et élevés. Si ce mouvement forme comme un étiolement des jambages, il devient inharmonique.

Quand Louis Veuillot, qui a une écriture haute, indiquant des sentiments élevés, voulut donner, pour l'*Autographe* quelques mots de son écriture, il fut loin de se douter que cette exagération de son écriture était une mesure frappante des dégrés de son orgueil. Il produisit quelques mots d'une hauteur démesurée. J'ai de lui des lettres intimes, où il se dresse toujours, mais où l'écriture a une hauteur normale. Quand ce qui est grand s'exagère, la mesure se dépasse. La signature si royale de Louis XIV, page 89, a cet excès choquant, et dit son immense orgueil.

La signature de Louis XI, voyez page 89, a la même exagération, mais avec une forme d'une inharmonie complète et qui dit les goûts grossiers du personnage. Bismarck, voyez page 90, a le gonflement plus modeste. Ce n'est pas a la majuscule que son orgueil s'étale, mais au *k* d'excessive hauteur qui termine son nom.

Le duc de Brunsvick étouffe d'orgueil ; son écriture le dit. La vanité touche à l'orgueil ; on a tort de les confondre. Elle se gonfle aussi ; et, comme elle cherche a briller, elle aime les fioritures et tous les mouvements affectés de la plume. On a remarqué que les auteurs, les poètes, les artistes, les rois et les philosophes ont une dose de vanité plus forte que le reste des hommes. Heureusement, cela n'est pas vrai pour les grands génies dont s'honore l'humanité. Il n'y a pas un mouvement de vanité dans l'écriture de Fénélon. Lamennais a de l'orgueil, mais n'a pas de vanité. La vanité est plus petite que l'orgueil. Il y a des hommes qui ont trop d'orgueil pour avoir de la vanité.

L'orgueilleux s'admire, il est plein de son mérite. Il

gonfle son écriture ; *il monte sur ses majuscules* comme sur des échasses. Le vaniteux veut être remarqué à tout prix : il fait la roue comme le paon ; et ses *fioritures*, ses *lettres affectées, largement, rondement étalées,* semblent dire : Admirez-moi !

Leo Lespès poussait l'orgueil vaniteux jusqu'à la folie. On cite de lui des traits bizarres. Il lui arrivait quelquefois d'entrer dans un grand café et de demander douze glaces. On s'attendait à voir une nombreuse compagnie. Les douze glaces se servent, mais il n'y a qu'un seul convive, Léo Lespès. Il prend une cuillerée de chacune des glaces, jette une pièce d'or sur la table, et s'en va au grand ébahissement du garçon. Quel triomphe pour un vaniteux !

Le premier *L* de *Léo* est d'une exagération folle. La hampe s'étale au-dessus des deux noms, et la liaison détachée de la lettre, se redresse et forme à elle seule comme une lettre pour dire *Léo*. Dans le second *L*, la hampe n'est presque rien, et c'est la liaison très-haute avec sa grande boucle, et très-redressée, qui forme la lettre.

Le type est très-curieux à étudier. C'est ce que j'ai appelé la lettre *surhaussée*. L'allongement de la lettre se fait sur une partie ordinairement insignifiante de la lettre.

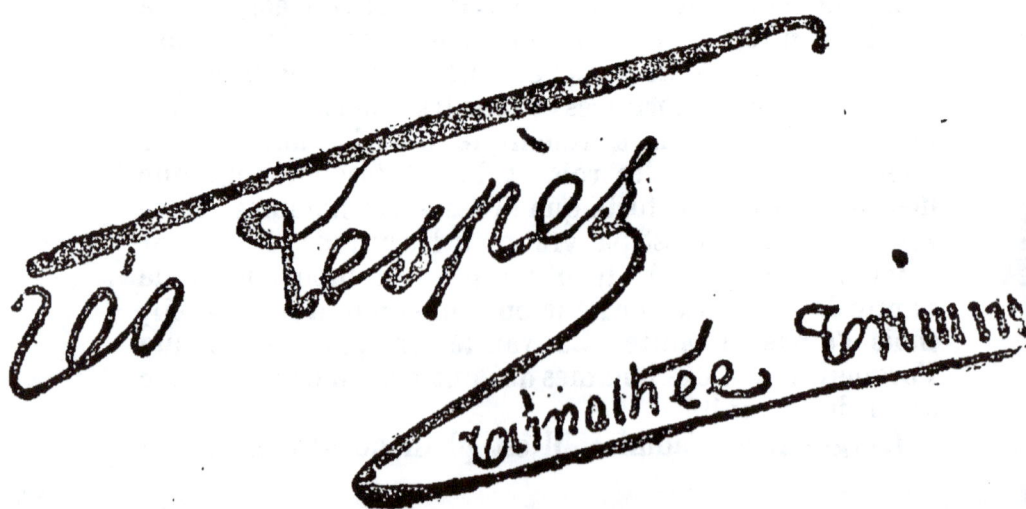

VIII° CLASSE, PASSIONS.

LXXVII° ORDRE, PASSIONS HAINEUSES.

LXXXXIII° GENRE, HAINE.

356. *Haine, aversion.* Les haineux portent de l'inimitié à autrui et sont disposés à leur nuire. 357. *Vengeance, outrage.* Les vindicatifs sont portés à faire à autrui des offenses cruelles

Le signe graphique de la haine est le même que celui de l'amour. C'est étrange, mais c'est dans la nature. Racine l'avait remarqué :

« . . . . . . Il faut que mon cœur,
« S'il n'aime avec transport, haïsse avec fureur. »

La haine n'est pas dans l'âme à l'état de passion permanente, comme l'orgueil, l'avarice, la prodigalité, l'ambition. L'âme aime : c'est là sa vie. Mais, si on la blesse, si on lui nuit, si on l'irrite, le froissement éprouvé produit la haine, et la haine demande la vengeance.

On a appelé la vengeance « le plaisir des dieux. » C'est un triste plaisir que repoussent les grandes âmes. La sublime vertu apportée dans le monde par l'Evangile, a été le pardon des injures.

« Des dieux que nous servons, connais la différence !
« Les tiens t'ont commandé le meurtre et la vengeance ;
« Et le mien, quand ton bras vient de m'assassiner,
« M'ordonne de te plaindre et de te pardonner. »

La grande inclinaison de l'écriture nous donne les natures capables d'aimer avec passion. C'est donc le signe graphique de celles qui peuvent haïr avec fureur.

De plus, si l'écriture très-inclinée est accompagnée des signes graphiques de la *ténacité*, de l'*obstination*, d'une *vivacité* allant jusqu'à l'*emportement*, — voyez ces signes ; — si le « cher *moi* » surtout s'étale dans les majuscules, si la personnalité est excessive, si l'orgueil est très-marqué, l'orgueil blessé ne pardonne pas ; si la vanité, la prétention, s'étalent dans une écriture, la vanité froissée devient aussi implacable. Vous avez le signe complexe très-marqué des natures capables de haine.

Voici l'écriture d'une femme qui vient de pousser la vengeance contre un grand artiste, jusqu'à publier un livre de souvenirs, où elle raconte le drame de ses amours délaissées Remarquez l'étalage excessif des *majuscules qui font la roue*; remarquez la *signature fulgurante* qui dit une *énergie peu commune*. Ici, l'écriture est un peu redressée et appliquée. C'est la femme qui calcule sa haine, qui se venge avec sang-froid.

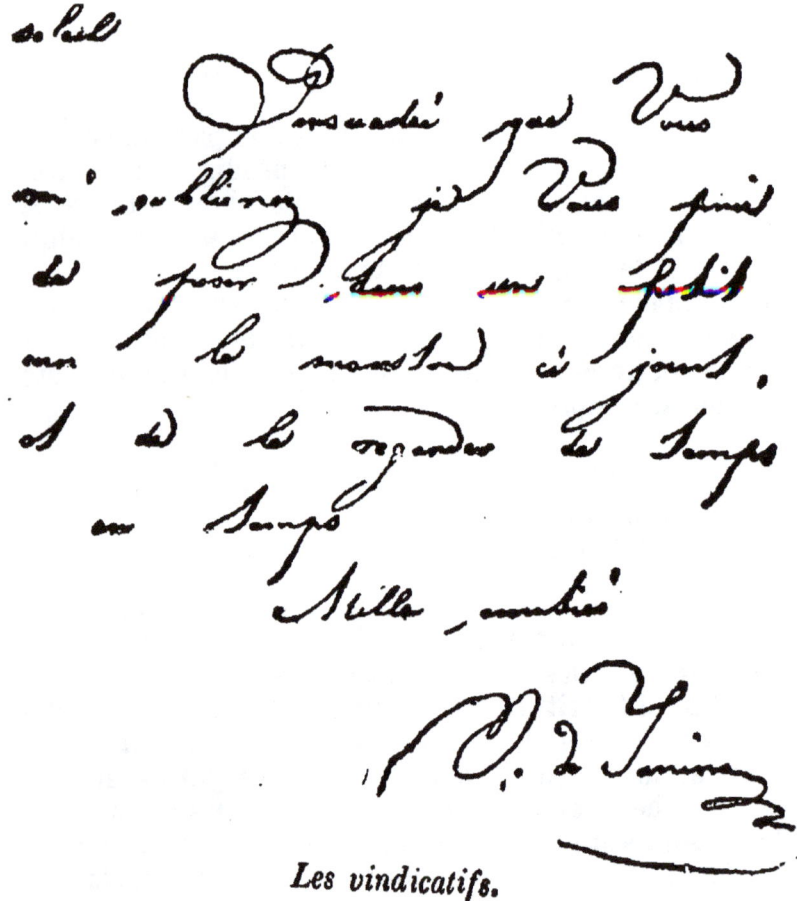

Les vindicatifs.

L'imagination est en excès, — voyez le *z* de *m'oublirez*, — l'orgueil est nettement indiqué, — le *M* de *Mille amitiés*.
— Ici l'imagination a nui au jugement naturel indiqué par cette écriture, et n'a pas permis de laisser voir à la femme que c'était elle, et non pas son infidèle, qu'elle perçait de son poignard L'orgueil blessé n'a rien écouté. Et pas un ami n'a aimé assez cette artiste de valeur, pour lui faire comprendre que la femme surtout ne doit à aucun prix déchirer le voile qui cachait ses faiblesses.

358. *Envie*. Les envieux souffrent du bonheur d'autrui et se tourmentent de ce qu'ils possèdent. On a dit que l'envieux maigrissait de l'embonpoint des autres. 359. ***Jalousie***. Les jaloux sont chagrins de voir les autres posséder une affection qu'ils désirent pour eux-même.

Le signe graphique est complexe. Voyez l'écriture page 253.

L'envieux est toujours un égoïste. Le jaloux aime passionnément, mais il est convergent dans son attachement; il aime pour lui-même.

Crochet concentrique, égoisme ; le *moi* très marqué. } Jalousie.
Ecriture très-inclinée, passion ardente.

Plus l'écriture sera *inclinée*, plus elle dira l'*ardeur*, la *susceptibilité* de la passion. Plus le *moi* s'accentuera dans l'écriture, plus la blessure du cœur offensé sera profonde. Cette passion, qui est si cruelle, est donc en raison directe de l'excès du *moi* et de l'excès de la sensitivité.

Selon les physiologistes, les bilieux, les lymphatiques, les nerveux, les mélancoliques, sont sujets à l'envie et à la jalousie.

Si l'écriture du jaloux porte en même temps les signes graphiques de l'orgueil, de la vivacité, de l'emportement, vous avez la jalousie qui va aux dernières limites et qui calcule une vengeance. Des âmes jalouses, mais dont l'écriture est *à courbes*, et dit une douceur habituelle, souffrent cruellement de leur blessure, mais ne pensent même pas à la vengeance.

Les signes graphiques font bien saisir ces nuances capitales, qui sont d'un si grand intérêt pour connaître l'âme dont on analyse l'écriture.

360. *Colère, emportement*. La colère est assez définie par son nom même. Elle ne devient passion que lorsqu'elle arrive, de la simple vivacité, aux excès de l'emportement.

Les femmes, plus nerveuses, sont plus portées à la colère, mais leur colère a plus de vivacité que de force. Les billieux, les bilio-sanguins et nerveux, sont plus portés à la colère que les lymphatiques.

Les habitants du Nord sont moins irascibles que ceux du Midi.

Cambronne était très-violent. S'étant énivré et ayant frappé un de ses chefs, en 1793, il fut condamné à mort. Son colonel obtint sa grâce, à condition qu'il s'engagerait à ne plus s'énivrer. Il renonça au vin et n'y toucha plus de sa vie.

Robespierre et Marat sont cités parmi les colères. « Le furibond Marat, dit un moraliste, avait le pouls constamment fébrile, et Robespierre éprouvait des hémorragies nasales qui inondaient son lit toutes les nuits. »

La colère poussée à l'excès est une folie momentanée. *Ira furor brevis*, dit Horace.

On a fait cette remarque que le lait des nourrices colères produit d'affreuses coliques chez les enfants; et les physiologistes prétendent que la colère est héréditaire.

La passion de la colère est intermittente. Elle ne se produit que par excès. L'âme n'y tiendrait pas.

La colère a pour signe graphique des *barres vives, ascendantes; quelquefois*, comme dans le duc de Praslin, *tellement mouvementées qu'elles ne touchent pas les t minuscules qu'elles doivent barrer, et qu'elles sont jetées à côté dans un mouvement de remarquable impétuosité*. Les écritures des colères sont d'ordinaire *anguleuses : les mots ont le mouvement ascendant*. Toutes les écritures des colères sont *inclinées* et *disent la passion*.

Voyez les angles aigus du M de cette écriture renflée fortement et qui dit les passions sensuelles. La barre du *t* est vive et ascendante. La signature se redresse un peu; mais l'écriture de l'autographe où elle se trouve est inclinée. C'est un passionnel.

La signature de Robespierre est aussi à angles aigus. L'inclinaison dit l'homme passionné. Elle se termine par une finale longue vive, et qui rappelle involontairement le stylet du sicaire dirigé sur votre poitrine. Nous n'avons malheureusement de Robespierre que sa signature; mais elle dit le passionné et le violent.

On a remarqué que les êtres faibles et chétifs sont plus colères que les êtres robustes et fortement constitués. Les personnes d'un esprit étroit et sans instruction sont plus portées à la colère. Instruire les masses, c'est comprimer cet instinct irascible, cause souvent de tant de crimes. Instruire, c'est donc moraliser. Avis aux apôtres de l'ignorance pour conserver la morale dans un peuple.

VIIIe CLASSE, PASSIONS.

LXXIXe ORDRE, PASSIONS CUPIDES.

LXXXXIV GENRE, AVARICE.

Voyez, *instinct parcimonieux*. page 208. Cet instinct poussé à l'extrême, — qui est une vertu, au moins, au moins une sagesse, quand il s'arrête à l'économie, — devient une passion intraitable et honteuse.

Pour juger l'excès, il faut voir simplement l'*intensité des signes graphiques*, qui disent la parcimonie poussée à ses dernières limites.

VIIIe CLASSE, PASSIONS.

LXXXe ORDRE, PASSIONS PRODIGUES.

LXXXVe GENRE, PRODIGALITÉ, DISSIPATION.

Voyez, INSTINCT PRODIGUE, page 211. Même remarque que pour les passions cupides. C'est l'intensité des signes graphiques de la non possessivité, du peu d'attachement aux biens de la vie, à la fortune, à l'argent, qui indique l'excès de ce détachement devenu une passion, aboutissant quelquefois à la folie.

VIIIe CLASSE, PASSIONS.
LXXXIe ORDRE, PASSIONS SENSUELLES.
LXLLVI° GENRE, SENSUALITÉ.

Voyez NATURE, page 247.

L'intensité du signe graphique dira ce sens poussé jusqu'à l'excès et devenu une passion violente. Il ne faut pas confondre la passion sensuelle, c'est-à-dire l'entraînement excessif des appétits charnels avec la passion de l'amour. Celle-ci peut être ardente, poussée aux limites dernières, c'est-à-dire embrasant, dévorant l'âme tout entière ; mais elle est quelquefois oublieuse des sens.

Le signe graphique de cet amour passionné, mais non sensuel, est la grande inclinaison de l'écriture. Mais l'écriture ainsi inclinée n'a pas ces renflements pâteux, cette écriture lourde et appuyée qui dit l'instinct charnel, la prédominance de la matière sur le sentiment. L'amour pur peut être très-chaste, même arrivé à l'état de passion violente. Il y a des moralistes amoureux qui ont confondu tout cela. C'est d'une incroyable ignorance. L'amour pur a pour aspiration violente la possession légitime et honnête, à la face du monde, de l'objet aimé. C'est l'une des grandes et belles lois sociales qui crée la famille. Comment confondre cette noble passion que Dieu a mise dans l'âme humaine, avec le sentiment grossier qui ne songe qu'à des jouissances physiques ?

Les passions sensuelles comprennent, en même temps que le goût effréné des plaisirs de l'amour, le goût effréné des plaisirs de la table. Il faut bien distinguer les gourmets des gourmands. Le gourmet a pour ainsi dire une passion de l'esprit. Il se délecte à goûter des saveurs de vins ou de mets. Ce n'est pas très-relevé, et il n'y a pas à dire que ce soit une passion noble, ce serait abuser des mots, mais enfin ce n'est nullement honteux.

La gourmandise est au contraire une passion basse. Elle a pour signe graphique très-marqué, *l'ecriture appuyée épaisse et pâteuse* qui semble dire le goût de la matière. C'est un contraste avec l'écriture si légère, que j'ai appelé aérienne, des natures détachées des sens. Une écriture-type est celle de Léo Lespès. Il se vantait d'être gourmet — on ne le fait jamais d'être gourmand.

Il ne faut pas croire que ces écritures pâteuses soient un pur effet de la plume. Une nature non sensuelle, écrivant avec la même plume qu'un gourmand, ne l'appuiera pas de la même manière, ne produira pas ces traits pâteux où le gourmand semble se complaire.

bonne chère
dans un repas
dans un petit verre;
dans de petits plats

LÉO LESPÈS. — *Les gourmands.*

Brillat-Savarin signale — a-t-il raison ? — quatre grandes classes de gourmands par état : les financiers, les médecins, les gens de lettres et les dévots.

Les sanguins et les sanguins bilieux sont plus portés à la gourmandise. Les femmes sont moins gourmandes que les hommes; mais elles sont plus friandes. Les moins gourmands sont les cuisiniers. Il y a des individus qui naissent gourmands. Les phrénologistes ont appelé cela *alimentivité*. La gourmandise, selon les physiologistes, est souvent héréditaire, et l'allaitement la communique.

VIIIe CLASSE, PASSIONS.

LXXXIIe ORDRE, PASSIONS AMBITIEUSES.

LXLXVI° GENRE, AMBITION.

L'ambition est un sentiment noble que certains moralistes désignent sous le nom d'*émulation*, et qui consiste à vouloir se distinguer parmi ses égaux. Ainsi compris, c'est un noble instinct. Il ne devient passion que par l'excès.

Le signe est très-caractéristique : l'*écriture ascendante*. Les lignes, au lieu de suivre l'horizontalité de la page, prennent un mouvement montant. Souvent même, quand le papier est tracé, la plume quitte le tracé de la ligne supérieure.

Quand le sens de l'ambition est développé avec excès, il devient une passion fougueuse que rien n'arrête. C'est alors un désir violent et continuel de s'élever au-dessus des autres qui fait dans l'âme de cruels ravages. Ambition de domination et de pouvoir (le capitaine Buonaparte); ambition des grandeurs, des titres, des distinctions (Cuvier) ; ambition des premières places, soif des hommages de la multitude.

Que d'existences l'ambition a dévorées ! Mais que d'élan elle a donné au génie de l'homme !

Beulé, que nous avons tous connu, s'est suicidé par suite de souffrances physiques dues à son ambition inassouvie.

L'écriture, la signature, sont très-ascendantes. Voyez son écriture, page 265, et celle de M Thiers, page 154.

VIIIe CLASSE, PASSIONS.

LXXXIIIe ORDRE, PASSIONS CRUELLES.

LXXXYVIII^e GENRE, CRUAUTÉ.

La dureté, la violence dans l'homme poussée à l'excès font les cruels. Voyez CARACTÈRE, *développement du sens résistant*. Cette passion est celle qui rabaisse le plus l'humanité et la met au niveau des bêtes féroces. Des monstres, comme Troppmann, font d'autant plus d'horreur qu'ils arrivent à commettre le crime avec un horrible sang-froid.

On peut voir, *Graphologie* de 1872, n° 10, une page sur l'écriture de Troppmann, où sont étudiés les nombreux signes graphiques de cette personnalité criminelle si étrange.

Signes graphiques : Egoisme; — Brutalité; — Bizarrerie, — Folie partielle; — Vanité énorme; — Imagination urexcitée; — Sang-froid glacial; — Volonté dure; — Despotivité; — Violence féroce.

TROPPMANN. — *Les féroces.*

Quelle effrayante accumulation de signes mauvais dans la même écriture! Ne nous étonnons pas de la monstruosité qui est sortie de cet ensemble déplorable.

J'ai expliqué que, dans ce monstre, il y avait cependant un côté par lequel il tenait un peu à l'humanité. Il avait fait l'utopie étrange d'aller gagner de l'argent en Amérique avec le fruit de sa boucherie humaine, et de revenir ensuite faire le bonheur de sa mère. Remarquable aberration, que je ne me suis expliquée que par un signe graphique de folie partielle trouvé dans sa signature.

Nous terminons par cette triste écriture notre série des passions.

La classification des signes graphiques était d'une importance capitale. Elle constitue définitivemet la science. Cette classification peut être perfectionnée, des groupes plus rigoureusement analytiques peuvent être combinés. C'est l'œuvre du temps, pour moi ou pour mes nombreux disciples. Mais l'œuvre, perfectible assurément, se présente complète aux regards de la critique.

Après le *Système de graphologie*, il faut étudier la *Méthode pratique* qui en est comme le second volume. Là nous prenons, en quelque sorte, le disciple par la main et nous le conduisons à la solution des difficultés qui auraient pu l'arrêter, abandonné seul à la théorie.

On nous écrit sur ce livre :

« La lecture de votre *Méthode pratique* est très-attrayante et ne peut manquer de faire aimer de plus en plus votre belle science. Je ne crains même pas de dire que le *Système de Graphologie*, comparé à ce livre, est d'une aridité relative, et qu'il laisse le disciple de la Graphologie encore faible et incertain dans l'application. »

Post-Scriptum.

Addition à la page 35.

Nous sommes arrivés a une telle précision dans nos portraits graphologiques, la personnalité humaine s'en détache si nettement, c'est si bien l'individu qui ressort avec une vivacité parfaite et une exactitude absolue, que nous avons pu dire que chaque portrait était une photographie de l'âme. Plus ces portraits se multiplient, envoyés par nous sur tous les points de l'Europe, plus l'opinion se prononce, et nous dit qu'elle accepte notre découverte comme l'une des plus belles qui aient pu être faites, dans un siècle ou cependant l'esprit humain en a produit de si importantes.

Maintenant, grâce au *Système de Graphologie*, le procédé de saisir l'âme par les signes graphiques ne sera plus un mystère. Tout lecteur un peu attentif pourra vérifier par lui-même l'exactitude de notre diagnostique, et bien voir que ce n'est ni une conjecture ni une bienveillance flatteuse qui nous ont inspiré nos jugements.

Pour que la science nouvelle se produise mieux encore, à partir de la publication de ce livre, nous nous sommes imposé le travail des portraits graphologiques de *double grandeur*, c'est-à-dire de quatre pages in-4° divisées en deux colonnes. L'une contient le portrait intellectuel et moral détaillé jusqu'aux nuances; c'est l'âme bien fouillée par le scapel graphologique. L'autre donne l'indication précise des signes qui ont permis au graphologiste de se prononcer sur telle faculté, tel instinct, telle nature, tel caractère, telle aptitude, etc. C'est la méthode graphologique appliquée et mise à jour sur toute écriture.

Chaque personne a sous les yeux, non-seulement le jugement précis porté sur elle, mais encore le *pourquoi* de ce jugement, tiré de la forme spéciale de ses lettres, du mouvement que sa plume affectionne, par instinct, pour traduire l'être intime.

On sera convaincu, par cette démonstration, de la vérité du procédé graphologique, quand on verra chaque décision correspondre parfaitement au trait particulier, original, bizarre simple, naturel, doux, rude, extravagant, gracieux, vulgaire, affecté, égoïste, rayonnant, froid, passionné, grave, léger, etc., tracé dans l'écriture, et désigné par l'analyse anatomique du graphologiste. Il n'y a pas de plus belle leçon de Grapholggie.

Nous avons retiré un grand avantage de cette manière de produire nos photographies intellectuelles et morales, puisque toute personne, à l'aide du *Système de Graphologie*, où sont indiqués en détail tous les signes graphiques, peut vérifier par elle-même, contrôler, preuves en mains, discuter au besoin les affirmations qui sont produites sur sa nature et sur son caractère.

(Prix des portraits de double grandeur, 20 fr.)

Nous demandons pour ce travail l'écriture *bien naturelle bien intime*, non déguisée, non appliquée, et, si cela est possible, deux ou trois spécimens de la même écriture pris à diverses époques depuis deux ou trois ans. On arrive de la sorte à posséder — dans un plus complet développement — la manifestation graphique de la personne jugée. (*M*).

FIN

N. B. Toute lettre adressée à M. Michon, au château de Montausier, par Baignes (Charente) où il passe, chaque année, plusieurs mois de villégiature, est assurée de lui arriver exactement.

TABLE
DE LA
CLASSIFICATION

A

Abandon	190	Apathie	220
Abattement	240	Application	276
Abstrait (sens)	286	APTITUDES	281
Acreté	204	Ardeur	238
Activité	238	Aristocratiques (goûts)	295
Adoration	195	Arrangement	276
Adulation	246	Arrogance	231
Affabilité	270	Artifice	242
Affectation	280	Art	282
Affectivité	162	Assimilation	148
Agrément	278	Astuce	242
Aigreur	204	Attention	275
Alarme	218	Attractivité	270
Ambition	309	Audace	264
Amitié	199	Avarice	208
Amour	196	Aversion	302
Angulosité	97	Avilissement	255
Appétits physiques	249		

B

Bassesse	255	Bizarrerie	271
Bataille	208	Bonté	190
Beau (Attraction du)	292	Boutades	251
Beau (Sens du)	281	Bravoure	239
Bienveillance	189	Brouille	200
Bénignité	189	Brutalité	267
Bêtise	279		

C

Calme	232	Chasteté	247
Candeur	241	Circonspection	256
Caprice	251	Clairvoyance	274
CARACTÈRE	264	Classification	148
Charité	196	Clémence	193
Charlatanisme	242	Colère	271,305
Changement	251	Commerce	289

Commandement	269	Coquetterie	258
Comparaison	142	Cordialité	190
Conception	135	Courage	238,264
Confiance	241	Crainte	217
Confusion (esprit)	279	Création	140
Convergente (nature)	223	Critique (sens)	292
Constance	250,266	Cruauté	309
Continent (sens)	247	Cupidité	245,306

D

Débonnaireté	189	Détermination	174
Découragement	240	Dévouement	197
Décence	247	Dialectique	148
Dédain	202,231	Didactique	148,286
Déductivité	142	Dignité	225
Défiance	214	Diplomatie	291
Dégradation	255	Discernement	256,274
Déguisement	24	Discrétion	256
Délicatesse	190,297	Dispute	201
Délicatesse (esprit)	277	Dissipation	212,306
Dépense	212	Dissimulation	242
Déplaisance	199	Distinction	263
Dérision	200	Docilité	262
Désespoir	240	Domination	269
Désintéressement	244	Douceur	191
Despotivité	268	Droiture	252
Désordre (esprit)	277,296	Dureté	267
Détachement	244		

E

Economie	207	Epouvante	218
Egoïsme	221	Equilibre	152,155
Elan	239	Equité	252
Elévation	225	Erudition	292
Eloquence	285	ESPRIT	273
Emportement	305	Esthétique	282
Energie	239	Estime de soi	254
Encyclopédicité	155	Etourderie	251
Enjouement	271	Exactitude	276
Entêtement	180	Exaltation	232
Entrain	238	Expansion	190
Enthousiasme	233	Expansivité	188
Epargne	207	Extravagance	234

F

FACULTÉS	132	Flagornerie	246
Faiblesse	183 184	Flatterie	246
Fainéantise	220	Flexibilité	261
Fantaisie	251	Folie	237
Faste	213,214	Force	239,264
Fatuité	258	Fougue	264
Fausseté	242	Fourberie	253
Féminité	167	Franchise	241
Fermeté	266	Fraternité	99
Fierté	231	Frayeur	213
Fierté (noble)	254	Frivolité	277
Finesse	242	Froideur	261
Finesse (esprit)	274	Frugalité	249

G

Gaieté	270	GOUTS	292
Gaillardise	271	Grâce (esprit)	278
Gastronomie	249	Grandeur	225
Gêne	216,217	Gratitude	194
Générosité	244	Gravité	261
Gloriole	258	Grossièreté	262,279
Gourmandise	249,307		

H

Hâblerie	258	Honneur	252
Haine	302	Honnêteté	252
Hardiesse	264	Humilité	226
Hésitation	216	Humanité	196
Histoire naturelle	287	Hypocrisie	242

I

Idéalisme	140	Implacabilité	270
Idiotie	279	Imprévoyance	257
Imagination (la folle du logis)	233	Impureté	247
		Impudicité	247
Imagination	140	Incertitude	216,251
Imbécillité	279	Indécision	184
Impénétrabilité	242,243	Indolence	219
Impersonnalité	224	Indulgence	192
Impitoyabilité	270	Inertie	220
Importance	232	Intuitivité	135
Impressionnabilité	167	Intuitivité pure	135
Imprudence	257	Intuitivité mêlée	155

Inapplication	277	Ingénuité	241
Inattention	277	Inquiétude	241
Indépendance	266	INSTINCTS	186
Industrie	289	Insubordination	266
Ineptie	262	Intrépidité	264
Ineptie (esprit)	279	Intrigue	242
Inégalité	251	Irascibilité	272
Inexorabilité	269	Irréflexion	258
Inflexibilité	250	Irrésolution	184

J

Jactance	258	Jugement	356
Joie	271	Justice	252

L

Lâcheté	218	Littérature	285, 283
Ladrerie	208	Logique	142, 148
Langueur	240	Logique un peu mêlée	
Légèreté	251, 276	de pensée	158
Lenteur	219	Lourdeur	279
Liaison d'idées	142	Loyauté	252
Libéralité	244	Luxe	214
Libertinage	247		

M

Magnanimité	225	Mélancolie	240
Magnificence	214	Mépris	202, 231
Maîtrise	269	Minutie	24
Malveillance	199	Modération	232
Mansuétude	192	Mobilité	251
Mathématiques	288	Modestie	260
Mensonge	242	Mollesse	184
Mesquinerie	208	Moquerie	200
Méfiance	215	Musique	283

N

Naïveté	241	Négociation	291
NATURE	221	Négligence	296
Naturel	281	Noblesse d'âme	254
Netteté (d'esprit)	274	Nonchalence	219

O

Observation	292	Opiniatreté	182
Obstination	189	Orgueil (absence d')	229
Ombrage	215	Orgueil	227, 230, 233, 299

Ostentation	213	Outrage	302
Oubli du *moi*	224	Ordre	276, 295
Ouverture d'âme	241	Originalité	271

P

Paradoxe	141	Pingrerie	208
Parcimonie	205, 207, 208	Poésie	282
Pardon	193	Pointillerie	201
Paresse	220	Polémique	292
PASSIONS	297	Poltronnerie	218
Passion	167	Pose	251
Patriotisme	199	Positivité	148
Pensée	140	Possessivité	207
Pensée mêlée de logique	155	Pratique	148
		Précaution	255
Peinture	283	Préciosité	280
Pénétration	274	Précis (sens)	287
Perfidie	253	Présomption	264
Perplexité	251	Prétention	258, 79
Persévérance	179, 250	Probité	252
Personnalité	223	Prodigalité	211, 306
Petitesse	225	Production (travail de)	289
Peur	218	Profusion	211
Philantrophie	196	Prudence	256
Philosophie	286	Pudeur	247
Physique	287	Pureté	247
Piété	195		

Q

Querelle	201

R

Raideur	261	Réflexion	256
Raillerie	200	Réserve	256
Rangement	207	Résistant (sens)	266
Rayonnante (nature)	224	Révolte	267
Recherche	258, 280	Rêve	141
Reconnaissance	194	Rigidité	261
Retenue	232	Rigueur	261
Respect	195	Rouerie	242
Respect humain	217	Rudesse	267
Répulsion	202	Ruse	242
Résolution	179	Rusticité	262

S

Sagacité	274
Sagesse	274
Sculpture	283
Sciences naturelles	287
— exactes	283
Science générale	286
Sensibilité	162
Sensibilité faible	164
Sensibilité vraie	165
Sensitivité	167
Sensibilité extrême	167
Sensibilité contenue	170
Sensuelles (natures peu)	247
Sensualité	247,307
Sévérité	261
Sens	274
Sophisme	149
Sordidité	208
Sincérité	241
Simplicité	260,281,293
Singularité	274
Somptuosité	217
Sobriété	249
Sociabilité	270
Soin	276
Souplesse	261
Sottise	262,279
Spontanéité	238
Stupidité	262,279
Subtilité	149
Suffisance	231
Superficiel (esprit)	277
Supériorité (sens de)	227
Susceptibilité	272
Sympathie	272
Système	140

T

Théologie	286
Théorie	140
Tempérance	249
Temporisation	256
Témérité	265
Timidité	216
Tenacité	181
Terreur	218
Torpeur	240
Tracasserie	240
Trahison	242
Tristesse	240
Trivialité	262
Tromperie	253

U

Utile (attraction de l')	294
Utilitaire (sens)	289
Utopie	141

V

Vaillance	239
Valeur	239
Vanité	258
Vanterie	258
Vénération	194
Vengeance	302
Versatilité	251
Vétilles	225
Vie brillante	294
Vigilance	256
Vilenie	255
Violence	267
Virilité	238,264
Vivacité	238
Vrai (sens du)	286
Vrai (attraction du)	294
Volonté	174
Volonté forte	177
Volonté faible	183
Les faibles voluntaires	184
Vulgarité	262,279

TABLE
DES ÉCRITURES-TYPES

N. B. — Chaque fois que le texte porte : *trait léger, barre légère, filiforme* lors même que l'autographe cité serait épais, pâteux, il faut s'en rapporter au texte, le cliché étant sorti du tirage trop épais, trop appuyé.

Même remarque pour des courbes brisées, tremblottantes, si le texte dit : *courbes vives, vigoureuses, hardies,* il faut s'en rapporter au texte, et regarder la brisure, le tremblottement du trait comme un défaut de la plume qui a calqué l'autographe.

A

Angles (formes des)	69	*Acariâtres (les)*	205
About (n° 14)	72	Arioste	282
J.-J.-A. Ampère	134	Alembert (D')	289
Antonelli	177	*Affectés (les)*	293

B

Barres	76	Boileau	201
Bismarck	90	Byron	203
Bizarre (forme du point)	105	Brunswick (le duc de)	235
		Beulé	265
Buonaparte (Napoléon Ier)	182	Bonaparte (Pierre)	267

C

Courbes (forme des)	69	Cassagnac (Paul de)	169
Crochets	77, 144, 177	Chambord (comte de) B.	182
Crocs ou harpons et Chateaubriand	133, 137, 138	Crépin (avare)	208
Charlotte Corday	157	Cavour	260, 275
Cuvier	158	Canova	283

D

Dumas fils (A.)	177	Dessouslemoutier (*Un dégradé*)	255
Domergue	287		

E

Écriture haute	71	Eugénie (l'impératrice)	96
— petite	72	Egoïste (crochet)	107
— lilliputienne	72	Egyptien démotique	146
— inégale	72	*Économes (les)*	206
Exclamation	76	*Exaltés (les)*	236

F

Fioritures (formes des) 77
Fénélon 71,254
F barrés en retour 112
Féminine (écriture) d'un homme (n° 43) 116

Flandrin 116
Fous (*les*) 236
Flatteurs (*les*) 246
François de Sales (S.) 263

G

Grossissants (mots) 74,123
Gladiolés (mots) 75,125
Grec des papyrus 127,128,147,215

Guizot 159,229
Goulard 166
Gambetta 177
Gênés (*les*) 217

H

Hébreux grossissant 126
Hugo (Victor) 177

Houssaye (Arsène) 230

I

Inégaux (mots) 72
Interrogation 78
Impénétrables (*les*) 243

Inflexibles (*les*) 250,251
Industriels (*les*) 290

L

Lignes (formes des) 68
Louis XI 89
Louis XIV 89,213
La Guéronnière (n° 46) 128
La Colombière 164
Louis XVI 179

Landriot (n₀ 82) 243
Léo Lespès 248,301,308
Lettres distantes 72
— non liées 71
— liées 72

M

Marie-Thérèse 115
Majuscules (formes des) 68
Massues 75,77
Mots espacés 72
Majuscules liées, (n° 34) 105
Manin 133

Mazarin 133
Mᵐᵉ de Maintenon 143
Magne (2ᵉ spécimen) 163
Michon (J.-H.) 190
Marat 305

N

Napoléon Iᵉʳ 177,182

Ney (maréchal) 72

O

Obstinés (*les*) 181
Opiniâtres (les) A.B.C. 132

Mᵐᵉ Olga de Janina 303

Passionnés (les)	168		*Paresseux* (les)	221
Pompéi (*Graffiti*)	127		Pradier-Bayard	
Piorry	168		(un poseur)	259
Persévérants (les)	180		Pascal	286
Prodigues (les)	211,212		Patrocinio (la sœur)	290

R

Regnier (cardinal)	171		Raphaël	284
Rapaces (les)	245		Robespierre	306

S

Simon (Jules)	134		Sensibilité	167
				176

T

Tassement des hampes	69		Talleyrand	210
— des lettres	72		*Trompeurs* (les)	253
Thiers	154,165		Troppmann	310
Tracassiers (les)	200			

V

Virile (écriture d'une			*Versatiles* (le)	252
femme (n° 42)	115		*Vulgaires* (les)	262
Volonté faible			Villemessant	278
(n° 39)	175,184		Vie aristocratique	
Volonté forte	177		(Goûts de)	295
Saint Vincent de Paul	198			

TABLE DU VOLUME.

	Pages
Dédicace	5
Préface	7
Introduction	13
Conférences et consultations sur les écritures	32
Première partie : Graphologie philosophique	37
Deuxième partie : Anatomie graphique	64
Troisième partie : Terminologie graphologique	81
Quatrième partie : Physiologie graphique	85
Cinquième partie : Classification graphologique	129
Portraits de double grandeur	312

FIN DES TABLES.

ADDITIONS

CORRECTIONS ET ÉCLAIRCISSEMENTS

A.

(Préface, page 7.)

Dans la première édition de la *Méthode de Graphologie*, publiée en 1878, j'avais consacré bon nombre de pages à une correction des *Mystères de l'écriture*. J'ai supprimé ce travail dans la seconde édition qui vient de paraître. J'ai préféré augmenter mon volume de quelques nouvelles études pratiques, notamment sur les *dominantes*, qu'il est si important d'indiquer dans l'étude de chaque écriture.

Non-seulement je relevais les assertions les plus erronées et les plus grossières du pauvre écrivain de l'*Avant-propos* que j'avais eu la malechance de me donner comme collaborateur apparent, mais je ne m'épargnais pas moi-même, et j'indiquais, page par page, les erreurs graphologiques dans lesquelles j'étais tombé dans ce premier essai graphologique.

Évidemment ce travail ne sera plus reproduit dans mes nouvelles publications. Seulement je dirai ceci aux disciples de la science nouvelle : Contrôlez les assertions du livre des *Mystères de l'écriture*, si vous le possédez, par les données plus sérieuses et plus positives du *Système de Graphologie et de la Méthode pratique*.

B.

(Préface, page 12.)

Je dois ajouter à la préface de cette sixième édition quelques éclaircissements sur le rôle joué par mon collaborateur dans les *Mystères de l'écriture*, pour faire croire à son public qu'il était pour quelque chose dans l'invention de la graphologie.

Première fable : « M. Michon se mit à écrire un résumé de nos études. Nous avions jeté pêle-mêle l'un et l'autre nos matières créatrices. C'était une œuvre créée et couvée à deux. »

Sa correspondance donne un démenti formel à cette théorie. Il écrit à Émilie de Vars, le 31 août 1871 : « Nous devions donner chacun notre système; mais M. Michon, avec son activité incroyable, sa puissance laborieuse, que mes soixante et dix ans ne me permettent plus d'égaler, avec son impétuosité d'action, lorsque je réglais mon œuvre, a apporté un *système tout fait*. » Ce système n'a donc pas été couvé à deux.

Il ajoute dans la même lettre : « Si M. Michon ne connaît pas mon système, c'est qu'il ne me l'a pas laissé *exposer*. » Est-ce clair ? Comment avons-nous mêlé nos matières créatrices, si je n'ai jamais laissé le pauvre homme m'exposer son système ? Après cela, il était difficile de « couver à deux ». Et enfin, toujours dans la même lettre : « M. Michon n'a jamais voulu savoir ce que je puis faire en graphologie. » L'aveu est-il assez écrasant ? Donc la création à deux de la science graphologique est une pure invention.

Deuxième fable : « Ce n'était pas M. Michon qui m'apportait une grammaire et tout un système, une véritable science; au contraire, c'était moi qui lui apportais une méthode consacrée depuis sept ans déjà (par l'Allemand Adolf Henze). M. Michon a écrit le livre de sa main, comme les secrétaires écrivent sous la dictée. J'avais apporté le rudiment principal des démonstrations scolaires. Je trouvais fort agréable qu'un autre se chargeât du soin d'écrire. »

D'après cette splendide version, d'une hardiesse plus que bouffonne, j'ai été tout bonnement un secrétaire.

Or voici ce qu'il avait écrit précédemment sur la valeur d'Adolf Henze : « Le graphologiste allemand ne m'avait inspiré qu'une demi-confiance, parce qu'*il n'établit pas une seule fois une méthode* (avant-propos, page II). Il ne prouve rien (page 49). Il est par trop fantaisiste, paradoxal (page 49). Son livre n'est autre chose que la collection des réponses faites à un journal. Chez nous, elles ne seraient pas sérieuses (pages 14 et 15). » Et ailleurs : « Chez lui, il est impossible de découvrir une méthode. Il donne des applications, jamais la règle. »

Voilà la méthode consacrée depuis sept ans que m'apportait cet homme. Voilà le rudiment des démonstrations de mon livre. Quelle honteuse contradiction ! La tête d'un septuagénaire déménage quand elle écrit de telles choses. J'ai composé la méthode graphologique sur la méthode d'un homme qui n'établit pas une seule fois une méthode. On croit rêver. Et l'on débite ces fadaises au public parisien !

Mais si Adolf Henze n'a pas de méthode, M. Michon en a-t-il une ? Ecoutons notre homme :

« Un beau jour, je fis la rencontre d'un savant d'un nom connu (M. Michon), qui s'occupait, comme moi, de l'étude des écritures et qui m'en donna à l'instant des preuves. Il avait tout un système, avec des règles, des signes, une véritable science, en un mot. J'eus bientôt fait connaissance avec l'érudit graphologiste, et je l'engageai à concourir à mon œuvre en apportant *toute sa grammaire* à la perfection de la science que je me proposais de publier. » (Avant-propos, page 8.)

Nous sommes bien loin maintenant de la fable de l'homme qui ne fait que servir de secrétaire. Cette fois il apporte une *véritable science*, « toute sa grammaire. » Des secrétaires de ce genre ressemblent beaucoup à des maîtres.

Il m'écrivait, le 21 février 1860 : « Votre travail est

très-bien fait, très-bien écrit, très-logique. Je n'en ai pas encore dégusté plus de trois cents pages, et j'avoue que, jusqu'à présent, je ne trouve rien à y retrancher. Et *ma part n'est pas faite!* » Est-ce clair ?

Il m'écrit, le 19 juillet 1870 : « Le livre est bien fait, suffisamment corsé, supérieurement choisi, admirablement conséquent et raisonné. »

Au 4 février 1870, il m'avait écrit : « Pour faire plus solidement mes études, *en m'appuyant sur vos solides bases*, il faut que je vous aie distillé tout à fait. » N'est-ce pas là le disciple qui s'appuie sur les principes du maître ? Si je n'ai été qu'un secrétaire, comment fait-il des études en s'appuyant sur mes solides bases ?

Ces deux fables bien contradictoires, puisque dans l'une il a couvé la science avec moi, et que dans l'autre c'est lui qui m'apportait une méthode consacrée en Allemagne depuis sept ans, méthode que je n'ai eu qu'à habiller à la française en lui servant de secrétaire, sont deux assertions effrontées démenties carrément par les aveux indéniables de sa correspondance et les passages formels de son *Avant-propos*.

Il s'en tient aujourd'hui à la dernière de ces fables. Et dans les préfaces de ses livres, il écrit ceci : que la science graphologique a été produite par l'Allemand Adolphe Henze, *chez qui*, de son aveu, *il est impossible de découvrir une méthode*, et que lui et moi, Jean-Hippolyte, nous sommes les continuateurs de cet Allemand.

J'ai dû jeter une dernière fois la lumière sur cette extravagance sénile qui pourrait égarer encore quelques esprits.

Non, la méthode graphologique n'est point sortie d'un cerveau allemand ; c'est une création française. Je la perfectionne tous les jours. Elle était, avant moi, un complet *desideratum*, devant lequel des génies comme Gœthe et de Lavater ont reconnu leur impuissance. Mais à coup sûr, s'il y a une vérité au monde, c'est que je n'ai absolument rien couvé avec mon collaborateur-éditeur, et qu'encore moins je ne me suis donné l'honneur d'être son secrétaire.

C.

(Introduction, page 22.)

Les lettres que j'ai données dans l'*Introduction* sont déjà bien anciennes, puisque les plus récentes datent de 1875. Le journal *la Graphologie* renferme, par centaines, depuis cette époque, une série de lettres tout aussi intéressantes, tout aussi explicites, qui ne laissent pas subsister un doute sur l'impression profonde produite par la découverte de la méthode graphologique, et sur sa valeur pratique, dans l'application, pour se connaître soi-même et juger les autres. La publicité donnée à ces lettres serait une vanité puérile, presque du charlatanisme, s'il n'y avait pas nécessité, quand une science nouvelle se produit, de montrer aux plus douteurs que des esprits sérieux, des hommes d'une impartialité non suspecte, et qui n'ont nul intérêt à acclamer une science dont ils n'auraient pas expérimenté sur eux-mêmes et sur les leurs toute la véracité, ont reconnu sa valeur en principe et en application.

Le public ne s'est pas trompé sur le but de la publicité de cette correspondance. Il ne s'est pas agi de contenter sottement un orgueil d'inventeur, mais de donner à ce que nous appelons, dans la famille graphologiste, « notre chère science, » les preuves indéniables de l'accueil si chaleureux, souvent même si enthousiaste, qui lui a été fait par une foule d'esprits d'élite, dans le monde savant et lettré.

D.

(Introduction. page 24.)

Ces quelques lignes, d'une extrême indulgence, sont une allusion à un rapport fait au comité de la Société des gens de lettres, à propos d'un procès que mon collaborateur-éditeur m'avait intenté devant le tribunal de commerce. Ce tribunal, bien avisé, ne voulut pas connaître de l'affaire et la renvoya au comité de la Société des gens de lettres.

Le comité me débarrassa de cet homme, en annulant le traité littéraire qui me liait à lui. Mais, allant plus loin, et sur les clameurs du personnage, qui se disait déshonoré dans le monde des lettres s'il n'était pas établi qu'il était pour une part dans l'invention de la graphologie, le comité adopta les conclusions de son rapporteur, que M. Michon n'était pas le seul inventeur de la science graphologique, mais que le personnage « avait travaillé à formuler une science », et que M. Michon n'était que son collaborateur.

Le comité des gens de lettres sortait là de ses attributions. Le tribunal de commerce lui donnait un traité littéraire à discuter et un litige pécuniaire à juger, et nullement la mission de chercher quel était l'inventeur ou le seul inventeur de la science graphologique. Le comité s'avisait là d'aborder une question qui est de la compétence du public, mais non de la sienne. Il faisait un excès de pouvoir au premier chef. J'avais donné ma signature en blanc pour accepter son jugement; oui, mais naturellement sur le litige que le tribunal de commerce soumettait à sa juridiction, puisque mon collaborateur et moi nous étions membres de la Société des gens de lettres, mais non sur la question de savoir qui avait ou qui n'avait pas inventé la science graphologique.

Le rapporteur avait fait son travail avec une partialité révoltante : il avait complaisamment exposé les réclamations de mon adversaire ; il n'avait pas eu la loyauté de me demander les miennes.

Le comité des gens de lettres me faisant la défense de me dire le *seul* inventeur de la science graphologique, prenait, en matière de science, un pouvoir dictatorial risible. Comment des hommes de lettres un peu sérieux peuvent-ils s'oublier à des prétentions si étranges ? On croit rêver.

Evidemment je n'ai tenu aucun compte de la belle décision. Je ne suis certainement pas le *seul* inventeur de la graphologie. L'observateur des vieux temps qui trouva que tous ceux qui mettent les points sur les *i* sont des *prudents*, des *attentifs*, des *méticuleux*, découvrait le premier signe graphologique. La décision du comité des gens de lettres était donc un enfantillage. En réalité, il s'agissait non d'invention de science, mais d'un *système* publié. Or je suis parfaitement le seul inventeur de mon système. Mon collaborateur lui-même avait donné sur ce point un démenti énergique et formel au comité des gens de lettres. Il m'écrivait, le 6 septembre 1870 : « Je dis dans ma préface que vous allez exposer *votre système* au public. *Je n'ai nulle envie d'exploiter votre science. Je vous ai dit que j'ai un autre système.* Si je cite le *vôtre*, ne vous plaignez pas. Mon nom a encore une autorité. Je ne vole personne. Je recommande. »

Ce qui est plus fort, s'il est possible, c'est la lettre suivante, du 30 août 1871, à Emilie de Vars : « Nous devions donner chacun *notre système*; mais lui (M. Michon), lorsque je réglais mon œuvre, a apporté un système tout fait. M. Michon n'a jamais voulu adapter *son système* à ma science. Il se refuse absolument à ce mélange. »

Les lettres de ce pauvre homme lui tombent maintenant comme une lourde tuile sur la tête. Impossible de se contredire plus brutalement. Voilà la réponse à M. le rapporteur du comité des gens de lettres. Si mon collaborateur a un *autre système*, s'il ne veut pas exploiter *ma science*, s'il expose *mon système*, si je n'ai pas voulu adapter *mon système* à sa science, j'ai donc un système, j'ai donc une science, je suis donc l'inventeur de mon système, de ma science. Logique humaine !

Si je suis revenu sur ce triste épisode de ma vie littéraire, c'est par loyauté. Je n'ai pas voulu paraître jeter un voile sur l'étrange décision du comité des gens de lettres au sujet de l'invention de la science graphologique. Je tenais à déclarer cette décision comme radicalement nulle, puisqu'elle était prise en dehors de la juridiction du comité, qui n'avait à s'occuper que d'un traité et d'un conflit pécuniaire. Il s'agissait de 80 francs. O plaisanterie ! Et c'est à propos de ce gigantesque litige qu'un rapporteur verse des flots d'encre, et qu'un comité se prononce solennellement sur la question toujours délicate de la priorité d'une invention scientifique, qui est à peine du ressort de l'Académie des sciences, et qui certes n'a jamais pu être de la compétence de la Société des gens de lettres.

Le plaisant, le grotesque même, se mêlent à tout. Mon homme, devenu si fier de la décision du comité des gens de lettres, qui m'a fait un *demi*-inventeur de la science graphologique, m'écrivait, sur cette même Société des gens de lettres, ce qui suit : « Que voulez-vous faire de cette pétaudière? Est-ce que vous coupez là-dedans, ô âme candide! » Ce qui n'empêchera pas mon illustrissime et richissime collaborateur-éditeur de palper prochainement la petite pension que cette société donnera à l'heureux octogénaire quand arrivera son tour d'inscription.

Voilà le bouquet.

E.

(Introduction, page 24.)

Ce que Lavater a écrit sur la graphologie est extrêmement vague (1); seulement, ce qui est très-digne de remarque, il était sur la voie. Peut-être, s'il eût vécu, eût-il formulé le système. Le portrait que nous avons de sa main d'un émigré français, M. Barbet de Jouy, est d'une médiocrité désespérante, et se perd dans les généralités. Ce n'est pas de la science. Je regrette d'être sévère pour notre vénérable ancêtre en graphologie.

Mon cher et aimable ami, l'abbé Flandrin, esprit si fin et si délicat, était plus avancé que Lavater. Il avait reçu, en même temps que M. Boudinet, ancien supérieur du collège de Pons et plus tard évêque d'Amiens, un certain nombre de signes, quelques-uns que j'ai dû rejeter comme ne répondant pas à l'expérimentation, mais d'autres d'une grande

(1) Voyez *Histoire de la Graphologie*, par Émilie de Vars.

justesse. Mais il n'avait pas même la notion d'un *système* de graphologie, c'est-à-dire la formule des lois qui établissent scientifiquement comment chaque signe graphique tracé par la main correspond psychologiquement et physiologiquement au moteur, qui est le cerveau.

Descurret, dans son livre de physiologie, a cité de l'abbé Flandrin un portrait graphologique du célèbre italien Sylvio Pellico. Mais lui aussi il tombe dans le défaut de Lavater, la généralité. Chez l'un comme chez l'autre, absence d'ordre et de méthode dans les linéaments de la photographie graphologique.

J'ai interrogé des amis de l'abbé Flandrin qui lui survivent et qui ont été avec moi dans son intimité. Ils croient, comme moi, qu'il n'a laissé aucun manuscrit, aucune note même, sur la graphologie. C'eût été, pour l'histoire de la science, d'un grand intérêt.

Quant à Adolf Henze, son beau volume *la Chirogrammatomancie* est dans le commerce. Il ne livre jamais son secret. Une des disciples de la graphologie, dont l'allemand est la langue naturelle, voulut bien commencer à traduire pour moi quelques passages un peu intéressants du livre. Elle y renonça bientôt, et m'écrivit qu'elle ne trouvait absoment rien qui indiquât un système. Mon collaborateur, dans l'avant-propos des *Mystères de l'écriture*, avait dit exactement la même chose.

Je dois ajouter qu'on m'a écrit que ce donneur de consultations en cinq à six lignes pour un florin, ne publiait plus rien dans le journal de Leipzig, qui lui servait d'intermédiaire avec le public. Est-il allé de vie à trépas? A-t-il pris sa retraite pour jouir de ses florins? *Vivite felices!*

F.

(*Introduction, page* 25.)

Malgré le fatras habituel aux érudits du XVIe et du XVIIe siècle, le livre de Camillo Baldo est intéressant à étudier. Je l'ai analysé avec soin dans le volume de la Graphologie de 1876 (1), j'ai poussé le scrupule de la fidélité jusqu'à citer le texte latin qui regarde uniquement la graphologie, le reste traitant du syle. Il y a toujours quelque chose à prendre dans le fumier d'Ennius.

Il est très-probable que Gœthe et Lavater avaient lu Camillo Baldo ; et je dois reconnaître que c'est à la liste bibliographique de l'Allemand Adolf Henze que je dois la connaissance de ce précieux ouvrage, le premier en date dans les publications graphologiques. Mais, je le répète, il n'y a pas là un système.

G.

(*Introduction, page 25.*)

Les compilateurs ne m'ont pas manqué.

Le premier est un industriel de Lyon, qui a publié un abrégé de mes livres et de *la Graphologie* dans une petite brochure in-8°.

Quand j'ai réclamé, il m'a répondu effrontément qu'il avait étudié la graphologie dans un petit volume publié il y a environ quarante ans. Ce volume est un extrait du chapitre de Lavater.

L'autre est une sorcière en jupons qui a accouplé la chiromancie à la graphologie, et publié son petit volume. Je me suis moqué d'elle, de ce qu'elle a appelé cet accouplement « de la graphologie comparée ». On compare des choses similaires. On ne compare pas la carpe avec le lapin. Ma sorcière a été furieuse : elle m'a intenté un procès pour n'avoir pas inséré dans mon journal les grossièretés furibondes et pleines de fautes de français qu'elle m'adressait par voie d'huissier. J'ai naturellement gagné

---

(1) Nous pouvons livrer à part ce volume (franco par la poste, 10 francs).

mon procès. On juge bien, à Paris. Elle n'en continua pas moins à gagner quelques sous avec son accouplement.

Le troisième est un jeune gentilhomme du Midi. Il m'arrive à Paris, se recommandant de l'un de mes amis de Neufchâtel, qu'il avait vu pendant la fatale guerre de 1870. Il me demande des leçons. Je me mets à l'œuvre pour forger ce nouveau disciple. Il part pour exercer l'apostolat de la science en Allemagne, en Russie, et de là aux États-Unis. A Strasbourg, il donne des conférences, et fait imprimer un abrégé de mon système en une brochure de quelques pages qu'il a le courage de coter 3 francs, et dont il n'a pas la politesse de m'adresser par la poste un exemplaire. Je n'ai plus entendu parler de lui. Encore un hardi.

Je désire que le nombre de mes frelons se borne à ce chiffre de trois. Il est toujours pénible d'être exploité. Puis ces compilations pullulent d'erreurs. C'est là le grand mal, la science nouvelle se trouvant compromise dans ces pages mal digérées. Un bon abrégé demande une main de maître. Et je suis loin de reconnaître des maîtres dans mon jeune apôtre, dans mon brave industriel et dans ma harpie lyonnaise, dont l'écriture m'avait fait nettement voir une fort mauvaise coucheuse.

H.

(*Graphologie philosophique*, page 46.)

Depuis les travaux de Flourens sur le cerveau, la science a fait des progrès considérables. L'on en vient à préciser sûrement à quelles parties du cerveau correspondent telles manifestations psychiques. Le docteur Broca a sur cela fait avancer la science.

I.

Classification graphologique, page 140.)

J'ai rangé à tort Napoléon Ier parmi les intuitifs purs. Il a bien ce que j'ai appelé *le coup d'intuition;* mais, avant tout, raisonneur, positif et pratique, dès que son œil d'aigle a vu le but à atteindre, il se hâte, avec sa fougue terrible, d'arriver à l'exécution ; et il n'a ni paix ni trêve qu'il n'ait réalisé l'idée conçue.

J.

(*Classification,* page 174.)

Il faut compléter l'étude sur le genre *volonté* par la classification suivante, qui est tout à fait psychologique. Volontés d'attaque, volontés de résistance. De là deux sortes de natures de forts volontaires, les uns puissants dans le mouvement de hardiesse et d'entreprise, les autres puissants dans le mouvement de résistance. Les uns marchent, avancent, brisent les obstacles. Ce sont des boulets lancés par des bouches à feu, qui brisent tout ce qu'ils touchent. Les autres se font obstacle, et opposent à toute attaque une autre force, celle de l'inertie calculée et raisonnée. Ce n'est pas l'inertie passive et molle, moins encore la stupidité qui se laisse fouler aux pieds. Cette stratégie va à certaines âmes : c'est le bloc de granit qui obstrue le passage et devant lequel s'arrête forcément le voyageur. Le comte de Chambord est un type de ce genre de volontaires. Tenace et opiniâtre, il reste immobile devant le flot de l'idée nouvelle, qui emporte une à une les vieilles attractions vers la royauté.

Les volontaires d'attaque :	*Les volontaires de résistance :*
Les résolus, les déterminés,	Les entêtés,
Les persévérants, les persistants,	Les obstinés,
Les vifs, les emportés,	Les tenaces,
Les énergiques,	Les opiniâtres,
Les lutteurs.	Les raides,
	Les fermes.

Le défaut de ces volontaires de résistance, toute puissante à certaines heures que soit cette stratégie, c'est de ne pas faire un pas devant soi, et d'immobiliser les forces de l'âme dans ce procédé évidemment trop exclusif.

Les volontaires d'attaque ont le défaut opposé. Terribles dans les premiers chocs, ces impétueux, en raison de leur excès d'énergie, ne se soutiennent pas d'ordinaire. Ils manquent de l'obstination qui fait un point d'arrêt, de la ténacité qui ne lâche pas prise, de l'opiniâtreté incapable de jamais céder.

Nous arrivons alors, par voie de résultantes, à une combinaison de natures de volonté équilibrée, ayant à la fois la puissance d'attaque et la puissance de résistance.

Les volontaires équilibrés :
Énergiques et obstinés,
Lutteurs et tenaces,
Résolus et raides,
Impétueux et opiniâtres.

Ces volontaires se trouvent. Ils sont à étudier dans les écritures. Il n'est pas rare de rencontrer des signatures en glaive descendant, compliquées du mouvement fulgurant et terminées par le harpon des tenaces. Evidemment, il y a là un point de vue nouveau, pour bien se rendre compte de toutes les formes diverses que prend l'écriture correspondant à toutes les nuances de force volontaire produites par le cerveau.

K.

(Classification, page 226.)

Le sens humble, religieusement parlant, produit l'*humilité*, qui dit toujours un rabaissement dans l'âme de toutes les fougues de l'orgueil. Humainement parlant, il produit la *modestie*. On peut être modeste et moins humble. Un beau type d'écriture bien modeste est celui de ma regrettée collaboratrice, Emilie de Vars. On trouvera cette écriture dans *la Graphologie* de 1872, n° 25.

Au type de saint Vincent de Paul ajoutons ceux de Fénelon, de Bossuet, de Montesquieu, du cardinal d'Andréa, que j'ai cités dans la *Méthode pratique*, page 157. Dans le cliché qui est à la fin de cette page, j'ai mis, sous le n° 6, l'écriture du cardinal Donnet. Il faut rectifier cela. Cette écriture dit beaucoup de simplicité; mais je n'ai pas réfléchi qu'elle ne donne pas le sens humble; la majuscule *M*, qui est simple, qui dit même une nature rayonnante et facilement oublieuse d'elle-même, indiquant, par l'inégalité de ses trois jambages, un peu d'orgueil de supériorité. J'ai fait là un manque d'attention qui m'a conduit à une erreur de diagnostique.

L.

(Classification, page 227.)

Il faut compléter l'important article sur l'orgueil par un nouveau travail qu'on trouvera dans la *Méthode pratique*, page 146 et suivantes. J'ai établi là une division générale de l'orgueil qui a sa valeur psychologique : l'orgueil de comparaison avec autrui, qui fait *l'orgueil de supériorité* sur les autres, et l'orgueil d'admiration de soi, par lequel l'homme monte sur ses échasses, se hisse sur un piédestal, se dresse sa statue.

M.

(*Post-scriptum*, page 313.)

DES APPLICATIONS DE LA GRAPHOLOGIE.

I. *De l'intervention de la graphologie dans les causes judiciaires.* — Parmi les nombreuses applications de cette science, il faut surtout remarquer celle d'éclairer la justice sur l'état intellectuel et moral des inculpés traduits à sa barre. L'écriture étant une véritable photographie de l'être intime, les juges verront toute l'accumulation des plus mauvais instincts dans le graphisme d'un scélérat comme Troppmann : sécheresse d'âme, prétention, sensualité, violence féroce, brutalité, égoïsme profond, désordre cérébral, bizarrerie, vanité énorme, sang-froid glacial, volonté dure, despotivité; et si une écriture leur donnait un ensemble de bons et de nobles instincts : franchise, ouverture d'âme, simplicité, loyauté, absence de ruse, douceur, bienveillance, ils hésiteraient à prononcer une condamnation.

La graphologie ne serait-elle, dans ces cas graves, qu'un renseignement de première valeur, qu'il serait d'une importance capitale d'en tenir compte.

Mais c'est surtout dans les faux en écriture que l'intervention de la science graphologique est toute-puissante.

Tous les traités de jurisprudence sont unanimes pour constater la faiblesse des expertises qui se font habituellement devant les tribunaux. Les nombreuses méprises, les contradictions flagrantes, les erreurs constatées perpétuellement dans le plus grand nombre de cas, ont amené les auteurs qui font autorité en matière de droit à formuler cette doctrine, que *les rapports d'experts n'ont d'autre valeur que d'aider les juges,* mais qu'il faut bien se garder de prendre ces rapports comme une règle sûre, derrière laquelle peut, en toute conscience, s'abriter le juge.

La découverte de la graphologie met à nu cette faiblesse des expertises faites d'après la vieille méthode de la comparaison des pièces sur l'unique raison de la ressemblance ou de la non-ressemblance des lettres. Ce procédé enfantin a dû être employé jusqu'à la découverte de l'anatomie graphique, qui démontre que telle ou telle forme de lettre appartient à tel ou tel cerveau qui écrit. Le graphologiste ne s'occupe pas, comme les experts l'ont fait jusqu'à ce jour, de la ressemblance apparente des lettres; il faut pour lui que l'écriture, par exemple dans un testament, corresponde à l'état intellectuel et moral dévoilé par l'étude de l'écriture habituelle de la personne à laquelle est attribué le testament. *S'il y a discordance entre le testament attribué et l'écriture de celui auquel on l'attribue, le testament est faux.* Le graphologiste a pour procédé de se rendre un compte rigoureux des *idiotismes graphiques,* c'est-à-dire de certaines formes spéciales, personnelles, que tous n'adoptent pas, mais qui constituent, par leur ensemble, la vraie écriture naturelle, habituelle, particulière, de quiconque manie la plume.

Tout ce qui, dans une pièce suspectée, s'éloigne de cette vraie écriture où apparaissent, plus ou moins nombreux, les idiotismes graphiques donnant l'identité psychique et morale de la personne qui est censée avoir écrit le document, est une preuve irréfutable que le document n'est pas de la personne à laquelle on l'attribue.

On a alors une méthode simple, rationnelle, reposant sur des lois; on parle d'après un procédé d'expérimentation, on est dans le domaine d'une science positive, et nullement dans les hasards des conjectures, dans les aperçus vagues d'une routine dont tout le procédé enfantin consiste à dire : « Cet *A* ressemble à cet *A;* ce *B* ressemble à ce *B;* ce paraphe ressemble à ce paraphe. »

Un procès célèbre qui a eu beaucoup de retentissement dans tout le Midi, le procès Bonniol, vient d'être gagné par l'intervention de l'expertise graphologique.

Mᵐᵉ veuve Bonniol laissait, en mourant, 1,400,000 francs à ses héritiers naturels. Quelques mois s'écoulent, et voici que tombe du ciel un testament olographe déshéritant la famille, jeté sans façon et dans une simple envelope au bureau de la poste d'Aniane (Hérault), pays de la dame. Les héritiers réclament contre ce testament. Le tribunal de Montpellier ordonne une expertise. Trois honorables de Montpellier, experts jurés, après chacun vingt-cinq vacations, déclarent dans un rapport que le testament est bien de l'écriture authentique de la dame.

La famille lésée fait parvenir à M. Michon une bonne photographie du testament et des spécimens de l'écriture véritable de la dame. M. Michon fait une expertise graphologique, de laquelle il ressort avec évidence que ce testament est l'œuvre d'un faussaire. Le tribunal de Montpellier, en première instance, casse le testament.

L'affaire est portée à la Cour d'appel. Trois experts de Paris, gens très-haut placés, MM. Bertin, professeur calligraphe, attaché au ministère de l'Instruction publique, Oliviéri, sous-chef à la préfecture de la Seine, officier de l'Instruction publique, Violle, professeur calligraphe, attaché au cabinet du ministre de l'Instruction publique, ont le courage robuste de signer et de faire imprimer un rapport cherchant à détruire l'évidence de l'expertise graphologique de M. Michon. Ils ont la naïveté incroyable de dire au commencement de leur rapport : « M. Michon a fait quatre rapports basés sur une science que nous ne connaissons pas et que nous n'avons pas besoin de connaître, la graphologie. » Ces messieurs, *qui n'ont pas besoin de connaître la graphologie*, ont fait un travail pitoyable, honteux, qui est le déshonneur de la science des expertises au XIXᵉ siècle. Sur vingt-deux lettres de l'alphabet qui composent le testament faux, une seule, le *d* minuscule, a quelque rapport graphique avec l'écriture authentique de Mᵐᵉ Bonniol. Toutes les autres sont d'un graphisme radicalement différent. Et il a fallu que ces messieurs eussen sur le nez des verres noircis au charbon, pour ne pas voi ce qui a frappé les personnes les moins exercées à juger les écritures. Leur expertise, soutenue par l'éloquence d'un avocat député, le célèbre Jolibois, a échoué misérablement devant la raison, l'expérience, la justice des membres de la haute cour, et le testament a été jugé une fois de plus l'œuvre d'un faussaire. C'est un avis direct que dame Justice a donné à MM. Bertin, Oliviéri, Vielle et consorts, de se mettre enfin à étudier la graphologie, traitée par eux si dédaigneusement, pour ne plus se fourvoyer dans des expertises si maladroites et si piteuses.

Telle est l'aventure de ces plaisantes gens. Elle pourrait bien leur suggérer la pensée d'apprendre un peu de graphologie.

Une cause tout aussi importante vient d'être gagnée par la graphologie devant le tribunal criminel de Neufchâtel (Suisse).

Un jeune négociant de la ville était accusé d'avoir fait treize billets faux, et subissait huit mois de prison préventive. Le tribunal avait ordonné une expertise, qui déclarait les billets faux. On envoie les pièces à M. Michon, qui établit nettement que les billets sont parfaitement authentiques. Le tribunal alors ordonne, hors de Neufchâtel, à Chaux-de-Fonds, une nouvelle expertise. Celle-ci, qui a sous les yeux le travail graphologique, ne veut pas se rallier à ses conclusions et déclare, comme l'expertise de Neufchâtel, que les billets sont faux.

L'affaire se plaide. M. Michon est appelé par la cour à exposer devant le jury les preuves de l'identité de l'écriture des billets réputés faux avec les billets authentiques de celui qui reniait sa signature, et devant ces preuves, le jury, à l'unanimité, déclare l'accusé non coupable.

Ce procès, qui avait passionné toute la ville de Neufchâtel, a eu un grand retentissement en Suisse, et a démontré une fois de plus le vice radical des expertises faites selon l'ancienne méthode de la conjecture, des présomptions, et de la prétendue expérience des experts qui donnent si fréquemment dans le faux.

Au moment même où se tracent ces lignes, je viens de prendre encore les experts en flagrant délit de triste ignorance.

Un vieillard de l'Aveyron signe avant de mourir deux

billets de banque au profit d'un sien neveu. L'héritier direct du vieillard conteste l'authenticité de la signature de ces deux billets. Trois experts de Rodez ne manquent pas, dans une expertise, où ils ont passé chacun dix vacations, de déclarer que les billets sont faux, parce que plusieurs lettres sont surchargées de petits traits de plume, le faussaire ayant fait plusieurs retouches. Or, disent-ils, les signatures énoncées du vieillard sont toutes faites sans la moindre indécision, sans aucune retouche.

L'on m'envoie les photographies des deux billets et de nombreuses pièces de comparaison. Quel n'est pas mon étonnement, lorsque je retrouve dans bon nombre de signatures authentiques de Pougenq, — c'est le nom du vieillard, — exactement les mêmes traits de plume qu'ils ont pris pour les surcharges et les retouches d'un maladroit faussaire !

Nature nerveuse au plus haut degré, Pougenq, comme tous les paralysés, dont les médecins aliénistes ont étudié l'écriture, n'était pas maître de sa main, et inconsciemment, involontairement, il traçait à côté du trait principal, formé tant bien que mal, des appendices brusques, désordonnés, inutiles à la lettre, mais qui sont à cent lieues de ce qu'on appelle des surcharges, des retouches, connues de tout le monde, ayant un autre caractère que les tremblottements malheureux d'un homme dont le cerveau est fatigué et dont la main n'a plus la fermeté nécessaire pour guider sûrement une plume.

Ces honnêtes experts, — Rodez est le pays où ils écrivent ces belles choses, — se sont donc évertués à suivre pas à pas le faussaire, copiant très-mal l'écriture de Pougenq, et ils résument cette longue élucubration par la grosse contradiction que voici : Que dans ces lettres de change il y a une sûreté de main dont Pougenq était incapable, mais en même temps une indécision frappante qui se manifeste par les nombreuses surcharges signalées. Il y a donc *sûreté de main* et *indécision de main* tout à la fois. Heureux pays où les tribunaux reçoivent de telles lumières pour se prononcer sur les graves intérêts de leurs justiciables !

Il m'a été facile de produire des signatures authentiques

de Poügenq faites précisément avec *une extrême indécision,* véritable écriture des hémiplégiques, qui font latéralement aux lettres de petits appendices donnant à leur graphisme l'aspect de toiles d'araignées. Il m'a été facile en même temps de produire de ces mêmes signatures, où, sous un effort de la volonté surexcitée, plusieurs lettres avaient une certaine *sûreté* de main, exactement comme dans les signatures contestées. Tout l'échafaudage de l'expertise est tombé comme un château de cartes devant cette démonstration. Mais, encore une fois, que c'est triste pour le xixe siècle! La cause est encore pendante au tribunal civil de Rodez.

Dans la Charente-Inférieure, un vieillard, du nom de Boutinet, meurt, laissant une belle fortune. On produit un testament qui déshérite sa famille. L'avocat de la famille lésée se rend à Paris et présente le testament à M. Michon. L'expert graphologiste fait un travail où, par des preuves démonstratives, il établit nettement la fabrication du testament.

Il n'y a pas d'écriture de faussaire qui puisse tenir à l'examen d'un graphologiste exercé, accoutumé à saisir la personnalité humaine dans ces mille petits mouvements accessoires de la plume, que nul faussaire, quelque habile qu'on le suppose, ne peut reproduire rigoureusement. Grâce à la science nouvelle, il y a sécurité absolue pour la fortune des familles. La graphologie, a dit Mgr Barbier de Montault, est « une préservation sociale ».

II. *De l'application de la graphologie aux études historiques.* — Contrôler l'histoire par l'étude intime de chaque homme qui a joué un rôle, à l'aide des révélations que produit son écriture, est un point de vue nouveau sous lequel apparaissent les études historiques. La lumière apportée à l'histoire de chaque peuple par ce puissant contrôle est un incontestable bienfait de la science graphologique; et il n'y a pas à douter qu'à partir de la vulgarisation de cette science dans le monde lettré, il ne se produise un changement profond dans la manière d'apprécier les événements de l'histoire.

La graphologie est une merveilleuse ressource pour saisir l'ensemble des faits qui constituent l'histoire générale. Ainsi M. Michon, à la tête de son grand *Dictionnaire des notabilités de la France jugées sur leur écriture*, a pu faire une *Etude sur l'écriture des François depuis l'époque mérovingienne, dans ses rapports avec le génie, le caractère et les mœurs de la nation française,* où tout le mouvement de civilisation qui a produit cette grande nation si haut placée en intelligence, correspond, époque par époque, aux changements opérés dans l'écriture nationale. Sous l'époque barbare jusqu'à l'an mille, l'écriture est grossière, enfantine, violente, brutale, d'imagination désordonnée, d'exaltation sans frein. C'est l'*écriture aux hallebardes*, batailleuse et emportée. Tout y est tâtonnement, franchise naïve, ou ruse de sauvages, confusion cérébrale, gâchis d'idées; un peuple dans son chaos.

Après l'an mille, l'âme humaine respire un peu; on ne redoute plus le coup terrible de la trompette de l'archange. On se remet à vivre. On travaille, on bâtit des églises, des châteaux-forts. Nouvelle phase, nouvelle écriture. Le chaos se débrouille un peu.

Arrivent les croisades, mouvement immense. Un monde nouveau surgit du contact du génie occidental avec l'Orient. On commence les belles cathédrales; la philosophie se montre; les arts ont leur aurore. La vieille écriture de l'âge barbare est remplacée par l'écriture appelée gothique, soignée, artistique, élégante, un peu affectée, qui se surcharge, comme les motifs de décoration des portails des cathédrales, mais qui est jugée si gracieuse, qu'au moment de l'invention de l'imprimerie, c'est cette gothique qui est adoptée pour les livres.

Le long moyen âge prend fin à la Renaissance. Pour un monde nouveau, nous aurons une écriture nouvelle. La gothique est abandonnée. François Ier, toute la pléiade des hommes de génie du XVIe siècle, ont une écriture qui tranche radicalement avec la gothique, et qui rend l'homme moderne.

Cette civilisation nouvelle a sa grande efflorescence au XVIIe siècle; et aussitôt c'est l'épanouissement de la belle écriture française, intellectuelle et artistique, de Fénelon, de Racine, de la Fontaine, de Molière, etc. La tradition dure tout le XVIII° siècle, jusqu'à Voltaire et à Rousseau.

Arrive la grande lutte sociale, l'effondrement du vieux monde, après le serment du jeu de Paume. On est en plein dans un combat d'où doit sortir une civilisation nouvelle. L'écriture est ardente, violente, batailleuse, passionnelle; elle dédaigne la forme : elle est bourgeoise, démocratique. Adieu la grande allure graphique du siècle de Louis XIV! C'est rude, aigu, militant. L'art disparaît. On est dans la plus épouvantable mêlée que l'histoire humaine ait jamais pu décrire. Il s'agit d'être ou de ne pas être : on est poussé sur la fatale charrette, et les têtes tombent, comme les pavots sous la baguette d'un Tarquin niveleur, qui abat les tiges trop orgueilleuses.

Tant que dure cette tourmente, dont la secousse doit ébranler le monde, le graphisme garde sa forme brutale et révolutionnaire. Mais qu'il arrive, dans la première moitié du XIX° siècle, une accalmie politique, l'écriture française reprend sa grâce, son élégance, sa légèreté, sa simplicité, sa poésie. Elle ne garde plus la grande allure, l'envergure aristocratique du XVII° siècle; mais la révolution est faite; et l'écriture devenue pacifique annonce qu'on se prépare à d'autres luttes dans le monde que celles qui se font avec des proscriptions et le triangle d'acier. L'écriture rend admirablement toutes ces phases subies par la grande nation. Quels points de vue nouveaux! quelles révélations pour l'histoire!

III. *De l'application de la graphologie à l'éducation.* —
Une institutrice fort distinguée, devenue graphologiste, écrivait : « Je connais mieux mes élèves par leur écriture que par l'étude consciencieuse que j'avais faite de leur nature et de leur caractère au moyen de leur vie extérieure; et cette connaissance de leurs âmes par leur écriture m'est parfaitement profitable. »

Si l'on réfléchit que l'écriture change à mesure que l'être intellectuel et moral se modifie en bien ou en mal, il devient évident que l'écriture est un véritable baromètre pour juger les progrès ou les déchéances dans les jeunes âmes, à cet âge où, selon l'expression d'Horace, l'âme prend toutes les impressions comme la cire : *Cereus in vitium flecti.*

Une dame du monde, devenue veuve, m'amène son fils, âgé de douze ans, et me montre l'écriture de l'enfant. Je fais un mouvement significatif. « Qu'y a-t-il ? » me dit la mère. Je revins de l'impression que m'avait faite cette vilaine écriture, et je dorai la pilule à la dame. « Vous pouvez, Madame, lui dis-je, confier dès ce moment à votre fils la fortune de son père; il ne la dissipera pas. — Je le crois bien, me répond-elle, c'est déjà un petit avare. »

Mais la tendresse maternelle pouvait l'avoir aveuglée, et lui avoir caché ce triste vice naissant dans cette jeune âme. La graphologie l'eût éclairée. Les enfants violents, durs, rusés, sans cœur, etc., se montrent nettement dans leur écriture.

Il y a là un point de vue nouveau, d'une portée immense pour aider la marche de la rénovation morale au sein d'un peuple. Tout l'avenir des nations est reconnu aujourd'hui par les hommes politiques qui sont un peu moralistes, une question d'éducation. La graphologie se trouve être providentiellement un secours nouveau apporté au monde moral, au moment du progrès matériel que favorisent si puissamment les grandes découvertes de la vapeur et de l'électricité.

IV. *De l'application de la graphologie à la connaissance de soi-même.* — Un esprit fort remarquable a écrit ceci : « Du moment que par les signes graphiques on peut atteindre ce qu'il y a de plus intime dans l'âme humaine, une révolution pacifique et morale est imminente dans le monde. »

L'auteur du système a dit souvent dans ses conférences, qui ont eu tant de succès dans les grandes villes de l'Europe : « Je me connais mieux moi-même, et dans les nuances les plus fines et les plus délicates de mon être intime, par les révélations de mon écriture, que par quarante ans d'examen de conscience, parce que, dans l'examen de ma conscience, j'ai en moi un ennemi qui me trompe, mon amour-propre, tandis que mes pattes de mouche accusatrices ne me trompent pas. »

Quand vous aurez quelques notions de graphologie, d'un simple coup d'œil, comme lorsqu'on se regarde au miroir, tous les signes graphiques de votre écriture vous montreront votre orgueil, votre terre-à-terre, vos prétentions, votre lésinerie, vos petitesses, vos entraînements passionnels, votre versatilité, votre sensualisme, etc., comme ils vous diront une belle organisation cérébrale, votre richesse de cœur, votre force volontaire, votre lucidité intellectuelle, votre noblesse d'âme, votre simplicité, vos goûts esthétiques, et tout l'ensemble des bons instincts qui sont en vous.

Tout cela, le bien, le mal, vous sera dit aussi nettement qu'une bonne photographie vous montrera votre visage avec sa beauté et sa grâce, ou hideux de forme et couvert de verrues. La graphologie n'est rien moins que la photographie des âmes.

V. *De l'application de la graphologie dans les relations de la vie.* — Le journal de *la Graphologie*, du 15 mai 1878, contient la lettre suivante de Mme la princesse Gagarinn, datée de Nice, 3/15 avril 1878, qui rend avec une grande loyauté sa surprise que le travail graphologique arrive sur une âme à plus de précision, pour la dévoiler dans ses instincts les plus cachés, qu'elle n'a pu en avoir elle-même par quatorze ans d'étude de la même personne.

Une heure d'étude graphique, à l'aide du procédé graphologique, a jeté un rayon de lumière qui a montré à nu toute cette âme.

« Monsieur, j'ai admiré plus que jamais la surprenante sagacité de votre science graphologique, en lisant le portrait n° 2,110, que je viens de recevoir de vous. Il m'a fallu quatorze ans environ de relations intimes pour arriver à découvrir les principaux traits de cet ensemble voilé par des cajoleries et des phrases bénignes; et vous, en faisant vos déductions par l'écriture, vous avez reconstruit cet ensemble, en détruisant tous les échafaudages artificiels, avec une justesse étonnante et qui m'a stupéfaite. Je vous en remercie de tout mon cœur; car ce portrait met ma conscience à l'aise, qui me reprochait, parfois, des appréciations trop sévères, par rapport à cette dame... — Princesse GAGARINN. »

A l'envoi d'un second travail, la même dame répond :

« Je vous remercie, Monsieur, du second portrait *véridique* que vous venez de m'envoyer. Comme l'autre, il n'est que trop conforme à l'original, et nullement flatté. Je me hâte de vous en exprimer mes remerciements et mon admiration. — Princesse GAGARINN. »

Quel secours puissant dans la vie !

Une femme du grand monde me montre l'écriture d'une amie qui l'a trompée. « Madame, lui dis-je, si vous eussiez été graphologiste, vous ne vous fussiez pas liée avec cette femme. Son écriture me la montre égoïste et passionnelle. Devenue jalouse de vous, elle n'a pensé qu'à vous trahir. »

VI. *Des contre-épreuves de la graphologie.* — Il arrive quelquefois que des personnes, dont l'auteur du *Système de Graphologie* a déjà jugé l'écriture il y a deux ou trois ans, la lui envoient de nouveau pour avoir encore leur portrait graphologique. L'on comprend que M. Michon ait bien oublié ce qu'il avait pu dire, à une si grande distance de temps, sur le caractère de ces personnes. Il se met de nouveau à appliquer ses règles graphiques : et le second portrait se trouve, au jugement des personnes, identique à celui qui avait été fait déjà une première fois. Une dame de Marseille écrit à M. Michon :

« Le portrait graphologique que vous avez fait de moi m'a réellement surprise, d'abord parce que vous avez découvert dans mon écriture des particularités que je connaissais moi-même, mais dont personne ne s'est jamais douté, et ensuite parce qu'il est identique à celui que vous avez fait de moi lors de votre séjour à Marseille; ce qui prouve une fois de plus que la graphologie est une science vraie et admirable. »

VII. *Des progrès de la graphologie.* — Depuis huit ans

que les premières publications de la graphologie ont été faites, cette science nouvelle a progressé rapidement; et ses succès, comme ceux de toutes les choses sérieuses, ont tenu à la simple exposition de la méthode dont M. Michon est l'inventeur. Ils ont été étrangers à toute réclame industrielle.

La science graphologique compte aujourd'hui en Europe, et jusqu'en Amérique, de nombreux disciples qui font honneur à l'inventeur du système. Des diplomates comme le prince Gortschakoff, récemment ministre de Russie en Suisse, fils du chancelier, en ce moment à Madrid; des médecins distingués comme le professeur Piorry; des hommes de lettres comme Alexandre Dumas fils; des savants comme M. de Saulcy, membre de l'Institut; des érudits comme Mgr Barbier de Montault; des hommes haut placés dans les ministères; des femmes du grand monde qui patronnent chaudement la graphologie, ont voulu être initiés à cette science. Le cardinal Régnier, archevêque de Cambrai, pratique cette science avec succès. Le cardinal Donnet, archevêque de Bordeaux, est un de ses protecteurs et un ami de l'auteur du système.

Alexandre Dumas fils écrivait à l'auteur le 28 août 1875 : « Mon cher ami, je vais me replonger dans votre livre, et tâcher de devenir un élève digne de vous. » C'est Dumas fils, à qui nul ne refuse un esprit d'une grande pénétration, qui le premier acclama la science nouvelle par ces lignes fort remarquables : « La graphologie est une science éminemment politique, puisqu'elle n'a pas besoin du sujet lui-même pour le connaître. Voyez quelle puissance gouvernementale! Pouvoir juger les hommes à distance! »

A une époque où nul esprit cultivé ne peut sans honte se trouver étranger aux belles découvertes de l'époque, il n'est plus permis de ne pas se donner une notion sérieuse de la science graphologique.

C'est la science éminemment pratique pour bien connaître les hommes et se mieux connaître soi-même.

Dans les relations du monde, dans les affaires surtout où il est d'une importance capitale de connaître le genre d'esprit, de caractère des individus, leurs aptitudes, leurs passions, la graphologie est d'un admirable secours.

VIII. *Travaux de vulgarisation de l'auteur. Portraits graphologiques. Publications.* — L'auteur du *Système de Graphologie* a eu recours à deux moyens sûrs et rapides de vulgarisation.

1° On lui adresse une écriture, — n'importe dans quelle langue, — et il répond par l'analyse du caractère de la personne qui a écrit, dans une lettre, format in-4°, de huit colonnes, où il met d'un côté l'analyse détaillée, minutieuse et approfondie du caractère, et, de l'autre, il explique les signes graphiques sur lesquels porte le jugement qu'il a prononcé (Prix : 20 fr.). Ces portraits *de double grandeur* sont travaillés avec un soin extrême, et deviennent la démonstration éclatante de la vérité de la méthode par leur rigoureuse précision. L'auteur attache sa gloire à ces portraits, où sont appliquées toutes les ressources de son art.

En raison de leur étendue, ces portraits de double grandeur sont ceux dont M. Michon garantit la grande exactitude, parce que l'âme est saisie par ses plus nombreux aspects, et qu'il lui est plus facile de mettre à nu ses forces et ses faiblesses.

Seulement il faut envoyer des *écritures courantes, naturelles, non déguisées*, comme dans les lettres intimes.

Lorsqu'on veut un portrait de *simple grandeur* (petit format à quatre colonnes. Prix : 10 francs), l'analyse graphologique ne porte que sur les dominantes et a évidemment moins d'étendue, quoique travaillée avec la même conscience et le même soin. Écrire à M. Michon, 5, rue de Martignac, Paris.

Les portraits graphologiques de M. Michon, répandus maintenant dans toute l'Europe par centaines, ont été une démonstration inattaquable de la vérité du système, étant faits presque universellement sur des écritures de personnes complétement inconnues de l'auteur. Souvent ce travail sur des écritures venues de bien loin est mis à la poste le jour même ou le lendemain de la réception de l'autographe :

impossibilité matérielle de recourir à des renseignements. Et l'auteur du système dédaigne tout renseignement : l'écriture est bien plus révélatrice de l'être intime que les détails particuliers donnés par les amis ou par la famille.

2° Les livres de M. Michon sont classiques, c'est-à-dire écrits avec la pensée de bien faire comprendre sa méthode.

Voici ces publications qui forment déjà la bibliothèque graphologique, et qu'on peut se procurer, soit au bureau de *la Graphologie*, 5, rue de Martignac, faubourg Saint-Germain, Paris, soit à la Librairie moderne, boulevard Montmartre, 17, Paris.

Système de graphologie, par Jean-Hippolyte Michon, contenant le système complet de la graphologie, la graphologie philosophique, l'anatomie graphique, la physiologie graphique, la classification des familles des signes graphiques, 6° édition, 1 vol. in-18. Prix : 3 francs, *franco*, par la poste (1).

Méthode pratique de graphologie, pour faire suite au *Système de graphologie*, par Jean-Hippolyte Michon, 1 vol. in-18 jésus (même format, même prix).

Histoire de la graphologie, par Emilie de Vars, nouvelle édition refondue et augmentée, précédée d'un *Abrégé du système de graphologie*, par J.-H. Michon, 1 vol. in-18 jésus. Prix : 1 fr. 50 en timbres-poste, *franco* par la poste.

L'Histoire si curieuse *de la Graphologie*, le *Système de Graphologie*, la *Méthode pratique de Graphologie*, qui est la mise en pratique du système, sont les trois livres indispensables pour se donner une notion sérieuse et pratique de la science nouvelle. Ils forment, à eux trois, comme un seul manuel qu'il eût été impossible de mettre en un même

---

(1) Antérieurement au *Système*, M. Michon avait composé les *Mystères de l'écriture*, publiés sous son prénom de *Jean-Hippolyte* et sous le nom d'un collaborateur qui avait écrit uniquement l'*avant-propos* de l'ouvrage. Ce livre fut son premier essai de graphologie.

volume. Ils ont le même format, la même impression, et composent les trois premiers volumes de la bibliothèque graphologique.

La Graphologie, *collection en feuilles contenant les autographes analysés d'un grand nombre de célébrités.* Année 1872, gr. *in-folio*, prix *franco* par la poste, 10 francs. — Année 1873, gr. *in-quarto, franco* par la poste, 10 francs. — Année 1874, gr. *in-quarto, franco* par la poste, 10 francs. Année 1875, 10 francs. — Année 1876, 10 francs. — Année 1877, 10 francs. — Année 1878, 10 francs. — Année 1879, 10 francs. — Les huit années prises ensemble : 50 francs, *franco* par la poste. Ces collections commencent déjà à être incomplètes, et sont devenues des raretés bibliographiques.

Ces collections, si riches en autographes analysés par la méthode graphologique, renferment des travaux en grand, qui ne se trouvent que là, dont la lecture initie rapidement à la science, et supplée à ce qui ne peut être longuement développé dans le *Système* et la *Méthode*.

Histoire de l'écriture *dans ses rapports avec les civilisations, le caractère et les mœurs des peuples,* par J.-H. Michon, avec de curieux *fac-simile* de l'écriture de tous les peuples du monde, depuis l'origine de l'écriture hiéroglyphique chez les Egyptiens, les Assyriens, les Chinois, les Mexicains, et l'invention de l'écriture alphabétique par les Phéniciens, jusqu'aux écritures contemporaines.

C'est le premier livre de ce genre qui ait été écrit. Il forme un splendide album, grand in-4°, sur deux colonnes, papier de luxe, richement relié, doré sur tranches, avec titre en or sur le plat, prix : 16 francs. Ce livre n'est tiré qu'à 250 exemplaires.

PUBLICATION PÉRIODIQUE.

Il fallait un organe à la science nouvelle. Dès 1872, cet organe existe, et paraît le 1er et le 15 de chaque mois.

La Graphologie, *journal des autographes*, contenant l'application en grand de la science graphologique, est le développement du système classique. Les abonnements partent du 1ᵉʳ janvier. Prix, pour toute l'Europe, 10 francs.

Tout abonné au journal de *la Graphologie* a droit, en prime gratuite, à sa photographie intellectuelle et morale d'après son écriture naturelle, habituelle, courante, non déguisée, non appliquée, ni trop négligée.

Les lettres doivent être adressées au bureau du journal de *la Graphologie* : à M. Michon, rue de Martignac, 5, faubourg Saint-Germain, Paris.

On s'abonne aussi à la *Librairie moderne*, boulevard Montmartre, 17.

IX. *Dictionnaire des notabilités de la France jugées sur leur écriture.* — Pour donner une preuve plus éclatante de la vérité du système, M. Michon en a fait l'application à l'écriture de tous les contemporains notables de la France dans le grand dictionnaire, dont voici le programme. (*Les premières livraisons sont en vente.*)

Application de la science graphologique, l'homme photographié par son écriture. Biographie intellectuelle et morale des contemporains vivants. — DICTIONNAIRE DES NOTABILITÉS DE LA FRANCE, dans l'administration, l'armée, l'art, le clergé, le commerce, la finance, l'industrie, la littérature, la magistrature, la mar.fe, la médecine, la politique et la science, jugées sur leur écriture, dans leurs facultés, leurs instincts, leur nature, leur esprit, leurs aptitudes, leurs goûts et leurs passions, contenant la statistique générale et des statistiques détaillées, par catégories, de l'état intellectuel et moral de la France contemporaine, et précédé d'un *Abrégé du système de graphologie d'un Précis de l'histoire de la Graphologie et d'une Étude sur l'écriture des Français depuis l'époque mérovingienne, dans ses rapports avec le génie, le caractère et les mœurs de la nation française*, avec un spécimen de l'écriture et de la signature des notabilités dont on donne le portrait intellectuel et moral, et l'indication des signes sur lesquels repose chaque jugement porté, formant la collection la plus nombreuse, la plus variée d'autographes des célébrités contemporaines qu'on ait faite jusqu'à ce jour.

Deux volumes, format des dictionnaires de Bescherelle, de Littré et de Larousse. Très-beau papier, belle impression, sortant de l'une des premières imprimeries de France.

Souscription par livraisons, à 50 *centimes* la livraison. l'ouvrage formera 120 à 130 livraisons. MM. les souscripteurs par livraison sont priés d'envoyer le montant des livraisons chaque fois qu'ils auront reçu 4 ou 6 livraisons.

L'ouvrage paraîtra dans l'espace de cinq ans; ce sera environ 12 *francs* par année.

Souscription à forfait, payable 20 *francs* en souscrivant, 20 *francs* après la réception du premier volume. C'est une remise du tiers du prix de l'ouvrage.

Les premières livraisons viennent de paraître.

Ecrire à M. Michon, au bureau du journal de *la Graphologie*, 5, rue de Martignac, faubourg Saint-Germain, Paris.

Tous les souscripteurs à ce *Dictionnaire* recevront une belle photographie de l'auteur, destinée à orner le frontispice du premier volume.

Le *Dictionnaire des notabilités de la France jugées sur leur écriture* est une œuvre d'un genre complétement nouveau, et est appelée à rejeter parmi les vieilleries ces recueils de biographies qui, de l'aveu de tous, fourmillent d'erreurs, même les plus récents. Si les renseignements qu'ils contiennent sont dus à des ennemis, ils sont d'un dénigrement déplorable; s'ils sont dictés par des complaisants, ce sont de véritables panégyriques; et jamais l'homme réel, l'homme intime, avec ses facultés vraies, ses instincts, sa nature, ses passions, n'est mis à nu.

Le *Dictionnaire des notabilités de la France* est un travail de science pure. Le graphologiste voit uniquement des hommes, et les juge en dehors de tout parti, de toute situation sociale. Ses nombreux amis, dans le monde savant et littéraire, n'ont pas une phrase élogieuse qui ne leur serait pas due, pas plus que ses ennemis, s'il en avait, n'auraient à craindre un coup de plume acéré qui serait une injustice. *Nulle complaisance, nul dénigrement.*

Le plan du *Dictionnaire* est d'une grande simplicité. L'auteur met d'abord sous les yeux l'écriture du personnage dont il va esquisser le portrait. Un article de biographie donne les renseignements indispensables sur sa vie extérieure et publique.

Le portrait, véritable photographie intellectuelle et morale, vient ensuite, précédé de l'indication sommaire des signes graphiques sur lesquels repose le jugement porté, jugement dont tout disciple de la graphologie peut vérifier l'exactitude. C'est l'exposition consciencieuse de toutes les forces et de toutes les faiblesses du personnage que l'on étudie. C'est sa biographie intime. Nul biographe n'a osé se tracer un cadre aussi vaste. On n'aurait pu le remplir, avant la découverte de la graphologie, qu'au moyen de vagues conjectures et de ces banalités qui signifient peu de chose.

En outre, ce *Dictionnaire* renferme de nombreuses statistiques sur l'état intellectuel et moral de la France actuelle, statistiques dont les éléments ne sont autres que les révélations si précises fournies par l'anatomie des écritures étudiées. Voici la disposition de ces statistiques. Elles prennent chacune des catégories embrassées par le dictionnaire, l'armée, la marine, l'industrie, le commerce, etc., et, dans une suite de tableaux, elles font voir dans quelle proportion, sur le nombre de personnalités étudiées, se trouvent *les grands intuitifs, les grands logiciens, les assimilateurs, les positifs, les pratiques, les équilibrés, les encyclopédiques, les sensitifs, les mobiles, les résolus, les obstinés, les tenaces, les despotes, les doux, les violents, les prétentieux, les ardents, les ambitieux, les natures élevées, les natures vulgaires, les égoïstes, les rayonnants, les oublieux d'eux-mêmes*, etc. etc. etc.

Prenant son sujet de plus haut, l'auteur fait la statistique générale de la France de cette seconde moitié du XIXe siècle, comparée aux premières années, dont les plus belles se trouvent entre 1820 et 1848.

C'est donc de l'histoire contemporaine dans ses plus précises manifestations : les individus jugés d'abord, la collectivité jugée ensuite, les différentes classes sociales mises en parallèle, la France nouvelle avec ses ardentes aspirations, qui pourra se comparer avec la vieille France, dont elle a hérité et dont elle ne saurait renier la gloire. Ce livre mettra en évidence non-seulement les hommes qui se sont fait leur place, qui sont *arrivés*, comme nous disons maintenant, mais encore ceux que l'auteur désigne à l'attention de tous, et qu'il appelle des *hommes d'avenir*, voyant poindre devant eux cette première notoriété qui prépare un rôle plus éclatant.

La science graphologique a fait, depuis sept ans, des progrès si rapides, que ses nombreux disciples ont pu se grouper en *Société de Graphologie*, et que le premier congrès de graphologie est convoqué pour la belle saison de 1880, sous les frais ombrages du château de Montausier, près de Baigne (Charente).

X. *Utilité de la graphologie pour les travaux scientifiques.* — La graphologie a son procédé pour saisir, du premier coup d'œil, les documents historiques fabriqués. Elle rend par là un service éminent à la science, en ne laissant pas, parmi les pièces authentiques destinées à l'histoire, des documents dus à des faussaires.

L'*Autographe* de 1871, page 179, publiait une pièce attribuée à Raoul Rigault, portant : *Fusillez l'archevêque et les otages, incendiez les Tuileries et le Palais-Royal*, etc. M. Michon est à cent lieues de vouloir réhabiliter Raoul Rigault, mais il ne faut pas, pour cela, laisser dans l'histoire des pièces évidemment fausses.

Or M. Michon a établi, par des preuves indiscutables, que la pièce indiquée est sortie de la plume d'un calligraphe *très-pacifique, fort content de lui, heureux de manier bien la plume, un peu poseur, de nature ouverte, placide, peu passionnelle, peu mobile d'impressions*; pendant que l'écriture de Rigault donne *le violent, l'ambitieux, le passionnel, le grand impressionnable, le mobile d'impressions, l'homme emporté par son ardeur, et mettant sa force passionnelle au service de ses théories.* Deux natures qui ne se ressemblent pas produisent deux écritures nettement dissemblables.

Le travail de M. Michon, sur ce faux document, est d'une démonstration qui ne supporte pas de réplique.

Inutile, après cette preuve, d'insister sur le service que le procédé graphologique peut rendre à la paléographie et aux études historiques.

(Voir le n° 13 de *la Graphologie* de 1878 : *Un faux autographe de Raoul Rigault.*)

XI. *Avis pour les expertises graphologiques.* — Pour les expertises graphologiques de testaments ou d'autres pièces suspectées de fabrication, envoyer à M. Michon le plus que possible d'échantillons de l'écriture authentique, même des adresses de lettres, des mots écrits au crayon, des brouillons, des notes sur feuilles volantes. Ne pas oublier de **recommander** à la poste ces papiers, qui seront renvoyés aussi **recommandés**. C'est une sécurité.

Il n'y a pas d'écriture de faussaire qui ne soit dévoilée immédiatement par le procédé de l'anatomie graphologique. Une famille lésée peut, en toute confiance, revendiquer sa fortune d'après l'affirmation de la science nouvelle. Si le document soumis à l'expertise graphologique était pur de toute fraude, M. Michon le dirait bien carrément aux intéressés.

Toujours à la même adresse : M. Michon, 5, rue de Martignac, Paris.

Nos grands journaux de Paris ont rendu récemment un éclatant hommage à la graphologie. *La Gazette des Tribunaux*, par la plume de son directeur, M. Duverdy, a fait deux articles très-remarquables, le premier sur la valeur de ce système, le second sur l'importance de la graphologie dans les causes judiciaires. M. Fernand de Rodays, gérant du *Figaro*, a donné, dans ce journal si répandu, un article d'un goût parfait, et des plus flatteurs, à propos du procès Bonniol. Le journal *la Liberté*, *la République fran-*

çaise, *le Courrier de Lyon*, *le Journal de Rouen*, et plusieurs autres journaux de province ont aussi fait leur article sérieux sur la valeur de la graphologie.

Une cause gagnée dans la grande presse, en dehors de toute réclame, est une cause gagnée dans l'opinion.

www.ingramcontent.com/pod-product-compliance
Lightning Source LLC
Chambersburg PA
CBHW050759170426
43202CB00013B/2490